实用主义与美国思想文化研究
刘放桐　陈亚军　主编

从意识流到纯粹经验：
威廉·詹姆斯的彻底经验主义研究

姚　城　著

From Stream of Conscious to Pure Experience:
A Study of William James's Radical Empiricism

华东师范大学出版社
·上海·

图书在版编目（CIP）数据

从意识流到纯粹经验：威廉·詹姆斯的彻底经验主义研究／姚城著.—上海：华东师范大学出版社，2022

（实用主义与美国思想文化研究）

ISBN 978-7-5760-2862-1

Ⅰ.①从… Ⅱ.①姚… Ⅲ.①詹姆斯（James，William 1842-1910）—彻底经验主义—研究 Ⅳ.①B712.44

中国版本图书馆 CIP 数据核字（2022）第 075573 号

从意识流到纯粹经验：
威廉·詹姆斯的彻底经验主义研究

著　　者　姚　城
责任编辑　吕振宇
特约审读　孙文昊
责任校对　时东明
装帧设计　刘怡霖

出版发行　华东师范大学出版社
社　　址　上海市中山北路 3663 号　邮编 200062
网　　址　www.ecnupress.com.cn
电　　话　021-60821666　行政传真 021-62572105
客服电话　021-62865537　门市（邮购）电话 021-62869887
地　　址　上海市中山北路 3663 号华东师范大学校内先锋路口
网　　店　http://hdsdcbs.tmall.com

印 刷 者　上海昌鑫龙印务有限公司
开　　本　787 毫米×1092 毫米　1/16
印　　张　12.25
字　　数　181 千字
版　　次　2022 年 10 月第 1 版
印　　次　2022 年 10 月第 1 次
书　　号　ISBN 978-7-5760-2862-1
定　　价　60.00 元

出 版 人　王　焰

本书获得
“西南大学创新研究 2035 先导计划”
（项目批准号：SWUPilotPlan030）资助

目　录

引　言

本书是一项关于美国哲学家、心理学家威廉·詹姆斯（William James，一译詹姆士）的彻底经验主义哲学的研究。彻底经验主义在詹姆斯那里包含两层意思：一是作为一种从事哲学的方法；二是作为其晚期以“纯粹经验”为核心的哲学。在詹姆斯的早期心理学研究中展现出了两种进路的交织：一是以自然科学为基本方法和取向的生理学、心理学进路；二是以彻底经验主义为基本方法的意识哲学进路。在意识哲学进路中，对意识流及其结构的发现是詹姆斯的一大贡献，然而在意识哲学阶段，詹姆斯的彻底经验主义方法并未得到完全的贯彻，于是，晚期的詹姆斯在意识哲学已获得的成就之基础上，完全地施行了彻底经验主义的操作，达到了以“纯粹经验”为核心的彻底经验主义哲学。本研究是以彻底经验主义为基本方法和线索，将詹姆斯的哲学发展串联成一个连续整体的尝试。在完成上述工作后，本书将从彻底经验主义的视角出发，跟随詹姆斯考察一些基础性的哲学问题，以此检验彻底经验主义的理论效应。

绪　论

1.本书的缘起

通常的观点认为，实用主义是美国的本土哲学、国家哲学，深刻地影响着美国人的精神底色、行为逻辑、生活态度和价值取向。实用主义哲学的一大特点表现为对西方传统哲学的反叛，拒绝将抽象的玄思置于哲学研究的首要地位，而将实践活动、真实的生活过程、未经反思活动破坏的原初生命之流视为哲学探究的起点；以此为基础，实用主义者也一并拒斥了传统哲学中形形色色的二元论：心灵—世界、事实—价值、科学—伦理，等等。这样一来，由于实用主义者把实践活动与真实生活放到哲学探究的首要位置，因而实用主义往往被视为一种具有可错性的、可修正的、注重当下经验同时又面向未来开放的哲学。

哲学是一个民族的精神内核，是这个民族看待世界、看待自身与他者、看待历史与未来的深层精神结构。当下，作为最大的发展中国家和最大的发达国家，中美关系攸关世界前途命运，而合作、竞争都关涉政治、经济、军事和文化等方方面面；因此，深入地研究美国人的本土原创哲学、国家哲学，进而透彻地解析美国文化的根基，于我们中国人而言，在当前的国际现实中有一种“知己知彼”的迫切性。

实用主义传入中国已有百余年。百年前，古典实用主义的集大成者约翰·杜威(John Dewey)曾访问中国，并在多地公开演讲，是当时的标志性文化事件。而近年来，汉语哲学界在原著翻译、义理解读方面涌现出大量成果。然而，这些成果多集中在新实用主义的诸理论家和古典实用主义中的杜威等人，而对实用主义的真正创始人——威廉·詹姆斯的研究则相对欠缺。因而，本项研究将目光集中在威廉·詹姆斯的核心思想上，看看这位实用主义之父究竟是按什么样的原则和方法建立起了美国人自己的哲学。

提起詹姆斯时,我们会想起些什么？像上文说到的,通常我们都会把他的名字与实用主义紧密地联系在一起。在介绍詹姆斯时,人们一般都会将“实用主义的真正创始人”的头衔归给他。而这一头衔则来源于詹姆斯关于真理的著名宣称:“真即其效用。”正是在这一标签下,詹姆斯及他所“代表”的实用主义学说由于对效用、有效性的强调,通常获得以下的观感:“即便实用主义不是一种美国商人哲学,至少也是一种平庸浅薄的无聊哲学。”①当然,真即是有用的宣称,符合了詹姆斯时代美国人的一般行为逻辑,他们需要从思想上证成其“开拓进取”的内心冲动和种种在今天看来不大体面的行为。这些冲动和行为都因其效用获得了“真”之辩护。

但是,对实用主义的研究不能仅仅停留在其表面,实际上,詹姆斯也是个极其复杂的人物。如果对詹姆斯有进一步的兴趣,我们就会发现他更多的身份：现代意识研究的重要奠基人、宗教心理学的先驱等。然而,当我们走进詹姆斯、开始阅读研究他的著作时就会发现,上述标签同样是极大地简化了詹姆斯思想的丰富性、多层次性和连续性。在对詹姆斯文本的阅读和梳理中,詹姆斯的心理学、宗教学说、实用主义学说并非相互隔绝开来、分属不同领域的理论。他的这些学说相互关联在一起,构成一张完整的大网。如果詹姆斯的整体哲学不是由各个分离的学说简单叠加而来,如果说詹姆斯的全部学说是一个有机的整体,那么构成这一整体性的根本线索何在?这构成了本项研究的核心内容。即作者在本书中渴望寻找到詹姆斯哲学发展的内在动力和路线,通过引用、推进一些已有的研究成果,我们将在本书中勾画、澄清这条路线的发展。

在一本实用主义哲学著作的关于詹姆斯的部分中,苏基尔(Ellen Suckiel)说道:“詹姆斯对哲学的主要贡献在于其元哲学(Metaphilosophy)以及实用主义的意义理论和真理理论、对信仰的辩护、彻底经验主义哲学和宗

① 陈亚军:《实用主义硬核及其中国回映》,《社会科学》,2016 年第 4 期,第 109 页。

教哲学。"①这种分类的方法和我们通常的理解一致,也是把詹姆斯的学说分成不同的板块,认为这些板块分属不同的研究领域、处理不同的研究对象。但苏基尔较其他观点推进的一点在于,他意识到詹姆斯的所有理论建立在一个地基之上,即詹姆斯的彻底经验主义哲学"为其实用主义的真理和实在理论提供了形而上学和认识论的基础"②。按照他的研究,彻底经验主义哲学就是詹姆斯所有研究和理论的地基和前提。这也是苏基尔所言的詹姆斯的"元哲学"贡献。詹姆斯提出了一种新的从事哲学的方法,由此方法,哲学获得了一种与传统哲学不同的形态和言说方式,而这就是本书的主体:詹姆斯的彻底经验主义哲学。

除此之外,在汉语哲学界的研究中,学者们也意识到,彻底经验主义不仅仅是詹姆斯哲学的"基底"和前提,甚至整个实用主义运动都以彻底经验主义为其最为核心的部分。例如,陈亚军教授指出,汉语哲学界对实用主义的理解仍显狭隘,"如将实用主义当作实证主义的一种,或者认为,实用主义就是一种意义学说,实用主义被看作科学主义思潮的分支。"③在陈亚军教授看来,上述思路"当然并不错……却未能把握实用主义硬核,失去了实用主义最为关键也最有价值的东西"④。而这"硬核"是什么呢?就是彻底经验主义学说。陈亚军教授认为彻底经验主义学说是"实用主义的本体论","没有这种本体论,它的真理观和意义学说是无根的,甚至实用主义本身在今天的存在和复活都是没有理由的。"⑤也就是说,实用主义自身并不是一种自足的理论,它仍旧建立在一种形而上学的基础之上,而这基础就是彻底经验主义学说。

陈亚军和苏基尔的观点促使我将目光投向詹姆斯的彻底经验主义学说。众所周知,詹姆斯晚年将自己关于纯粹哲学的思考收入《彻底的经验主

---

① Ellen Kappy Suckiel, "William James", in *A Companion to Pragmatism*, John R. Shook and Joseph Margolis(eds.), Oxford: Blackwell Publishing Ltd, 2006, p.31.

② Ellen Kappy Suckiel, "William James", p.33.

③ 陈亚军:《实用主义硬核及其中国回映》,第110页。

④ 陈亚军:《实用主义硬核及其中国回映》,第110页。

⑤ 陈亚军:《实用主义硬核及其中国回映》,第110页。

义》一书。如果说彻底经验主义是实用主义的本体论，是最为硬核的哲学，那么为了深入全面地理解实用主义，詹姆斯的这本书就不可被忽视，它是关键中的关键、硬核中的硬核。

在对詹姆斯哲学的研究中，将彻底经验主义学说视为基础、核心线索并非新鲜事，最关键的地方在于如何理解什么是彻底经验主义？它的内涵是什么？它的动机是什么？它的操作方法是什么？它的展开及其最终的结果是什么？

在以《彻底的经验主义》为中心阅读詹姆斯相关著作的过程中，同时也在许多二手文献的指引下，笔者逐渐发现彻底经验主义的原则贯穿在詹姆斯整个思想生涯之中，无论是早期的心理学研究，还是后来的宗教学说，都渗透着彻底经验主义的思想，直到在《彻底的经验主义》中得到最明确的表述。这就是说，彻底经验主义并不仅仅是一种学说，它首先是一种态度和一种方法，从元哲学的角度看，它是一种新鲜的哲学态度及视角，从这种态度和视角出发，传统的哲学问题会获得一种崭新的理解。

本书的目标就是要论证这种态度和方法从詹姆斯的心理学时期就已有发端，并且经过长期不断深入地贯彻彻底经验主义的方法和态度，在其生命的最后几年发展出了以纯粹经验为核心的彻底经验主义哲学。于是，本书的思路便是以彻底经验主义为原则和方法，贯穿地考察詹姆斯的思想，看看它从詹姆斯的心理学开始，如何构成了一条理解詹姆斯思想发展的线索。在完成这一考察以后，我们将对彻底经验主义原则所达到的最终成果——纯粹经验学说——进行诠释，并以此考察詹姆斯哲学中的关键问题。

需要说明的是，本书的写作借用了部分胡塞尔现象学的资源来澄清詹姆斯的思想，这样做的缘由有两个。第一，詹姆斯的很多著作是讲课稿、公开讲座，修辞有余、严格不足，概念使用上比较随意，因此需要一个参照物来校正其思想的坐标，明确其方法和态度。我们自然会追问，这种“校正”的正当性何在？也就是说，凭什么可以用胡塞尔(Edmund Husserl)的思想来做一个参照呢？关于这个追问的答案就是本书借用胡塞尔现象学的第二个缘由：二者之间在方法和态度上具有高度的相似性，并且在某些基础性的思想上，胡塞尔还受益于詹姆斯（比如意识流分析），这些相似性和亲缘性国内外学界已有不少研究，足以论证本书的写作策略是可行的，这一点将会在下文中详细地展开。

最后，仍旧需要说明的是，本书的写作计划是对詹姆斯哲学的基本线索、基本方法和基础理论做一次梳理和重构，它并不会延展到詹姆斯哲学的方方面面，因此，某些詹姆斯较为“流行”的理论并不会出现在本书当中。相比于介绍詹姆斯哲学的方方面面，本书的工作更像是一趟旅程，用詹姆斯的方法和态度，与他一同思考一些基础性的哲学问题。

2.本书的思路

本书的研究方法要从两个层面得到说明。从第一个层面来说，本书作为一部研究现代西方哲学史上的一个人物的著作，首先要把詹姆斯哲学当作一种已完成的“死物”，研究它具有哪些内容、彼此怎么关联，它的方法和理论底色是什么，等等。在这个层面上，本书采用了对比研究的方法，缘由上文中已有所说明：由于詹姆斯本人的研究常常从不同的视角出发，而他在表述自己的理论时又没有使用一套严格且统一的术语系统，因此他的论述常常模棱两可、晦暗不明。本书在借鉴已有的研究的基础上，将詹姆斯的思想与其他思想进行比较，通过树立参照物的方法来澄清詹姆斯的思想。在这一层次，我们要把詹姆斯理论的基本领域、概念使用的方式做一个锚定。

当然，我们完全可以说，第一层次的方法只通达了一个“死的詹姆斯”的形象，它使我们获得了现代西方哲学在某一国别、时段所生成的具体知识。这会让读者知道在美国19世纪末20世纪初有一个叫威廉·詹姆斯的哲学家，他提出了一些什么样的思想，等等。但是如果我们想突破这种基础性的理解，我们就要采取不同的研究方法。本书采取的首要研究方法即詹姆斯的彻底经验主义方法。彻底经验主义的方法要求我们抛弃所有理论成见和各式各样的信念系统，而只直接面对被给予的、直接的经验（对此方法的详细说明见第一章的内容）。采取詹姆斯自己的方法可以让詹姆斯哲学这种被我们视为已死的对象重新获得生命，让它变成一种仍旧是在施行中的哲学。这样一来，此书就获得了一个新的视角，意即我们也和詹姆斯一起，用彻底经验主义的方法去探究意识、经验和自我等重要的哲学问题。

第一章说明了作为方法的彻底经验主义的特性。在詹姆斯的代表作《心理学原理》中，生理学路线虽然占据了极大的篇幅，但在几处关键的地方，詹姆斯展现出了对生理学方法的反思，他认为对意识进行生理学的研究依赖于某些先行的设定，从而使其效力受到了限制。正是在这里，詹姆斯的彻底经验主义方法得到阐明，在对意识的研究中，不应设定任何先行的理论和学说，而只需面对意识本身。

第二章紧接着第一章，在将研究态度从生理学转向彻底经验主义后，詹姆斯发现了"意识本身"即意识流。此部分着重刻画詹姆斯研究意识流时所揭示出的几种特性：属我性、意向性和时间性。借助胡塞尔现象学的相关资源，此部分详细深入地解析了詹姆斯对意识流的阐述，我思的活动与思想的对象之间的必然联结构成了詹姆斯式的意向体验结构，同时，意识流又依着回顾—当下—预期的时间结构建立起自身的同一性。

第三章则转入詹姆斯后期对彻底经验主义的推进。意识流虽是在彻底经验主义的态度下研究意识的成就，然而此时的态度并不彻底，因为詹姆斯仍旧没有排除心灵—世界二元对峙这一深层的预设，使得他的意识流的研究仍不时回退到对外部世界的设定上。因此，詹姆斯完全地采取了彻底经验主义的态度，走向了纯粹经验的学说。本部分的核心论证在于：纯粹经验并非某种实体，也不是某种亦心亦物的基质，而是一种原初的构造能力。与此同时，根据彻底经验主义的原则，那些例外的经验状态也需要在本部分得到说明。

第四章依据彻底经验主义态度转向自我、人格与世界的生成和构造研究。自我问题在詹姆斯的思想中是一个贯穿性的问题，因而，此章的首要任务是澄清和重构自我与人格概念的多重涵义。在此基础上，深入探讨詹姆斯那里自我与人格的关系和结构问题。詹姆斯意义上的自我包含着横向的自我和纵向的自我双重面相。横向自我由作为职能的、非实体化的纯粹自我执行着统一化的功能，将物质自我和社会自我统一到“我”之上；而这一横向的自我基于根据时间结构建立起自身在时间河流中的纵向纯粹自我的同一性。

第五章考察彻底经验主义哲学的理论效应。第一部分关注詹姆斯对宗教经验的研究，宗教经验体现了彻底经验主义的根本要求，即关注于经验的直接呈现，而非先行寻求概念框架。第二部分关注詹姆斯的身体学说及其伦理效应，以及这种观点对传统主流伦理学的批判性资源，有助于我们在当下的伦理状况中开创出新的视角。第三部分关注冯友兰对詹姆斯的接受与理解，着重论证詹姆斯的彻底经验主义哲学在当下各种文明碰撞但又寻求相互理解的时代所能提供的思想资源和可能达到的实践效应。

在行文过程中，上述的两层次方法是交织在一起的，这样有助于塑造一个更立体的詹姆斯形象，也会让我们更加深入地进入到一个和詹姆斯一同思考的思想境况之中，对于我们理解詹姆斯所代表的美国哲学的思维方式有极大的促进作用。同样，这也可以让詹姆斯的哲学重新焕发生命力，看看它对于我们解决当下的困惑有何助益。这样一来，本书作者希望至少达到以下两个效果：

其一，以彻底经验主义的方法将詹姆斯前后期的哲学连贯地加以解释。在笔者掌握的詹姆斯研究中，詹姆斯后期以纯粹经验为核心的彻底经验主义学说受到的关注相对较少，而本书将重点放到彻底经验主义的部分，将其看作是詹姆斯整个哲学生涯一以贯之的方法，并认为彻底经验主义是詹姆斯哲学最终的完成，是其全部哲学的基底。

其二，同样通过彻底经验主义方法，对詹姆斯的纯粹经验学说作出了较新颖的解释。一般而言，詹姆斯的纯粹经验通常被理解为某种非心非物的基底，或者说是某种可以把心理现象、物理现象都装到一起去的超级容器。本书试图论证，这种看法并无太高明之处，而且这种解读把詹姆斯的理论中有趣和深刻的部分遮掩了。按照本书的解释，纯粹经验是一种本源的涌动，这一部分将在第三章中详细地展开。

在上述工作的基础上,本书将拓展性地考察彻底经验主义哲学的理论效应:

其一,重构詹姆斯的自我与世界理论,并尝试去构建一套詹姆斯的类型学思想。一些研究文献表明,詹姆斯的自我和人格理论对今日的理论都有较深的影响,但是从哲学层面对它的探究与考察尚显缺乏。本书对自我和人格理论的研究的一个特色在于,把它放到整个彻底经验主义的脉络中去考察,并且把它与荣格的相关理论结合起来,试图阐发出一种类型学的思想。

其二,部分地考察詹姆斯在其他领域的观点,并试图将其纳入彻底经验主义的视野中来,以此说明彻底经验主义为何是詹姆斯思想的底色。第一部分聚焦詹姆斯的宗教研究,他的《宗教经验种种》向来被视为宗教学领域的经典,本书将其纳入到彻底经验主义的视域中,并指出此书是詹姆斯在彻底经验主义方法“指导”下,研究宗教现象得出的成就。第二部分关注伦理问题,詹姆斯通过彻底经验主义“得到”了一种不同于笛卡尔主义的身体观,以此为基础可更新我们对伦理学相关议题的看法。第三部分则是尝试性地通过彻底经验主义思考跨文化交流的问题,契机源于冯友兰先生利用詹姆斯“纯粹经验”学说解释庄子的尝试,本书试图分析这种尝试,并试图指出,在当今这个充斥着强权文明霸凌“落后”文明的世界,为何詹姆斯的彻底经验主义有一种促进各种文明相互尊重、无前提平等对话的力量。

当然,这种做法也给本书的工作带来了以下挑战:

其一,詹姆斯的著作多为讲课稿、讲座和论文汇编,因此缺乏系统性;又因为詹姆斯使用概念不甚严格,用语多随意,因而把握其基本思想的脉络就较为复杂。特别是系统地去诠释詹姆斯的思想就需要小心地清理他思想中模棱两可和有歧义的部分。除此之外,在正文中我们也可以看到,詹姆斯思想难以把握的另外一个原因是他常常在不同的方法和思想资源之间来回游走,因而本书还需要详细地辨别出詹姆斯的不同进路,并要尝试去说明为何本书所选择的道路是最合适的。综合上面两点缘由,这将是十分困难的工作。

其二,为了克服上述的困难,本书在研究中使用了不少比较的方法,试图通过与其他思想家的对比来锚定詹姆斯思想的位置,这就带来了第二个难点,即需要对作为参照系的思想家有较好的把握。但是本书中所使用的"参照系"——胡塞尔、弗洛伊德(Sigmund Freud)、荣格(Carl Jung)等人皆是深刻的思想家,并且著作极多,因此在把握他们的思想时就难免会出现偏差,而这也需要笔者通过更多的阅读和更深的理解加以克服。

总而言之,本书与其说是一项现代西方哲学史的研究,不如说它是一次跟随詹姆斯一起出发的哲学探索之旅。除去发掘詹姆斯在西方哲学史上的意义之外,本书更愿意去挖掘詹姆斯哲学的某些资源对理解当下问题的可能性。

第一章
詹姆斯对“彻底性”的要求

我们的起点是詹姆斯的《心理学原理》一书，在各式各样的心理学史课程和教材中，这本书都会被提及。不过，这本书中所涉及到的那些理论似乎都过时了，它更多被视为一门学科在其稚嫩时期的一种代表，它更多的具有某些历史价值而非理论价值，就像博物馆里的化石一样，指示着历史上曾经出现过的某种事物，对当下没有足够的意义了。但从哲学的角度看，这本巨著在不经意间却暗含着颠覆性的新思想，其理论效应远未被充分发掘。而到百多年后的东方大地，这种思想仍有被激活的可能性和必要性。

阅读詹姆斯的《心理学原理》一书会让人困惑不已，这本上千页的巨著似乎是一个大杂烩，它将不同的心理学理论、意识理论都囊括在其中，而缺乏明确的主题和线索，此书使用的方法和视角更是错综复杂，它常常使用当时生理学和医学的实验结论，但又突然转至对传统心理学哲学的评论，并且毫不避讳书中的某些内容是“形而上学的”。本章不可能面面俱到地去讨论《心理学原理》中的各种视角和各个具体的理论，而是在意识哲学的名下组织相关话题和研究对象。除此之外，本章并不使用多元的方法，而只从彻底经验主义的方法出发，排除掉那些无法经过彻底经验主义检验的内容，看看作为詹姆斯基本的哲学方法的彻底经验主义是如何在其意识研究中得以贯穿的，并检视由此取得的成就。这一章将侧重于对彻底经验主义方法的说明，因此本章是导论性质的，这个导论是双重的：一方面它是研究詹姆斯意识哲学的方法，这个方法区分于其他非哲学的意识研究方法，比如在《心理学原理》中詹姆斯大量使用的观察—实验方法就被排除在了意识哲学的范围之外（这么做的理由将在下文中逐步呈现）；另一方面这个在意识哲学阶段所获得成就的方法，也是接下来詹姆斯哲学继续发展的基础性方法。一旦这个说明得以完成，我们便可在后续的章节中看到詹姆斯如何从自然科学的心理学出发，通过彻底经验主义的方法到达“意识流”的领域，并通过不断深化自己的彻底经验主义方法，在意识流的基础上达到最终的“纯粹经验”学说。

1. 詹姆斯论“作为自然科学的心理学”

在《心理学原理》的序言中，詹姆斯就说明了他整个研究计划在方法论层面的基本倾向：“我在整本书中始终都与自然科学的观点保持一致。”①更进一步来说，詹姆斯想把整本《心理学原理》都建立在自然科学的基础之上，按其在开端时的筹划，《心理学原理》一书从本质上来讲应该是一本自然科学的著作，尽管随着这本书的推进，詹姆斯会在某些时刻与自己最初的筹划做出“重要”的偏离。詹姆斯的这种筹划和企图不难理解，在他所处的时代，自然科学狂飙突进取得了大量成果，这些成果至少展现为两个方面：第一是方法论上的，自然科学深刻地革新了人们探究世界和人类自身的方式，数理模型和观察实验被推为科学研究的核心手段；第二是内容方面的，自然科学的研究成果表现为对自然过程的机制进行阐明。特别是在关于人类的心智、理性能力、意识结构等方面的研究中，自然科学方法的引入为传统的思辨研究注入了新鲜血液。心理学独立地成为一门学科便是受到自然科学成果所滋养的结果，受惠于生理学、医学的进展，心理学逐渐脱离了纯粹的哲学思辨，而朝着自然科学的理想来重建其自身的根基。詹姆斯也是这股潮流的几位先驱者之一，从他自身的履历来看，他先是受到了严格的医学与生理学训练，获得了生理学方面的学位，继而以教授生理学开始了自己的学术生涯，当威廉·冯特（Wihelm Wundt）因在德国建立心理学实验室而被尊为现代心理学之父时，我们也不能忘记同时代的威廉·詹姆斯也在美国建立

① ［美］威廉·詹姆斯：《心理学原理》（上），方双虎等译，北京：北京师范大学出版社，2017年，序言第 I 页。

起心理学的实验室。从其学术生涯早期的种种努力方向和成果来看，詹姆斯更多可被看作是一位自然科学家，并且是将意识研究、心理研究自然科学化的重要先驱，他也一直在努力地推广这种方法和思路，《心理学原理》一书可被视为此种努力的一个结晶。由此可见，一方面是受时代浪潮的影响，另一方面则是因为其独特的教育和学术背景，詹姆斯无法脱离医学和生理学的视角来看待意识问题，并尝试将心理学重建为一门独立的自然科学。

基于以上的缘由，詹姆斯所说的“始终都与自然科学的观点保持一致”实际上就意味着：“……大脑得到的经验，必须在心理学所研究的心理活动的条件中占有较为重要的地位。”因此，心理学家们应成为“大脑主义者”。①更进一步来说，詹姆斯对生理因素的考量不只是将大脑放到“有较为重要的地位”，而是直接宣称生理学为心理学奠基：“……必须把脑生理学作为心理学的基础，或者说它必须包含在心理学之中。”②所以，詹姆斯在《心理学原理》的开篇中已经明确了方法论抉择，他认为心理学实际上是生理学的一部分，心理现象可以通过生理现象的说明加以解释。

在《心理学原理》的前六章之中，詹姆斯明确跟随着自然科学的要求开展其研究：“我们一直都在探讨心理状态的大脑条件及其伴随物……”③正是因为上述的这种理论倾向，詹姆斯往往被看作是美国实验心理学得以建立的关键性人物。④ 除此之外，詹姆斯对脑生理学在理解意识机制方面的重要

---

① ［美］威廉·詹姆斯：《心理学原理》（上），第 3 页。

② ［美］威廉·詹姆斯：《心理学原理》（上），第 3 页。当然，也有学者认为詹姆斯是二元论者，即他虽然承认意识活动和大脑活动有相关性，但不意味着意识就是大脑活动，从这一点上来看，詹姆斯仍旧是笛卡尔式的二元论者或是身心交感论者。参见 Owen Flanagan, “Consciousness as a Pragmatist Views It”, in *The Cambridge Companion to William James*, Ruth Anna Putnam (ed.), New York: Cambridge University Press, 1997, p.29; Bruce Wilshire, *James and Phenomenology*, Bloomington: Indiana University Press, 1968, p.11, p.21。当然，由于詹姆斯本人论述的歧义性，将他理解为二元论者也有文本依据。但本书的工作不在于说明詹姆斯是一个还原论者还是二元论者，而是想指出，詹姆斯将最终克服产生二元论与还原论的形而上学预设，并走向一种接近现象学的意识理论。下文将逐渐阐明这一过程。

③ ［美］威廉·詹姆斯：《心理学原理》（上），第 143 页。

④ 方双虎：《威廉·詹姆斯与实验心理学》，《南京师大学报（社会科学版）》，2010 年第 5 期，第 109 页。

性的强调也持续影响了今天对意识的科学研究，有学者指出："詹姆斯是揭开意识科学研究——探求意识的神经机制是意识科学研究的根本任务——序幕的一个重要推动者。"①这一评论恰如其分，在一本著名的意识科学著作中，作者曾说，用自然科学的方法研究意识的工作，所欲求达到的最终目标就是："揭示意识的神经相关物(neuronal correlates consciousness, NCC)。"②即从大脑细胞、神经及其内部之间的联结这一生理学基础中解释意识发生的机制。③ 可以看出，这里的方法论仍旧是詹姆斯将意识活动或心理状态奠基于物理过程的精确化和深入化的推进，詹姆斯是使意识研究进入到一个崭新天地的关键性人物。

我们可以一眼看出这种思路下的意识研究的特点，即它们是一种间接的探究活动，它需要一些中介来完成对意识的说明。当然，中介的选取并非是任意的，詹姆斯之所以认为用生理学作为中介是一个好的选择，在于生理学所阐明的原理中可以看到大脑、神经的运作与意识变化的强相关性。当我们的手被火烧到的时候，神经的反应迅速传导到大脑，大脑的相应部分继而产生反应，于是我们感到"痛"；在新近的精神病学研究中我们也可知道，大脑中某些部位的病变、损伤、化学递质分泌的失调也会对人的心智状态或精神状态产生极大的影响，因此人们有足够的理由相信二者之间的恒常连接似乎是不可怀疑的。可见，中介的特性在于它的双重通道特性，它必然与其两端——等待被解释之事情和解释活动本身——都能够发生关系，以便二者之间达成一种解释的一致性。然而，詹姆斯很快表达了对中介的不满，他意识到心理学研究接受了某些预设，将其当作不可被怀疑的探究起点，这种预设认可了心理现象、意识活动与其物质相关物之间的必然连接关系；与这种研究不同的是形而上学的研究，他如此规定："形而上学的意思并不是指别的什么，而是指以一种超乎寻常的努力来保持清晰的思考。对我们而

① 李恒威、徐怡：《论威廉·詹姆斯的意识研究》，《浙江大学学报（人文社会科学版）》，2014年第44卷第4期，第35页。

② ［美］克里斯托夫·科赫：《意识探秘：意识的神经生物学研究》，顾凡及、侯晓迪译，上海：上海科学技术出版社，2012年，第18页。

③ ［美］克里斯托夫·科赫：《意识探秘：意识的神经生物学研究》，第22页。

言，心理学的基本概念在实际上已经相当清晰了，但它们在理论上却是非常混乱的，而且在这门科学中，人们很容易不知不觉地做出一些模糊的假设，除非这些假设本身受到了质疑，否则人们是很难意识到这些假设涉及了什么样的内在困难。”①形而上学意味着对一切科学研究所建立的地基的清理，以便清楚地指明它们的界限何在。

这一关键的界说受到了学者们的注意，史蒂文斯（Richard Stevens）认为詹姆斯的这种方法实际上与后期彻底经验主义的方法内在一致，即明确地认识到那些无需设定，而无偏私地通达被原初给予的经验；而这一点和胡塞尔的“悬搁”方法在精神上是一致的。② 威尔德（John Wild）也指出，像心灵与物质的二分法通通是形而上学的假设产物，从经验角度来看，它们并无本体论层面的决然分裂。③ 这种说法体现了詹姆斯对中介、对借由间接之物才可通达之物的不信任感。尚新建也指出，詹姆斯从其学术生涯的开端就贯彻了彻底经验主义的方法，表现为对“直接性”和经验的“所予性”的要求。④ 对此，我们还需略加说明，上面的解读不是说那些经由中介建立的科学是不合法的，而只是要强调它们的限度和边界，而不能将其视为全部的真理。许多具体的学术部门都以某些基本预设和基础性信念为其理论的基石，比如在现代经济学的不少流派中，“理性人”就被视为一个研究的定点；在某些政治学理论中，个体对死亡的恐惧以及对自我保存的追求被当作了建立政治秩序的首要原则（比如霍布斯（Thomas Hobbes）的理论）；当然还有上文中已经展开说明的实验心理学也依赖于某些固定的预设作为其起点。

显然，基于中介的研究和基于预设的研究并不能等同，不过这不是我们这里要讨论的主题。至少在意识研究过程中，基于中介物大脑去谈论意识和基于预设去谈论意识有极强的关联性：中介的成立恰恰是建立在相关的

---

① ［美］威廉·詹姆斯：《心理学原理》（上），第 112 页。

② Richard Stevens, *James and Husserl: The Foundations of Meaning*, The Hague: Martinus Nijhoff, 1972, pp.5－6, pp.42－43.

③ John Wild, *The Radical Empiricism of William James*, Westport: Greenwood Press, 1969, p.93.

④ 尚新建：《经验概念是威廉·詹姆斯哲学的基石》，载赵敦华主编：《外国哲学》（第 28 辑），北京：商务印书馆，2014 年，第 130 页。

身心学说之预设的基础上的。对于詹姆斯而言，中介和预设都是某种间接通达意识的方案，而不是直接去朝向意识本身。因此，我们必须将实验心理学限定在一种具体科学的范畴之内，从詹姆斯那里寻找直接通达意识的替代方案。

当然，认为心理学家们建基于生理学的意识研究是不彻底的，不意味着詹姆斯一下子就通达了那种被直接给予的经验领域，除去以生理学为中介的意识研究，他还要批判、清理传统哲学中非直接性的意识研究。

2. 詹姆斯对心素理论的批判

传统的意识哲学似乎与现代的实验心理学遵从不同的研究范式，但从詹姆斯的路线出发，这二者间的差别并不如我们想象的那么大。接下来我们将检验分析詹姆斯对传统意识哲学的攻击，来看看他究竟想要通往什么样的道路。

詹姆斯反对传统意识哲学的工作集中在对心素(mind-stuff)理论的攻击，心素或心理元素理论并非是一个流派或一种单一的理论，詹姆斯用它来指代一系列具有基本倾向的意识理论，在詹姆斯看来，心素理论最核心的承诺是："我们的心理状态是由更小的状态结合在一起而形成的复合物。"①也就是说，心素理论首先确立了一种基本的心理元素，进而通过种种联结、组合的方式形成一个统一意识状态的理论。这个原则就像托马斯·库恩(Thomas Kuhn)所说的"范式"或拉卡托斯(Imre Lakatos)所说的"硬核"一样，它构成了一系列理论群的共享性信念，而詹姆斯的攻击与其说是针对某一个理论展开的，不如说他想颠覆一种传统的意识研究范式。詹姆斯对这种范式的批评分为两个层面：他首先指出这个理论在方法论上缺乏严谨性，进而再进入到这个理论的内部去批评它们的不融贯性。对本书的立意和研究进路来说，詹姆斯在第一个层面上的批评无疑是最值得关注也是最重要

---

① ［美］威廉·詹姆斯：《心理学原理》(上)，第112页。

的,它会直接地导向一种完全不同于心素理论范式的意识哲学范式,而这正是詹姆斯意识哲学的突破之处。在本节中,笔者将简要讨论这两个层面上的批评,并重点阐发詹姆斯对第一个层面批评所蕴含的深意。

詹姆斯对心素理论的批评集中在《心理学原理》的第六章。在本章的开篇詹姆斯就明确说到此章的“形而上学”性质,正如上文所引①,詹姆斯提醒我们意识到,“形而上学”的工作是要清理出各种理论间的边界;一旦我们能够意识到某种理论所建基于其上的原则乃是被假设、被设定的产物,那么我们也就能够明白这个理论的有效性的来源及其限度。于是,詹姆斯对心理元素理论的批判就主要集中在指出它们所依赖的理论为何都是形而上学的假设或设定。

接下来,我们将讨论詹姆斯对心理元素理论的哲学批评,我们在此不关注他对这个理论的实验心理学方面的反驳,因为如果我们也从实验层面考察心素理论的话,我们就并没有跳出詹姆斯想要挣脱的框架。首先我们需要关注的是他对心理进化论的驳斥,詹姆斯指出心理进化论是一种从**外部**(黑体为笔者所加)对心理状态的考察,进化论者的基本观点是:“所有使其显现的新的存在形式,无非就是由于原始的和不变的质料经过重新分布而出现的结果。组成星云的自我同一的原子尽管混乱分散,但它们被挤压在一起并且暂时处于特殊的位置,就有可能会形成我们的大脑……但是随着意识的出现,似乎又出现了一种全新的性质,而它在最初混乱分散着的原子那里尚未获得任何能量。”②詹姆斯指出,心理进化论在这里的问题在于物质到心灵之间存在一个非连续性的断裂,③而这个断裂必须以一种对心与物之间的连续性假设来弥补,使得心理进化论者必须在起点处不得不做出更多假设来说明为何意识与物质一同起源,而这又必须假设一种“原子物活论”作为形而上学的预设。④ 除此之外,詹姆斯还关注形形色色认为存在着

① ［美］威廉·詹姆斯:《心理学原理》(上),第 112 页。
② ［美］威廉·詹姆斯:《心理学原理》(上),第 113 页。
③ ［美］威廉·詹姆斯:《心理学原理》(上),第 113 页。
④ ［美］威廉·詹姆斯:《心理学原理》(上),第 114—115 页。

基本心理元素的理论。例如斯宾塞(Hebert Spencer)坚持认为人的心理状态由基本的基础心理元素复合而成,诸如痛感或者热感这样的知觉都是由相同的心理元素聚合而成,之所以在人的知觉层面形成痛感或者热感的差别只是由于对神经末梢刺激的强度不同。① 然而,詹姆斯认为这种观点是不可被理解的,我们究竟如何知觉到那种基本的心理元素呢? 从直接的心理事实来看,任何知觉都是总体性的,人不可能直接知觉到所谓的基本心理元素,那些被认为是基本心理元素的事物反而是假定、反思的产物。②

这两处选取的内容足以展示詹姆斯对心灵元素理论批判的用力点所在。③ 第一,他清楚地意识到心理元素理论依赖于种种假设,也就是说它们是用来理解意识状态的设定物,心理元素并非某种直接被把握到的经验,而是经由哲学反思所规定的,④因此它和建基于生理学基础之上的意识研究一样,也是间接的。对于一门具体的学科来说,这种设定意味着将某个具体的学科部门建立于特定的基础性范式之上,这个学科将在这个基础上得以建立,但同时也就规定了这门学科的范围及边界。但正如上面引文所言,詹姆斯要求我们通过形而上学的工作来理解这些设定的本性。因此,詹姆斯指出了心灵元素理论所依赖的种种设定,同时也就表明其理论的范围和限度。第二,与第一点紧密关联的是詹姆斯对彻底性的强调,这一点我们已在上一节中提到了。詹姆斯发现心理元素理论设定产物的一个重要方法是指出它们的间接性,借用现象学的术语来说,它们并非原初地被给予了"我",那些被认为是基础性的心理元素不过是理论建构的产物。用威尔德的话来说,这种理论没有忠实于现象,是理性反思的结果,犯了"事后分析谬误"(post-analytic fallacy)。⑤ 一旦引入理性建构,那种直接经验就被中断了,它们便成

① [美]威廉·詹姆斯:《心理学原理》(上),第115—118页。

② [美]威廉·詹姆斯:《心理学原理》(上),第120页。

③ 实际上,在《心理学原理》第六章对诸种心素理论的批判中,詹姆斯还专门批判了那种设定心素的无意识理论,但由于无意识理论涉及到本书的另外一个重要主题,因此詹姆斯对无意识理论的讨论不在本章中进行,详细的内容可见本书第三章的第四节。

④ 陈亚军:《超越经验主义与理性主义》,南京:江苏人民出版社,2014年,第66页。

⑤ John Wild, *The Radical Empiricism of William James*, p.20.

了理性框架的假设之物。正是对上述两点的强调,为詹姆斯通往直接被给予的意识流领域做好了方法上的准备。

3.彻底经验主义与现象学的态度

上文借助几位学者的研究框架对詹姆斯的哲学方法做了一个简要的说明,这个说明选取了詹姆斯在不同问题上的讨论,分别指出了其中所使用的哲学方法。本节的任务是对上面的叙说做一个简要的说明和总结,以期概括性地说明詹姆斯哲学方法——彻底经验主义——的主要特征。这个说明包含着两方面的含义:第一是如何看待彻底经验主义的方法在詹姆斯整个哲学筹划中的基础性地位;第二则是如何看待彻底经验主义的方法与现象学方法之间的关系。

关于第一点,兰伯斯(David Lamberth)曾将彻底经验主义分解为七个“教义”:

(1) 方法论论题:即哲学通过经验的方法开展;

(2) 事实性的论题:经验之中诸主题之间的关系也属于经验的一部分;

(3) 形而上学论题:纯粹经验作为詹姆斯的形而上学;

(4) 功能性的论题:直接亲知(direct acquaintance);

(5) 对概念性知识的功能性考察;

(6) 真理的实用主义概念;

(7) 多元主义泛心论的论题。①

兰伯斯的分类混乱且缺乏充分的理据,这个分类之间的诸项目并非属于同一论域,而且相互之间还有重叠交叉,根本无法让人直观地了解詹姆斯的彻底经验主义究竟所谓何事。比如(1)、(4)和(6)之间并非并列的关系,而若没有作为方法的彻底经验主义的贯彻,对经验之中诸主题关系之考察、

① David C. Lamberth, *William James and the Metaphysics of Experience*, New York: Cambridge University Press, 2009, pp.4-5, p.14.

对纯粹经验的刻画亦得不到开展。造成这种分类混乱的原因在于兰伯斯没有在作为方法的彻底经验主义和作为詹姆斯哲学体系的彻底经验主义之间做出严格的区分。我们必须明确地意识到彻底经验主义首先是一种哲学方法，①在此基础之上，我们才能用彻底经验主义方法所达到的纯粹经验学说来命名詹姆斯的哲学。

上文已有所提及，作为一种方法和作为詹姆斯后期哲学的彻底经验主义是不同的，本节所讲的彻底经验主义仅仅将其限定在方法论的层面，而且必须要先说明了詹姆斯如何使用彻底经验主义的方法从事哲学，才能逐步地考察他如何使用这种方法通达其后期以"纯粹经验"为核心的彻底经验主义哲学。经验主义的哲学大家都很熟悉，在通常的哲学史著作中，经验主义用来标识和唯理论对立的哲学路线，经验主义谱系中的哲学家们普遍坚信知识的唯一来源是经验，但这种对立只在很小的范围内可以成立。② 而真正要说经验主义有什么典型的特征的话，陈嘉映援引塞拉斯（Wilfred Sellars）和杜威强调经验主义更多用来指涉感觉原子论。③ 这是个很好的看法，我们可以从这一点出发来看看詹姆斯所说的经验主义到底比传统经验主义激进和彻底在什么地方。④

按我们在上文中的分析，传统的经验主义虽然也从经验的角度来考察心灵状态，但是他们的方法仍依赖于设定一个无法被直接体验到的基础性感觉元素，从感觉原子的角度出发来理解心灵。但正如詹姆斯的反驳，感觉原子或心理元素这样的基础并不是经验的一部分。詹姆斯的经验主义比他们更为彻底，他不承认任何理论设定的东西，而只"开始于事物对我们的直接显现，而不是我们对事物的理论建构"⑤。正因如此，学者们普遍认为詹姆

① Richard Stevens, *James and Husserl: The Foundations of Meaning*, pp.5 - 6。亦可见黄启祥：《思想流学说与詹姆士哲学》，桂林：广西师范大学出版社，2017 年，第 191 页。

② 陈嘉映：《哲学·科学·常识》，北京：中信出版社，2018 年，第 165 页。

③ 陈嘉映：《哲学·科学·常识》，第 166 页。

④ 陈嘉映也看重詹姆斯彻底经验主义对休谟式经验主义的超越，他认为詹姆斯把经验间的关系也看作经验的一部分，是一个比休谟更好的观点。（陈嘉映：《哲学·科学·常识》，第 165—166 页）

⑤ 陈亚军：《超越经验主义与理性主义》，第 83 页。

斯最为基本的哲学方法就是彻底经验主义的方法，即将经验主义推进至最为彻底的位置，所谓彻底即除去能被体验直接把握到的东西，什么预设都必须被排除，除了被直接给予的经验既不增加任何新的东西也不减去任何已有的东西；詹姆斯如此规定道："一种经验主义，为了要彻底，就必须既不要把任何不是直接所经验的元素接受到它的各结构里去，也不要把任何所直接经验的元素从它的各结构里排除出去。"①这个方法不仅仅是在其后期《彻底的经验主义》中得到了系统的发展，而且贯穿在他全部的哲学生涯之中。②在《心理学原理》出版之前，詹姆斯在一篇名为《隐藏的自我》的文章中已经道出了自己的基本方法：他十分关注被生理学和正统心理学都忽视掉的"神秘现象"，例如那些在我们现代心智看上去荒诞不经的现象——幻视、附体等等，他对这种忽视和鄙夷很不满，因为这些现象无论多么地不符合常态，但它们就"在那儿"并充斥在我们的生活历史当中，是直接被给予的经验，将它们忽视或者认为是一种例外的、不正常的状态乃是被形形色色的理论裁剪后的结果。③ 如果坚持詹姆斯始终贯彻的彻底经验主义方法，那么就可以很自然地发现詹姆斯的意识理论、宗教哲学、实用主义、真理学说和纯粹经验理论内在的自然过渡和紧密联系，它们不过是彻底经验主义在不同领域的探究，这些探究都是在各领域中祛除了非直接给予我们的诸事项，而去寻找那些被原原本本把握和领会之事物的工作。

本节的第二个要点则在于说明彻底经验主义的方法与现象学——特别是胡塞尔现象学——之间的关系。二者之间的关系将在本书的主体部分详细展开，但是本章作为准备性的内容，也有必要先行对此做一些简要的说明，就像电影的预告片一样。现象学是一个庞大的族群，笼统地说彻底经验主义的方法与现象学接近，相当于什么都没有说，所以我们也要说明与詹姆斯哲学接近的那种现象学究竟是什么意义上的现象学。罗森塔尔（Sandra

---

① ［美］威廉·詹姆士：《彻底的经验主义》，庞景仁译，上海：上海人民出版社，1986 年，第 22 页。

② Richard Stevens, *James and Husserl: The Foundations of Meaning*, pp.5 – 6; John Wild, *The Radical Empiricism of William James*, p.28.

③ William James, "The Hidden Self", *Scribner's Magazine*, 7(1890), pp.361 – 362.

Rosenthal）就曾指出古典实用主义与现象学具有更大的亲缘性，而非与分析哲学以及分析哲学化了以后的新实用主义更亲近，不过罗森塔尔认为与古典实用主义接近的是海德格尔、梅洛-庞蒂的存在论现象学。① 但本书将会表明，至少在詹姆斯这里，与胡塞尔现象学的亲缘性更大，本书所说的现象学特指胡塞尔现象学。

在对詹姆斯的研究中引入现象学的方法有较长的历史，如上文中所引用到的几位学者都认为詹姆斯的哲学与胡塞尔的现象学之间有较大的相似性，因而对二者关系学理上的梳理和对勘在对詹姆斯哲学的研究中是一条重要的道路。② 在施皮尔伯格的相关研究中，我们可以看到詹姆斯虽没有见过胡塞尔本人，也没有读过胡塞尔的著作，但他跟现象学先驱斯通普夫（Carl Stumf）有着紧密的关系；而胡塞尔则是阅读过詹姆斯的相关著作，并承认自己受到过不少启发。这种证据至少表明将二者加以比较具有一定的事实基础，而非杜撰或发挥。詹姆斯·艾迪（James Edie）还记载过一件有趣的轶事：胡塞尔曾建议那些到弗莱堡学习的美国学生"学习詹姆斯"，艾迪据此认为这是胡塞尔想给那些无法亲近自己现象学的外国学生提供一条可替换的道路。③ 这些记载的理论意义在于，胡塞尔本人对詹姆斯有所认可，在做比较和对勘的研究中，还有什么比当事人的认可更重要的呢？尤其是，当胡塞尔将詹姆斯看作是自己在美国的一个替代版时。

从学理脉络上来看，将二者进行比较也是合理的：詹姆斯与胡塞尔都深受洛克（John Locke）、休谟（David Hume）、布伦塔诺（Franz Brentano）等人的影响，这意味着他们的思想来源有亲缘性。而要说到方法上的相似性，则是

---

① ［美］桑德拉·罗森塔尔：《从现代背景看美国古典实用主义》，陈维纲译，北京：开明出版社，1992 年，第 9 页。

② 对于詹姆斯与胡塞尔的关系的论述可见［美］赫伯特·施皮尔伯格：《现象学运动》，王炳文、张金言译，北京：商务印书馆，2011 年，第 155 页—162 页，以及 James Edie, *William James and Phenomenology*, Indianapolis: Indiana University Press, 1987, pp.19－24；孙冠臣：《论威廉·詹姆斯对胡塞尔现象学的影响》，《现代哲学》，2002 年第 2 期，第 98—106 页。古典实用主义与现象学主调上的相似性亦可见陈亚军：《超越经验主义与理性主义》，第 97—101 页，等等。

③ James Edie, *William James and Phenomenology*, pp.87－88, note 12.

我们这本书探索的一个重点,上面我们已经强调过,具体的展开需要在本书的主体部分得到充分的展示,在这里我们只能简要地给出一些说明。詹姆斯的彻底经验主义方法和态度我们在本章的前两节的说明中已有所揭示,说到底,它要求无预设、无偏私地通达被给予我们的经验,在此之前不要有任何的理论、信念的有效性渗入。这听上去,和胡塞尔所强调的现象学还原方法有着相似性。不过,当我们把目光转向胡塞尔的哲学方法时,事情就没有那么简单了,毕竟当说起胡塞尔的“现象学还原”时,它包含着极为丰富的内涵,它到底是超越论的还原呢?还是现象学心理学的还原呢?如果指的是本质还原的话,那在詹姆斯那里有没有类似的方法呢?这些问题都需要经过充足的前期准备才能去尝试性地解决。所以,我们在这里讲胡塞尔的方法、态度和精神时,只能从最一般、最基础的层面开始。为此,我们简要地把目光投向《哲学作为严格的科学》这一基本著作,因为这是胡塞尔的“纲领性的方法论述”①。

在《哲学作为严格的科学》一书中,胡塞尔批判了两个靶子:一是自然主义哲学;二是历史主义与世界观哲学。与詹姆斯密切相关的是批判的第一方面,即对自然主义倾向的攻击。胡塞尔和詹姆斯一样,表达了对实验心理学将意识自然化的拒斥,对胡塞尔来说,那样一种研究缺乏起点处的自明性,②因而,在作为严格科学的哲学中,“……任何一种对自然的科学设定与任何一种对自然的前科学设定都必须始终被排斥,并且因此,所有隐含着对事物性连同空间、时间、因果性等等的理论实存设定的陈述也必须始终被排斥。”③从这一点来看,彻底经验主义的方法与现象学的基本精神似乎没有多大的差异。有趣的是,胡塞尔对其哲学的基本精神有着明确的认识,他认为他是在将哲学提升到那种最为严格的使命中去,而这种使命或许可以用他对哲学的看法来概括:“它(作为最严格科学的哲学)代表

① ［德］胡塞尔:《哲学作为严格的科学》,倪梁康译,北京:商务印书馆,2010年,译者前言第x页。
② ［德］胡塞尔:《哲学作为严格的科学》,第9—12页。
③ ［德］胡塞尔:《哲学作为严格的科学》,第16页。

了人类对纯粹而绝对的认知之不懈追求（以及与此不可分割的是对纯粹而绝对的评价与意愿之不懈追求）……”[①]而詹姆斯呢？詹姆斯有此宏愿吗？这不好说。那我们为什么说二者的哲学精神相通呢，仅仅是因为表面上的相似性吗？上面我们对詹姆斯有一个引用，说到了他对理论活动裁剪原初经验的不满，而他试图恢复那种最初的经验，一种没有被任何理论、习俗和成见裁剪过的经验。然而，为什么要这么做？对此，我愿意稍加发挥。我们都是被抛于世，生来就要受特定的文化、传统的教化，正因如此，我们按照一定的模式和类型生活，我们的生活有各式各样的经验，但最终被那些熟悉的模式和类型所框定，然后日复一日地随大流过着俗世中的生活。现在的问题在于，一旦我们不想随大流、不想再浑浑噩噩地过活；一旦在某一刻决定过严肃的生活，我们便不能再不加反思地、按部就班地混日子了。而在此刻，我们必须回到原初经验里去，看看那些把我们的生活“制造”成如此这般的因素是些什么。我认为这便是詹姆斯所力图去实现的东西，这和胡塞尔的追求并无二致：它们都致力于朝向一种严肃的自我理解、一种严肃的生活。从精神气质上来看，我们完全可以接受这样宣称：“……詹姆斯的彻底经验主义和现象学之间的立场一致，已然是一种不争的事实。”[②]正如史蒂文斯所言，詹姆斯对纯粹经验领域的彻底回返与胡塞尔对自然态度打上括号悬置其有效性的工作是一致的。[③] 二者的相似还有一重要的理论后果，史蒂文斯指出詹姆斯的研究方法比起胡塞尔的细致与严格显得有些粗糙，而这也导致詹姆斯在一些关键问题上徘徊不前；[④]如果二人的基本方法是相通的，在必要的时候引入胡塞尔的某些概念来修补詹姆斯哲学的困顿之处，便不是不能接受的了，当然，这种“引入”是极其小心的。

至此，本章完成了对詹姆斯哲学方法的说明，下文中这个方法将贯彻到

---

① ［德］胡塞尔：《哲学作为严格的科学》，第 3 页。

② 陈亚军：《超越经验主义与理性主义》，第 97 页。

③ Richard Stevens, *James and Husserl: The Foundations of Meaning*, p.118.

④ Richard Stevens, *James and Husserl: The Foundations of Meaning*, p.127.

詹姆斯从意识哲学到纯粹经验的发展脉络中去，建构起一条詹姆斯哲学演变的内在理路。

4. 本章小结

本章是准备性的一章，主要用来说明作为方法和态度的彻底经验主义。我们通过詹姆斯意识研究中的几个例子，说明彻底经验主义要求排除设定、直接面对意识中被给予的现象——或者可以更激进地说：面向实事本身！——这一基本的操作。正是从这个角度来说，我们将彻底经验主义与广义的现象学态度做了比较，并指出了二者之间的相似性，进一步说明了彻底经验主义的操作方法和理论目标。

第二章

意识哲学：意识流及其结构

笔者在第一章中完成了对詹姆斯彻底经验主义方法的说明，本章将把这个方法运用到对其意识哲学的重构之中。一旦排除任何超越了内在意识领域的设定，意识本身就得以出现，进而我们再跟随詹姆斯的步伐看看这一意识本身的领域有何内在的关联结构。

1.通往内意识领域：意识流的发现

第一章已初步指出，从彻底经验主义的方法出发，詹姆斯完全明白建基于生理学的心理学是形而上学设定的结果，通过研究意识所需的条件并发现其中的机制的进路是在区分心理现象与物理现象、并且认为物理现象是心理现象的条件这一设定下进行的。而在传统哲学领域中的意识理论，也因设定了中介物（心灵元素）而使得这一意识研究仍旧是非直接和非无条件的。在《心理学原理》第七章的开头，詹姆斯如此说道："此前，我们一直都在探讨心理状态的大脑条件及其伴随物，在剩下的章节，我们必须对心理状态自身进行考察。"①一旦对心理状态或意识状态所依赖之物的设定被认为是无效的，那么仍旧被保留下来的就只剩意识本身或意识自身。詹姆斯进一步指出："心理状态只能从内部（only from within）意识到其本身，它把握的仅仅是我们称之为它本身内容的东西……我们必须避免用'一个意识是属于什么的'（what is a consciousness *of*）来取代'我们知道这意识是什么'（what we know consciousness *is*），并且避免将它与世界上其他事物的关系，或者说

① ［美］威廉·詹姆斯：《心理学原理》（上），第 143 页。

是物理关系纳入到我们意识的对象内。"①这个宣称具有很重要的方法论意义,詹姆斯所谓的"从内部"虽然仍然带有内外之分的痕迹,但并不意味着他只是个内省主义者这么简单。按照上面的分析,这里的内部指的是一个直接显现的领域;而对"一个意识是属于什么"这种研究的拒斥恰恰证明了上面的说法,意识属于不同于意识的某种"什么"拒绝了将意识奠定在另外的基础上,而关于"意识是什么"的研究则是直接性的,即关于意识如其所是运作的研究。一说起"内意识"的领域,我们自然会想到布伦塔诺,从《心理学原理》一书中也可以看到布伦塔诺对詹姆斯的影响,尽管詹姆斯并没有十分明显地引用内意识的概念。现在我们将简要地讨论布伦塔诺关于内意识的学说,并指明用这一概念来刻画詹姆斯理论的合理性。

布伦塔诺十分反对通过生理学来解释心理学:"不但心理学研究屈从于生理学研究是误入歧途的,而且后者与前者相混合的情形在重要的领域也是误入歧途的。目前只有很少的生理学事实能够用来解释心理现象。为了解释心理现象的持续律我们不得不诉诸脆弱的假定。"②从这一点来看,詹姆斯对任何假设的反对与布伦塔诺如出一辙。一旦一切"脆弱的假定"缺乏基础,那么它们将不能获得在心理学解释中的正当地位。布伦塔诺继而合理地得出如下结论,心理学的对象乃是心理现象,而心理现象即那些在内意识中被知觉到的现象,因此特征心理现象区别于通过外感知得以知觉的物理现象;③这一规定的核心在于,心理现象或心理生活"具有直接而不谬的明证性……因而,当我们说心理现象乃是由内知觉把握的现象时,我们是说对这些现象的知觉乃是直接明证的"④。因而从直接性、彻底性上来说,内知觉构成了唯一的真正知觉,而"所谓的外感知现象甚至通过间接的演证也不能被

---

① [美]威廉·詹姆斯:《心理学原理》(上),第153页。英文为笔者所添加,英文中的斜体词为原文所有,引文参照原文略有改动。参见 William James, *Principles of Psychology*, Cambridge: Harvard University Press, 1983, pp.195－196。

② [德]弗兰兹·布伦塔诺:《从经验立场出发的心理学》,郝亿春译,北京:商务印书馆,2017年,第78页。

③ [德]弗兰兹·布伦塔诺:《从经验立场出发的心理学》,第108页。

④ [德]弗兰兹·布伦塔诺:《从经验立场出发的心理学》,第109页。

证明为真实的"[①]。因而,布伦塔诺得出一个重要的结论:"这一界定也是对心理现象的充分标示。"[②]。

通过引入布伦塔诺的理论我们可以清楚地看到,詹姆斯的思路高度类似,他也十分看重意识研究中的直接性或彻底性,他所谓的"从内部"的研究也与布伦塔诺相通;不过詹姆斯没有使用严格的术语来规定这个领域,导致他的相关论述晦暗不明。因此本书借助布伦塔诺的内意识这一概念有助于澄清詹姆斯的理论,也方便我们在下文中推进他的哲学。不过,在这里需要继续说明的是,如上文已经提到的,"内"意识的说法仍在预设了一个"外"的领域,这种区分仍不自觉地依赖了心物二分的思考范式,而从彻底经验主义的角度来看,这个范式的设定是不彻底和不直接的。这种不彻底性很容易导致人们认为一个与内世界相对应的外在世界存在,但史蒂文斯指出:"认为'外在'世界独立实存,并将其剥离出意识流中绝对被给予的理论都是和彻底经验主义不相干的。"[③]因此詹姆斯在此处尚未真正达到彻底的经验主义,这一点在下文中会逐渐被揭示。但是我们也需要看到,内意识的说法已为詹姆斯突破自然主义的意识研究做好了准备,而正是这一突破使得他发现了意识流及其结构,为后期通往"纯粹经验"领域奠定了基础,因而从"方便法门"的角度来看,使用这一不彻底的内意识概念又是必要的,它是一把我们可以借之上升的梯子。

如上文所述,詹姆斯完成了一次对意识研究类型的区分,一种是建立在生理学基础上的意识研究;另一种是将生理学排除后、针对意识本身的研究。如果我们借用胡塞尔现象学的术语,就可将此区分做出更为严格的刻画。在胡塞尔那里,前者由于运用了生理学这一外在于意识自身的自然科

① [德]弗兰兹·布伦塔诺:《从经验立场出发的心理学》,第109页。

② [德]弗兰兹·布伦塔诺:《从经验立场出发的心理学》,第109页。心理现象的另一极为重要的标示为意向性,即"每一心理现象自身都包含作为对象的某物……它们是在自身中意向地包含一个对象的现象"([德]弗兰兹·布伦塔诺:《从经验立场出发的心理学》,第105—106页)。

③ Richard Stevens, *James and Husserl: The Foundations of Meaning*, p.106.

学，因此它是一种自然态度之下的意识研究；[①]后者则排除了詹姆斯所说的来自形而上学的设定，它祛除了需要将意识奠基在任何超越于意识的领域之上，而只在被给予的意识经验场中细致地考察它们。史蒂文斯反复强调：詹姆斯一生的哲学活动都忠实于彻底的经验主义这一基本原则，他决然地拒斥任何超越了经验中绝对被给予的事物。[②] 由于一种类似于现象学还原的操作，一个内在的意识领域[③]得以被揭示，它构成了詹姆斯意识研究的新起点。

在《心理学原理》的第九章中，詹姆斯的一段话表明了对内意识领域的肯定："现在，我们开始从内部来研究心灵……心理学有权利在一开始就理所当然地把意识本身看作是其唯一对象，而且这一点必须最先得到处理和分析。"[④]自然态度下的意识理解将目光投向外在于自身之物并试图将其设定为自身的基础，在生理学的心理学中，作为外于意识自身的科学生理学被设定为意识活动的条件；然而意识本身的问题仍旧没有解决，将我爱、我恨、我意欲等意识状态通过精密的实验方法定位到大脑皮层的特定区域，将各种意识状态间的联结和关系定位到诸神经通道之间的联系，仍旧没有触及到意识问题的实质：我爱、我恨、我意欲的本质及其内在结构是什么。如上文所言，在詹姆斯看来，任何一种向超出内意识的寻求都不可避免地设定了特殊的形而上学模型，需要寻找诸多中介来说明意识。比如意识状态与大脑状态的对应关系的肯定，要求一种已被设定为有效的对心脑关系的说明，然而这种设定的有效性又只能在特定的形而上学模型中才能得到证成。因此，只有斩断将意识连接到越出意识之物上的企图，将目光转向内意识之

---

① ［德］胡塞尔：《现象学的观念》，倪梁康译，北京：商务印书馆，2016年，第5—6页。

② Richard Stevens, *James and Husserl: The Foundations of Meaning*, p.6, p.14.

③ 威尔谢也认为詹姆斯的心理学有浓重的现象学气质，但他把现象学心理学的任务理解为对世界呈现于心灵中的结构进行描述，并把"内在的"领域看作是心灵中诸多表象的内部联结的区域，则仍没有摆脱自然态度下的表述，他缺乏对世界有效性的排除，因此，虽然他正确地看到詹姆斯在第七章开辟了一种新的意识研究路线，但他的自然态度又把他拉回到二元论的语境中。参见 Bruce Wilshire, *James and Phenomenology*, p.4, p.68。

④ ［美］威廉·詹姆斯：《心理学原理》（上），第174页。引文参照原文有改动。参见 William James, *Principles of Psychology*, p.219。

中,才能获得一个毋庸置疑的绝对起源,而这也恰恰是胡塞尔通过现象学的还原所达到的领域。因此,詹姆斯与胡塞尔具有方法论上的一致性,他们都渴望寻找到一种无须中介的直接被给予的领域作为研究的起点。① 这样一来,我们可以合理地宣称,詹姆斯把生理学从意识研究中排除,同样完成了一种宽泛意义上的现象学还原,这为他敞开了一个关于"意识本身"的绝对领域。据此,威尔谢认为詹姆斯的意识哲学同样也可被看作是胡塞尔式的超越论研究(transcendental investigation)。② 按上文的叙述,这个完全内在的意识领域在詹姆斯看来就是一个排除了中介的领域,它无须借助任何设定的概念框架或预设研究的地基,而可直接被把握到。这种直接性的经验克服了那种心灵与对象之间需要通道的观点,③但是在这里需要注意的一点是,在《心理学原理》的时期詹姆斯的直接性领域仍旧以意识或心灵为其始基,因此在这个阶段,詹姆斯的经验主义方法和思想仍旧是"受限的",他所说的经验仍旧还是意识的经验。

通过彻底经验主义的操作,一方面排除了对意识的自然科学设定;另一方面则排除了英国经验主义对基本心理元素的设定,通过这双重的排除,我们通达了一个内意识领域。在詹姆斯这里,这个内意识领域就是意识流,许茨曾如此评论道:"胡塞尔力图使我们将反思活动朝向内意识领域的工作时,他的"各种观念与詹姆斯的概念并没有什么不同之处。"在此领域之中,

---

① Richard Stevens, *James and Husserl: The Foundations of Meaning*, p.44.

② Bruce Wilshire, *James and Phenomenology*, p.17。针对这个说法,我们在此需要预先做一些说明,尽管这部分内容要在后文中才能得到详细的阐发。詹姆斯在研究心灵与概念构造的时候发现,心灵关于意义的识别与构造必然先于"外在世界存在"的设定。在他看来,概念乃是由于心灵朝向"相同性"的成就,而心灵内部对相同者的朝向必先于外在世界存在,正是有了心灵—相同性的先天连接,外部世界的相同性才得到了保证。(见[美]威廉·詹姆斯:《心理学原理》(上),第362—363页。对这个理论的详细讨论见本章第3节。)正是从这个角度出发,我们可以从詹姆斯自身的文本中找到其"超越论"的因素,这个因素并非诠释的产物。除此之外,我们也能从高霸那里看到这样的解释,他从另外的地方认为詹姆斯与康德和布伦塔诺一样,把统觉的超越论统一性理解为现象联结与持存的必要条件。(Ash Gobar, "The Phenomenology of William James", *Proceedings of the American Philosophical Society*, 1970, No.4, p.299)

③ 陈亚军:《超越经验主义与理性主义》,第94页。

意识流及其内在结构才得以被揭示。[①] 詹姆斯本人如是说道："心理学家所要面临的第一个事实就是某种思想在进行着。我用思想这个词……可以不加区分地表示每一种意识形式。如果在英语中我们可以像说'雨下着'(it rains)或者'风吹着'(it blows)那样说'思想思着'(it thinks),我们就能够以最简单并且最少的假定来陈述这个事实。但我们不能这么说,所以只能简单地说思想在进行着(thought goes on)。"[②]有学者非常看重这段界说,威尔德指出：用"it thinks"代替"I think"表明经验(在这个阶段为意识经验或思的经验——引者注)先于自我和范畴;[③]这种解释说明思或者意识不仅仅是属人的,它构成一种自身运作的发生领域,从而将詹姆斯的思想流或意识流提升至一种普遍性和本源性的地位。在此,我们可以进一步推进这个说法,威尔德仅仅是把思或意识的经验看作范畴和自我的基础(ground),[④]这种理解过于简单。在威尔德看来,思或意识的经验仍只被看作是一种实体化的奠基性基质,这样一来,思着的意识流就被解释为一种精神实体：它扮演了某种不动的、不可再向前追溯的第一因或最终实体的角色;从这个角度看它并没有超出詹姆斯所批判的那些传统理论,并且无法解释詹姆斯后期以纯粹经验为核心的哲学与早期的意识流理论的关系,意识流革命性的一面就被遮蔽起来了。笔者认为,我们必须拒斥上述看法,思或意识与范畴、概念以及个体化的自我并非是简单的生成或是基底的关系,为此我们不能将它看作是一种实体,因为这会面临着无限倒退的问题：如果意识是范畴、个体化的自我等事物的基础,那意识的基础又是什么呢？一旦宣称它不可再倒退,那么这就变成了一种违背彻底经验主义要求的设定活动。所以我们必须将其看作是使得范畴、概念与个体化的自我得以可能的先天构造能力。

正如艾迪所言：意识是所有对象化(objectification)活动得以可能的必

① ［奥］阿尔弗雷德·许茨：《从现象学的角度来解释的威廉·詹姆斯的思想流概念》,载《现象学哲学研究》,霍桂桓译,杭州：浙江大学出版社,2012年,第5—7页。

② ［美］威廉·詹姆斯：《心理学原理》(上),第174页。引文参照原文有改动,参见 William James, *Principles of Psychology*, pp.219 - 220。

③ John Wild, *The Radical Empiricism of William James*, p.56.

④ John Wild, *The Radical Empiricism of William James*, p.56.

然条件，而它本身是前对象化的功能，因为流动着的意识永远逃离被对象化。① 可见，对于思着的意识流我们无法将其当作一个对象来研究，而只能忠实地记录其涌流的轨迹、构造对象的过程。这样的推进有两个好处：第一，正是有了思着的意识流的先天构造能力，个体化的自我之生成得到了保证，也可避免詹姆斯后来将意识流还原到大脑过程的倒退，对此，我们可以看张祥龙的一段评论："……意识流对于我们是很自然的，是我们活在其中的意义世界和缘起世界。它是原发的、自足的，不能还原为外在于它的东西，无论是精神的实体还是物质的实体。"②第二，这一思着的、涌流发生着的构造能力与后期的纯粹经验就有了内在的一致性，詹姆斯从前期哲学向后期哲学推进便有了一个连贯的内在理路。这两点将在接下来的论述中逐渐地展开。

2. 意识流的我思本性及河流本性

詹姆斯随后列出了对意识流解释的五个方面：

"① 每一个思想都是个人意识的一部分；

② 在每一个个人意识中，思想都在不断地变化；

③ 在每一个个人意识中，思想都是可感知的、连续的；

④ 它似乎始终在处理独立于自身的对象；

⑤ 它对这些对象的某些部分感兴趣，而对另一些则不感兴趣，并且始终对它们进行选择。"③

当然，这五个解释并非相互独立的，它们只是从不同的侧面对意识流进行的刻画，意识流本身并不可分割，而是一个诸元素和连接关系相互交融在

① James Edie, *William James and Phenomenology*, pp.41 – 42.

② 张祥龙：《意识流和自然主义》，《西南大学学报》（社会科学版），2017 年第 2 期，第 24 页。同样是在本页，作者提出了詹姆斯的意识流乃是某种"无'我执'的意识流"这一十分有趣的说法。

③ ［美］威廉·詹姆斯：《心理学原理》（上），第 175 页。

一起的统一体。因此我们接下来对它的重构和解释也会体现出意识流不同方面相互交错的特性。不过,在进入对意识流特性的详细解释前,我们有必要注意到两个十分关键的前提,以防我们偏离詹姆斯在其意识哲学阶段的研究特点和本意。

首先,我们必须要注意到第①点的界说,即"每一个思想都是个人意识的一部分",这一说法包含着概念上的不明晰,一方面詹姆斯基本上不区分思想和意识的用法;但另一方面,当它使用"每一个思想"的用法并将其归属给"个人意识"时,这似乎在表明个人意识是一个容器,而思想是容器里正在发生的某种活动以及这种活动生成的内容。我们先来看一下詹姆斯为避免这个难题做出的尝试,詹姆斯其实已经明确意识到他将思想或意识"绑定"在个体化的人格之上遭受到了很多误解,一位反唯灵论的法国学者认为詹姆斯将意识人格化是一个"很大的哲学错误",因为这将一种脱离了意识和思想的形而上学自我和人格又召唤回来了,这意味着它没有摆脱唯灵论的幽灵。① 但詹姆斯对这个指控不以为然:"只有当人格性(personality)的概念意味着它(指人格性——引者注)与在心理过程中所发现的任何东西都有本质上的区别时,它才可能是一个错误。但是,如果那种进程本身就是人格性观点的原初形态(original)时,那么将它人格化(personify)就没有错。它(指心理过程——引者注)已经被人格化了。如若人格性的标记并无任何其他来源,那么思想序列中也找不到它,因为它(指心理过程——引者注)早已把它们都纳入自身;所以,无论我们对人格化的自我形式于思想中显现这一问题做出什么样的分析,但有一点是一直正确的,即心理学研究的思想永远趋向于呈现为人格化自我的一部分。"②于是,属我的意识和意识一般之间的关系就构成了一个难题。

陈亚军的观察很有代表性,他认为詹姆斯在这里的两难困境"反映出他的心理学立场和哲学立场的冲突",心理学家不可能不从属我的意识出发,

---

① ［美］威廉·詹姆斯:《心理学原理》(上),第 175—176 页。
② ［美］威廉·詹姆斯:《心理学原理》(上),第 176 页。引文参照原文有改动,参见 William James, *Principles of Psychology*, pp.221 – 222。

而哲学家的视角又不能预设超出于意识之外的自我和人格实在。[①] 为了解决这个明显的困境我们有必要对詹姆斯做出以下重构：第一，如陈亚军和黄启祥指出的，詹姆斯明确地反对人们把个体化的人格自我理解为脱离于意识或思想的抽象实体，人格化的自我并非外在于思着的意识流过程，[②]这一点和詹姆斯用"it thinks"取代"I think"来刻画心理学的"第一事实"的做法是一致的，人格化自我并无越出思在思着这一首要原则的"特权"。第二，詹姆斯又不能否认人格化的自我在对意识流进行反思时候的"在场"，从这个角度看，意识流本质上有一种"属我性"[③]的特质。因而，这里的要义在于将人格化的自我看成是某种意识流的内在秩序和功能，而非某种实体，威尔德称其为"意识流在具身化人格中的中心"[④]。

以上几位学者的说法都有合理之处，但还不够全面，笔者将综合这些说法并提出一个融贯的解释。首先，我们要避免将人格化的自我理解为某种超越了思着的意识流的实体，而只能将其看作是思着的意识流自身的先天构造能力，史蒂文斯如是评论：这些意识流中的中心点或极点基本上构成了人格化自我的原初形式。[⑤] 正是这一中心点使得"属我的"意识流过程成为一个统一且封闭的连续统。其次，意识流构成人格化的自我乃是一种先天原则，按照史蒂文斯的说法，人格化的自我乃是因意识流而得以可能的中心点或极点，它本就是意识流的原初形式。因此我们一方面要小心将意识流与人格化自我分离的解读；另一方面，我们也不能将人格化的自我镶嵌到意识流中去，因为这种说法是另一种将意识流和人格化自我分离的观点。同样，我们不能像威尔德过早地引入身体的观念，这样才能避免再度把心身问题引入对意识流的解读中，从而造成设定意识流的物理对应物这样的自然主义困难。

---

① 陈亚军：《超越经验主义与理性主义》，第 71 页。

② 陈亚军：《超越经验主义与理性主义》，第 71 页。黄启祥：《思想流学说与詹姆士哲学》，桂林：广西师范大学出版社，2017 年，第 98 页。

③ 这个说法借自黄启祥：《思想流学说与詹姆士哲学》，第 95 页。

④ John Wild, *The Radical Empiricism of William James*, p.71.

⑤ Richard Stevens, *James and Husserl: The Foundations of Meaning*, p.68.

第二方面，我们需要关注詹姆斯对意识流本性的描述，这个描述十分重要，它构成了詹姆斯意识哲学乃至是全部哲学最为基础的部分。这便是詹姆斯对思着的意识流是如何（how）运作的描述，在第②③点中，他都谈到意识流的流动性特质。在陈亚军看来："在詹姆斯的意识流学说中，最具新意也最有影响力的，是他关于意识连续性特征的阐述。"[①]意识流的连续性表明了意识类似于河流一般的流动性本质。詹姆斯首先指出属我的意识流中的任何感受都时刻在流动变化着："我们必须承认，在日常对话中，不管我们如何说自己再次经历了一种相同的感受，从严格的理论准确性上来说是不可能的；并且，无论生命之河流、基本感受之河流二者谁为真，赫拉克利特（Heraclitus）所说的——我们永远也不能两次踏入同一条河流——具有毫无疑问的正确性。"[②]这段说明秉承着詹姆斯对任何类型的心理元素的拒斥，既然我们无法两次踏入同一条河流，生命和感受之河流中那些被认为是同一的内容便只是有"温暖和亲密"[③]的关系，这样一来那种认为经由相同的基本心理元素和基本感受原子的传统经验主义就是一种神话。正是从这个结论出发，詹姆斯对意识流的本性做出了一个著名的描述："……意识并没有以碎块般四分五裂的状态显现。用'链条''序列'这类语词来形容其最初应该呈现出来的样子还不太恰当。意识不是衔接起来的，而是流动的。形容意识最贴切的描述就是将其比喻为'河'或'流'。因此，我们在后面将其称作思想流、意识流，或主观生活流。"[④]当然，人格化的自我对意识河流的体验必须要经过彻底经验主义的方法才能达到，如果不经过这样的操作——或用现象学的术语来说经过还原——仅从一般意义上的内省法来看待意识活动时，意识流的连续性本性会被完全遮蔽起来。这也是詹姆斯对内省法感到不满的地方，在他看来内省法只能"看到"意识之间的断裂，比如突如其来的雷声打破了寂静的环境，会给人一种惊吓感，这种惊吓感会被内省主义者看

① 陈亚军：《超越经验主义与理性主义》，第 72 页。

② ［美］威廉·詹姆斯：《心理学原理》（上），第 180 页。引文参照原文有改动，参见 William James, *Principles of Psychology*, p.227。

③ ［美］威廉·詹姆斯：《心理学原理》（上），第 184 页。

④ ［美］威廉·詹姆斯：《心理学原理》（上），第 185 页。

作两种意识状态之间的断裂，因此从内省法的角度来看，不同的意识状态之间并无连续性。① 从内省的角度看，这种断裂才是实事本来如是的样态，但是从彻底经验主义的角度来看，这是由于设定了两种状态之间的隔绝性而得出的结论，因而它是不彻底。这种说法看上去非常地反常识，我坐在安静的屋里专心写作，一阵突然的炸雷将我从专心致志的写作状态中拖曳了出来；这两种状态之间的巨大差异似乎是再“明见”不过了？怎么会是设定的结果呢？

为了解决这个问题，詹姆斯在这里使用了一个精妙的论证。他让我们把目光朝向语言和命名的问题：“……语言在这里再次妨碍了我们对真实情况的了解。我们简单地根据思想产生的对象来为我们的思想命名，就好像每一个思想都只知道它自己所指的事物，对其他事物一无所知。实际上，每一个思想除了知道被命名的那个事物以外还模模糊糊地知道许多其他的事物。”②林斯霍滕（Hans Linschoten）据此认为语言必须为意识流的断裂负责，整体的意识体验流恰恰是被语言拆分成诸多断裂的片段。③ 用语言为思想命名意味着从思着的思想中截取一个片段并将其视作一个外在于思着的我的对象，命名意味着设置边界，将一段意识流圈定起来与意识流的其他部分隔离开来，正如同在一条大河上修建一个水坝将河流隔成两段。语言的命名是将意识流片段化的过程，语言如同一个巨大的容器，将意识流中的片段纳入到自身之中并成为对象，因此语言的命名乃是一种设定意识流区域的功能，而当我们借助语言来区分不同的意识状态时，我们已经从一种朴素的自然态度出发接受了这些设定。

现在让我们回到打雷的那个例子。我正在安静的屋子中写作，突然的雷声将我从写作的状态中拖曳出来，我之所以会认为安静的环境和雷声的侵入是两种断裂的意识状态，恰恰是因为我接受了把安静和雷声设定为两

① ［美］威廉·詹姆斯：《心理学原理》（上），第185页。
② ［美］威廉·詹姆斯：《心理学原理》（上），第186页。
③ Hans Linschoten, *On the Way Toward a Phenomenological Psychology: The Psychology of William James*, Pittsburgh: Duquesne University Press, 1968, pp.97－98.

种隔绝的意识状态。威尔德指出语言在此处将雷声和安静都设定成了抽象的原子化对象，而将二者之间的连续性斩断了，实际上依据二者的本性而言，雷声恰恰意味着安静的逝去，二者之间是连续的。① 于是，那些将詹姆斯认定是内省主义者的看法便站不住脚了，内省主义者不可避免地要引入对象化的语言命名活动，将流动的意识河流隔离成一个个孤立的片段；恰恰是从彻底经验主义的方法出发，把这种典型的设定行为装到括号里存而不论，这样一来意识流不会随着目光的聚焦而"被迫"停留在某个片段化的区域，整体性的河流获得了其本来流动的样态，詹姆斯由此就克服了内省主义的局限性。

詹姆斯在此处的论述面临着一个严重的指控，由于他对语言和命名不彻底性的攻击，会让人自然地认为他要寻找一个尚未被语言"玷污"的原初意识经验，正是这一点遭受了质疑。陈亚军就曾援引普特南(Hilary Putnam)的"缸中之脑"论证与维特根斯坦(Ludwig Wittgenstein)的"私人语言论证"，批评詹姆斯(以及与其相似的胡塞尔)对意识流的内领域所作的研究会导致下述后果："当我们用语言谈论事物和意识时，我们已经进入了非直接的状态，进入了反思的状态，语言的公共性质，使我们在谈论一个对象时，同样参与了对于对象的建构。我们不可能在意识内来谈论意识。"②也就是说，当詹姆斯批评语言和命名破坏了意识流的完整性，并将语言和命名的有效性放入括号后，他对意识流的描述所使用的"元语言"的根据何在？在陈亚军看来，这种用元语言所谈论的意识流是私人的发音或书写记号，并未遵守公共语言规则的意义，因而是不可理解的。③ 回应这个批评要涉及到两个层面：第一涉及到意识或心智活动和语言之间的关系问题；第二则需要讨论元语言在詹姆斯意识哲学中的功能问题。

关于第一点，我们可以引用倪梁康的观点。在他看来，我们并非一定要

---

① John Wild, *The Radical Empiricism of William James*, p.71。亦可见[美] 威廉·詹姆斯：《心理学原理》(上)，第 185 页。

② 陈亚军：《关于现象学的实用主义断想》，载《实用主义研究自选集》，南京：江苏人民出版社，2015 年，第 268 页。

③ 陈亚军：《关于现象学的实用主义断想》，第 267 页。

通过语言来处理意识或心智活动，他说道："……并不是我们有了'爱情'这个词，才有了能够为我们体会的爱情。而是反之，这种在中文中被叫作'爱情'的心绪或感受，是可以为所有人都体验到的东西，因此，全世界主要语言中才会都存在着类似于'爱情'的词汇。"①"……如果印第安人能够分辨30种不同的红色，而我们只能分辨10种，那么我们没有理由说：其余的20种都是虚构的。这意味着，这些心识活动和伴随现象，虽然都是通过语言而最终得到确定与区分的，但显然不是因为有了相应的语词才产生出对应的心境；而是恰恰相反，因为有相应的心境才可能通过各种生造的概念来予以固定。这种概念固定当然会使原先的心境失去丰富的内涵，但它使得这个心境最显著特点得以彰显，从而使相应的心境有别于其他的心境。这便是概念化的长处与短处所在。"②我们可以从这里发现，詹姆斯有着相同的观点，如上文所述，语言和命名意味着将意识流中具有温暖和亲密特性的片段得以聚集并突出，成为可被语言加以公共言说的内容。詹姆斯说到："人们可能会承认，我们足有三分之一的心理生活能快速预见还未被表达的思想系统。当一个人首次朗读一篇文章时，之所以能正确地朗读所有词语的重读音节，一定是因为在开始时就对要读的文章有一种感觉，这种感觉与他对词语的意识融合在一起……这种强调几乎是一种语法结构。"③因而，意识或心智活动为语言活动奠基。④ 在詹姆斯这里，我们能明确地看到他亦是把语言和命名活动看作是思着的意识流中自发的活动，"事实上，大部分的人类语言只不过是思想趋势的记号……"⑤。语言没有超越于意识活动之上的权利，反过来，意识活动使语言得以可能。

但是，詹姆斯之所以会遭受上述的批评，也是由于他未能完全地贯彻

① 倪梁康：《胡塞尔时间意识分析中的"滞留"概念——兼论心智与语言的关系》，《现代哲学》，2007年第6期，第78页。

② 倪梁康：《胡塞尔时间意识分析中的"滞留"概念——兼论心智与语言的关系》，第79页。

③ ［美］威廉·詹姆斯：《心理学原理》（上），第192页。

④ 倪梁康：《胡塞尔时间意识分析中的"滞留"概念——兼论心智与语言的关系》，第79页。

⑤ ［美］威廉·詹姆斯：《心理学原理》（上），第191页。引文参照原文有改动，参见 William James, *Principles of Psychology*, p.244。

彻底经验主义来考察意识流遗留下的问题，当他使用“从内部”研究意识这样的说法并且把意识流规定为“属我”的，这就蕴含着我思—世界这一基本的论述框架仍旧暗暗地有效。正因如此，陈亚军自然会认为语言与命名活动仍旧指向一个独立于意识流的外部世界，而当语言和命名与外部世界的有效性设定被斩断后，元语言的意义问题就浮现出来了。我们必须承认詹姆斯在《心理学原理》时期的不彻底性所带来的种种问题，但这些问题一直要到后期《彻底的经验主义》和《多元的世界》等著作之中才能得以克服。

关于第二点元语言问题，我们也需稍作评论。元语言的相关问题与上段结尾之处的论述高度相关，也就是说，如果我们仍旧持有一种自我—世界的思考范式，那么元语言的问题就会出现，因为我们不得不去追问无外在世界作为指称对象的元语言有何意义。问题在于，语言被理解为个体化的人格自我描摹意识流的工具，就会存在语言或命名需要一个外在世界作为其意义担保的诘难。但是一旦我们沿着詹姆斯的本意，即“他肯定了人类的主体性至少部分地要为世界向我们显现的方式负责……”①，那么不是外在的世界映射到语言的意义之中，而是意识流自身显现其本来的意义，这个问题就迎刃而解了。也就是意识流自身就意味着意义的显现，②而在詹姆斯看来，这种对意识体验流中相同者的感知本就是意识自身的本源能力。③ 不是由于语言指向了外在于意识流的客观世界而获得保证，威尔谢指出，在詹姆斯那里，“思想的对象是思想的意义。”④意义构成了所谓的“对象”得以在意识流中被聚集、被聚焦的可能性。如史蒂文斯所言，意义来源于概念行为对意识体验流中相同者的投射。⑤

① Hans Linschoten, *On the Way Toward a Phenomenological Psychology: The Psychology of William James*, p.59.

② John Wild, *The Radical Empiricism of William James*, p.71.

③ Richard Stevens, *James and Husserl: The Foundations of Meaning*, p.38. Also see James Edie, *William James and Phenomenology*, p.30.

④ Bruce Wilshire, *James and Phenomenology*, p.69.

⑤ Richard Stevens, *James and Husserl: The Foundations of Meaning*, p.37。关于对相同者和意义的详细讨论，请见第4节。

综上,我们可以说元语言实际上就是意识流自身的言说,此言说乃是一种意义的涌现,而正是这种自身言说使得意识流能够使用对象语言命名思着的意识流中那些“相同者”,因此,意识流不是各个对象化的意识片段按照一定的秩序和原则连接成为了河流,而是河流的原初性使得对象化的各个意识片段得以可能。在完成了对意识流两个基本特性的说明之后,我们将进入到对意识流更为深入的分析。

3. 边缘的发现

上文已经针对意识的属我性和河流本性做出了解释,我们使用个体化的人格性自我意识流来标示这一经由彻底经验主义方法操作后到达的领域。这节我们主要关注意识流最为重要的结构——边缘(fringes),詹姆斯的这个发现极为重要,我们后面的论述和推进差不多都以意识流的边缘结构作为基础,同样我们会看到,边缘也构成了詹姆斯能够与胡塞尔进行思想对话的桥梁。

让我们回顾一下上一节中已论及的相关主题,詹姆斯首先反对了那种认为不同的意识状态之间存在着断裂的观点,当我们突然将意识的主题从A转到B的时候,这两个毫无关系的主题之间不就意味着我们的意识流中断了吗？詹姆斯继而指出,这种中断乃是由于我们不自觉地要用一些对象化的语言或概念去将意识流中的某一片段截取出来,这些片段本就是固化的意识流,当然不能从其中发现河流的流动性。所以,詹姆斯指出,如果对意识流做如实的描述,我们会发现以下的特征:“事实上,当我们对奇妙的意识流采取一种普遍的观点时,首先吸引我们注意力的就是各部分不同的流动速率。就像一只小鸟的一生,似乎只是飞行和栖息的交替。语言的韵律表达了这一点,在语言中,每一个句子表达一个思想,并以一个句号作为终结。栖息之地通常被某种感觉想象所占据,这些感觉想象的特殊之处在于,它们能永远地保持在心灵之前,并且人们在思考它们的时候也不会发生变化;飞翔之处都是关于静态或者动态关系的思想,这些关系大部分是在相对平静的期间（意识流的流动速率——引者注）从被注视的事物之中获得的。”[①]詹姆斯此段话的叙述风格略显怪异，我们将其转译为本书一直使用的术语，其意涵就会明朗起来。飞行和栖息表明意识流的两种状态，一是其川流不息的流逝过程，二是意识流会被聚焦而被对象化成为某种固定的东西。小鸟的比喻虽然可以刻画出意识流的两个重要方面，但仍有误导之嫌。小鸟的飞行与栖息似乎在表明意识流的流动和意识流的静止乃是两种对等的状态。但实际情况并不如此，按照詹姆斯的相关论述，意识流被中断只是意味着意识流中的某些部分被对象化而成为“不会发生变化”的“栖息之地”，而意识河流并不因此被整体性地截断，而是一如既往地流动。把握这一意识流的基本原则，接下来的论述才不会走向歧途。

詹姆斯随即做出进一步的解释：“让我们将栖息之地称为意识流的‘实体部分’（substantive parts），将飞翔之处称为意识流的‘过渡部分’（transitive parts），于是，我们的思想在任何时候的主要目的，乃是成就那些与刚刚离开我们的实体部分不同的其他实体部分。因此，可以说过渡部分的主要作用就是将我们从一个实体的结论引向另一个实体的结论。”[②]但詹姆斯也指出，对过渡部分的谈论几乎是不可能的，“因此，我们捕捉不到对发展着的关系的感受，而只能捕捉到某个实体部分，通常是我们说出的最后一个词（静态的），而它在那个句子中的功能、趋向和特殊意义已经完全消失掉了。”[③]谈论总是意味着对象化，而过渡的部分本就是流动的、非对象化的河流，[④]当我们试图谈论过渡部分的时候，我们总是倾向于去谈论对象化的过渡部分，而这几乎构成了一个悖论，对象化的过渡部分已然不是过渡部分而成为了一个新的实体部分。詹姆斯想出一个办法，既然谈论和言说总意味着对象化，那

---

① ［美］威廉·詹姆斯：《心理学原理》（上），第 187 页。引文参照原文有改动，参见 William James, *Principles of Psychology*, p.236。

② ［美］威廉·詹姆斯：《心理学原理》（上），第 187 页。引文参照原文有改动，参见 William James, *Principles of Psychology*, p.236。

③ ［美］威廉·詹姆斯：《心理学原理》（上），第 187 页。

④ 古尔维奇指出过渡部分是对连续性和时间性的体验。参见 Gurwitsch, “William James' Theory of the “Transitive Parts of the Stream of Consciousness”, *Philosophy and Phenomenological Research*, vol.3, no.4（1943）, pp.449－477。

么看看有没有非对象化的谈论过渡部分的可能性，这意味着要找到一种本身是非对象化的语言。[①] 詹姆斯旋即将目光转向那些标记着实在部分之间的关系指示词，如果过渡部分和实在部分之间的联系是连续的，那么一定也在语言中有所标示。他随之提出我们应该关注那些对关系词的感受："我们应该谈论'和(and)'的感受、'如果(if)'的感受、'但是(but)'的感受、'通过(by)'的感受，就像我们谈论蓝色的感受、寒冷的感受一样自然，然而我们却不是这样做的。我们只认可实体部分的存在，这种习惯是如此根深蒂固，以至于我们的语言几乎拒绝了其他的用途。"[②]詹姆斯的这段著名描述通常会被看作他对关系实在性的发现，[③]这个看法当然有其重要的意义，不过我们从纯粹经验主义的角度看，它的深刻涵义在别的地方。詹姆斯认为人们倾向于只认可实体部分，而自然地忽视了其他部分；从使用语言的习惯上来说，我们除了用语言来标示实体部分——即对象化的部分——之外就不再寻找语言的其他用法了，这是对语言的宰制。

詹姆斯继续指出，经验主义者们一直以上述的思想看待语言："即它使我们设想，只要存在一个单独的名称，就会存在一个与之相对的单独的事物……因为这个错误，所有无声或者无名的心理状态都被冷酷地压制了；或者即使它们得到了认可，也只是以它们所引起的实体性知觉来命名的，命名为'关于'这个对象或'关于'那个对象的思想，'关于'这个单调的语词就将它们所有的精细特征掩盖了，所以对实体部分越来越显著的强调和孤立就一直存在着。"[④]按照彻底经验主义的方法看来，对语言的这种用法乃是一种设定，在这种设定中，只有那些对象化的概念式语言才得以保留，因而能被谈论的对象只有那些能与对象化语言相符合的实体化内容。于是，关系指示词就被忽视了，我们可以为电脑、手机、书本找到对象，却无法为"和"、

① 史蒂文斯也从语言的角度讨论詹姆斯的意识流和边缘理论，通过语言现象理解边缘现象是一条有益的道路。参见 Richard Stevens, *James and Husserl: The Foundations of Meaning*, pp.32 - 35. John Wild, *The Radical Empiricism of William James*, p.69。

② ［美］威廉·詹姆斯：《心理学原理》（上），第 188 页。

③ 陈亚军：《超越经验主义与理性主义》，第 75 页。

④ ［美］威廉·詹姆斯：《心理学原理》（上），第 189 页。

“通过”、“但是”找到一个对象。语言总被要求说出些“什么”，总要道出某“物”，这乃是一种对语言的习惯化切割，如果从其根源来看，语言向来被意识流所规定，那就突破了对语言的对象化想象，我们感受到了语言中非对象化的方面。这些非对象化的方面是意识流中的过渡部分，过渡部分决不是想象或者理性构建的产物，而是在原初的意识体验流中自行揭示了自身。这一过渡的部分后来就自然被发展为意识的“边缘”理论。① 詹姆斯对此有一个著名的比喻：“我们必须承认传统心理学中的确定意向（或明确表象）只构成了心灵中非常小的一部分。传统心理学的观点就像是一个人说河流是由提桶样、勺样、夸脱罐样、大木桶样以及其他的模子铸造出的形状的水组成的。即使真的把桶和盆都放在河中，流动的水依然在它们之间持续自由地流淌。这种自由的意识流正是心理学家所忽视的。每个存在于心里的明确表象都被流动于其周围的这种流动的水所浸染，与它在一起的还有其近处或远处的关系感觉，以及关于这个意向源地的消逝感和它即将所到之地的显露感。表象的意义和价值全部在于将其环绕并伴随它的晕轮和半影之中——或者说，其意义和价值全部在于和它融为一体并且与它骨肉相连的晕轮和半影之中；如果离开它，一个表象确实还是以前那同一件事情的表象，但这却使得它成为一个以新的方式被接受和理解同一事物的表象了。”②

这一段话可以说是对上文中所引用观点的一个总结式说明，首先，它再次强调了意识的河流本性，继而描述了自由流动的河流是如何被“提桶”、“勺子”、“大木桶”等对象化的语言和概念所框定的；但是，即便被对象化的概念和语言片段化后，意识河流仍旧不会中断，并且被对象化成为了心理表象的那些片段仍旧被这自由的河流环绕和浸染，后续的说明则极为重要：这些心理表象的意义以晕轮和半影的方式环绕着表象自身。后来，他也用边

① Hans Linschoten, *On the Way Toward a Phenomenological Psychology: The Psychology of William James*, pp.154 - 155.

② ［美］威廉 · 詹姆斯：《心理学原理》（上），第 193 页。

缘、泛音等说法来说明这种晕轮和半影的现象,①这几个概念具有相同的意味,为方便起见,接下来我们统称其为边缘。下文我们将引用詹姆斯对边缘现象的一个典型说法来深化对边缘现象的理解。

我们仍然援引詹姆斯关于语言的例子,他指出我们使用语言的时候,有一种"意义的亲和感",即每个语词周围都环绕着边缘,而边缘构成了语词之间意义自然过渡的那种连接,看此例子:我们说话的时候,"……如果不寻常的陌生语词被引入了,或语法错误了,或产生了一个不恰当的词汇(例如,在哲学演讲中出现的'捕鼠器'或者'水管工的账单'),这句话就会让我们感到震惊,就像我们被这种不协调的情境所震惊,而那种迷糊的赞同心态也消失殆尽……我们的心灵对这种语词之间彼此联系的认识是非常精细且没有间断的,即使是非常微小的误读,如将'casualty'读成'causality'、将'perpetual'读为'perceptual',都会被一位没有集中听力而不理解句子含义的读者纠正。"②当然,这样的说明还有很多,我们无法一一引用,这些说明都指向对边缘意义的强调。詹姆斯用这个边缘来说明我们如何理解一个语句或一个判断的意义(meaning),詹姆斯不认为我们能够通过堆积单独的语词的意义来达成对判断或句子的理解。按照边缘的理论,当一个单称词汇在意识流中被唤起为实在思想时,实际发生的事情并不是某个单个的思想被孤立地唤起,而是以这个思想为中心,有一片环绕着它的光晕、边缘,正是在与这些光晕的连接和奠基中,被照亮唤起的意义呈现在了被聚焦的思想之中,人们因此而达成了理解。

除此之外,詹姆斯还举了一个乐音的例子来说明这种现象:"虽然不同的乐器演奏同样的'音符',但是每个乐器都以不同的声音发出这个'音符',因为每个乐器演奏的不仅仅是音符,还有这个音符的上部泛音,这些泛音随

① [美]威廉·詹姆斯:《心理学原理》(上),第195页。需要注意的是,詹姆斯在说明泛音、边缘现象的时候又不自觉地使用了生理学的术语和方法,试图从大脑活动的角度来说明上述现象,这种做法严重违背了彻底经验主义的方法,按照本书的研究方法和目标,我们必须将其排除。

② [美]威廉·詹姆斯:《心理学原理》(上),第198页。

乐器的不同而不同。耳朵无法单独地听清它们；它们与基本的音符混合，渗透它，改变它……”①乐音的现象更为明显地表明了边缘与意识中的中心点之间相互交织的情况，尽管我们可以标记下每一个音符，并认为这些音符的排列组合就构成了乐曲。但是一旦让我们如实地描述自己听音乐的体验，我们就会发现，各个音符之间不可能是断裂开来的，每个可被标记的音符周围总环绕着泛音或余音，正是它们的相互构成才使得乐曲能够连续不断地演奏下去。

综上，边缘是构成意识流中各个实体部分之间相互连接的桥梁，在威尔谢看来，詹姆斯此举把整个心智领域看作了一张个殊(particular)的心理状态之间相互连接的巨大网络，依其本性而言，边缘构成了心智领域的全体。②实际上，我们可以说边缘现象恰恰是对心智状态最为贴切的刻画，一方面它说明了意识流无中断的流动性特质；另一方面它揭示了意识流中实体部分的被构造本性，这样既可以说明那些实体部分之间的相互联系，亦可表明实体部分并不是真的“精神实体”或“意义实体”。③ 对象化的意识流片段与其边缘构成了一个中心—边缘的结构。林斯霍滕指出，这种结构是不变的，任何一个意识体验中都有此结构，这个结构使意识体验得以可能。④ 威尔德也指出边缘带有“先天”的特征。⑤ 这样一来，尚未被带入到对象化的意识流片段中的边缘部分不仅不是无关紧要的部分，反而成为了意识流中那些可被对象化、可被命名的意义内容得以可能的构造能力。这恰恰也是詹姆斯与传统哲学的差异所在，并非是那些对象化的内容才是哲学谈论的焦点，毋宁说那些已被对象化的内容只是某些完成了构造的现成之物，而哲学必须要回返到它们得以如此的根源之处，看看在那里到底发生了些什么，被忽视的

---

① [美]威廉·詹姆斯：《心理学原理》(上)，第195页。

② Bruce Wilshire, *James and Phenomenology*, p.134.

③ 高霸认为边缘乃是意义得以构成的“场所”。(Ash Gobar, “The Phenomenology of William James”, pp.299 - 300.)

④ Hans Linschoten, *On the Way Toward a Phenomenological Psychology: The Psychology of William James*, pp.169 - 170。林斯霍滕使用“主题(Theme)—场域”的术语来刻画这一结构，尽管术语不同，但内核是一致的。

⑤ John Wild, *The Radical Empiricism of William James*, p.50.

边缘反而成为了理解一切对象化活动的本源。边缘成了理解意识流活动的核心现象，从边缘与对象化的意识流片段之间的关系之中，我们可以对詹姆斯的意识哲学做出更深的理解。其中一条道路便是看看詹姆斯有没有一种潜在的意向性理论。

4. 詹姆斯与意向性学说

有意思的是，对詹姆斯潜藏的意向性理论的说明并非后来的研究者所发掘的，胡塞尔的一个反问早已揭示了这种潜藏着的可能性：胡塞尔高度赞扬詹姆斯的这一发现，他说道："就我所知，W.詹姆斯是唯一注意到这种地平线（又译为视域——引者注）现象的人，但是如果没有从现象学上获得对于意向的对象性和意向关联的理解，他怎么能够询问这种地平线呢？"①胡塞尔在另外的地方说明了这二者之间的关联："……非实显的体验的'晕圈'（即视域、地平线——引者注）围绕着那些实显的体验；体验流绝不可能由单纯的实显性事物组成。正是这些实显物在与非实显物对比时，以最广泛的普遍性（这可能超出了我们例子的范围）决定着'我思'、'我对某物有意识'、'我进行着一种意识行为'这些词语的隐含意义。"②胡塞尔所说的实显的体验与非实显的体验类似于詹姆斯所说的意识流中的实体部分和过渡部分，而实显体验被非实显的边缘、视域或地平线环绕着，非实显的体验虽是非现前的体验，但在整个意识体验过程中一同起着作用。③ 胡塞尔的这一追问为我们指出了以下的可能性：边缘（视域、地平线）的理论与意向性理论具有内在的关联性，如果没有一种对意向性的潜在理解，詹姆斯又如何能够发现意识的边缘这一重要的现象？因此，林斯霍滕断言詹姆斯的实体部分和过渡部分就和胡塞尔的意向体验（intentionale

① ［德］胡塞尔：《欧洲科学的危机与超越论的现象学》，王炳文译，北京：商务印书馆，2001年，第328页。

② ［德］胡塞尔：《纯粹现象学通论》，李幼蒸译，北京：商务印书馆，1992年，第105页。

③ 陈群志：《詹姆士的时间哲学及其现象学效应》，《学术月刊》，2016年第4期，第37页。

Erlebnisse, intentional experience）一致。[①] 接下来，我们简要讨论詹姆斯那里潜藏的意向性理论。

意向性这一概念有着悠久的历史，但将其作为心理现象的本质构成因素的观点却要归功于布伦塔诺。布伦塔诺需要找到一种能让心理现象区分于物理现象的关系，他随之发现："每一心理现象都被一种东西所标识，中世纪经院哲学家称这种东西为关于一个对象的意向的（即心理的）内存在，我们也可以将之称为——虽然还有些模棱两可——关涉一种内容、指涉一个对象（这里不应被理解为一种实物），或将之称为一种内在对象（immanent Gegenständlichkeit）。每一心理现象自身都包含作为对象的某物，尽管其方式不尽相同。在表象中总有某物被表象，在判断中总有某物被肯定或否定，在爱中总有某物被爱，在恨中总有某物被恨，在欲求中总有某物被欲求，如此等等。"[②]布伦塔诺的这一规定可谓影响深远，在胡塞尔那里也采用了同样的表述来标识意向性，例如："我们把意向性理解作一个体验的特性，即'作为对某物的意识'……一个知觉是对某物的、比如说对一个物体的知觉；一个判断是对某事态的判断；一个评价是对某一价值事态的评价；一个愿望是对某一愿望事态的愿望，如此等等。"[③]当然，胡塞尔虽然高度赞扬布伦塔诺对意向性的重新发现，并使用了对意向性相同的形式描述，但他对意向性的推进远远超出了布伦塔诺的理解。在胡塞尔看来，"布伦塔诺所完成的工作未曾超过针对意向体验所进行的外在分类、描述观察或者意识种类的同样工作，"他未能去追问作为意识对象的可能性以及意识构成活动的多样性。[④]意识总是关于某物的意识，或者说意识总是拥有着一个对象，这样的说法虽然规定了意向性的基本形式，其展开却有着极其丰富的内容和表述形式。

接下来，我们借用方向红的解释简要地规定意向性在胡塞尔那里的基

---

① Hans Linschoten, *On the Way Toward a Phenomenological Psychology: The Psychology of William James*, p.153.

② ［德］弗兰兹·布伦塔诺：《从经验立场出发的心理学》，第 105—106 页。

③ ［德］胡塞尔：《纯粹现象学通论》，第 210 页。

④ ［德］埃德蒙德·胡塞尔：《现象学的心理学》，游淙祺译，北京：商务印书馆，2017 年，第 49 页。

本意思，他指出："这里的关键之处是要弄清楚'某物'的性质和特点。这个'某物'既不是外在的客观事物，也不是内在的心理表象，这两者都是后于意向性且由意向性构造出来的东西。大致说来，这个'某物'有时指一般对象，有时指普遍意义，但首先是上文所说的在对象和意义形成之前的康德意义上的图型。不管是对象也好，意义也好，还是图形也罢，它们都有两个共同特征：第一，它们总是与意识活动成对出现。正是在这个意义上，胡塞尔将其称为意向相关项（Noema），而相应地将意识活动称为意向活动（Noesis）。第二，它们的存在方式很特别。它们既不存在于意向活动的内部，也不存在于它的外部……所谓的主客观对象都是意识通过意向相关项逐步构造出来的。我们只能说，意向相关项是一种'意向的'存在或超越（意向活动）的存在。"①在此我们可以看出，意向性或意向体验必然包含着意向活动—意向相关项的结构，但是这个结构不是某种实体化的对象，毋宁说实体化的对象以这个结构为其条件；同样，正如引文所强调的，意向活动—意向相关项乃是成对出现的，它乃是一种先天关联；还有一点重要的是，它构成一切对象、意义的源泉。

有了这一个简要的索引后，我们再回头看看詹姆斯自己关于一种类似于意向性学说的说明。② 詹姆斯同样也谈到思想的对象这一主题，他对思想

① 方向红：《时间与存在》，北京：商务印书馆，2014 年，第 27 页。

② 林斯霍滕认为詹姆斯的概念理论（见［美］威廉·詹姆斯：《心理学原理》（上），第 362—380 页）就是他自己的意向性学说，参见 Hans Linschoten, *On the Way Toward a Phenomenological Psychology: The Psychology of William James*, p. 181）即概念就是詹姆斯的意向相关项（Noema），（参见 Hans Linschoten, *On the Way Toward a Phenomenological Psychology: The Psychology of William James*, pp.194 – 195）威尔谢也追随了林斯霍滕的看法。（参见 Bruce Wilshire, *James and Phenomenology*, p.155）施皮尔伯格也持相同看法。（参见［美］赫伯特·施皮尔伯格：《现象学运动》，第 160 页）这个看法虽有合理处，但也有很大缺陷。詹姆斯固然将概念看作对意识流中具有相同性的片段的朝向，这里可暗合对意向相关项的说明，（［美］威廉·詹姆斯：《心理学原理》（上），第 362 页）但詹姆斯随即表明概念是一种用来标识相同性的意识功能的媒介物，（［美］威廉·詹姆斯：《心理学原理》（上），第 363 页）从这一点上来说，由于意向相关项不是某种中介，因此概念的媒介本性导致了它不可能是意向相关项，而只是其成果和标示物。因此，本书不赞同林斯霍滕等人在这个问题上的看法。威尔德也认为詹姆斯有一种关于意识的意向结构理论，但他没有使用 Noesis – Noema 的概念，而将其标识为 knowing intention – the thing known 的关系。（John Wild, *The Radical Empiricism of William James*, p.43）

的对象的说明也使用了语言的例子，他问道：当人们被追问“哥伦布于1492年发现了美洲”时心中出现的对象是什么（what）时，大多数人或许会认为此一对象乃是“哥伦布”、“美洲”或是“美洲的发现”；但詹姆斯紧接着指出，这种看法是有问题的，这些回答顶多只能算是思想的一个主题或题目，而非是对这个思想的对象本身做出了描述，他认为：“将一个实体性的内核从言语内容里抽离，并且将之称为它的对象，这种言语的使用是错误的；把某个未在其内容中清晰说明的实体性的内核添加进去，并将之称为它的对象，这种言语使用也是错误的。”①这一说法仍旧承接着上文中的引文，詹姆斯并不反对将意识流中的片段抽取出来对象化，实际上，如若我们不将那些片段对象化，我们就不能形成概念，更无法使用概念这一方便的手段与世界打交道并用之来满足我们的实践目的。詹姆斯反对的是将这些对象化的意识流片段实体化，仿佛它们本自具足、依着自身的缘故便可自行运作。詹姆斯进一步指出，上述的句子如若成为思想的对象，那么只有一种可能，即整个句子都是思想的对象：“假如我们想从实质性角度上谈论它，我们就不得不把这句话的全部语词以连字符相连，使它具有实质的意义……假如我们想感受那种特性，我们就不得不使那个表现出来的思想重现，全部语词、整句话都要处于原初的不清晰的晕轮中，这晕轮正如地平线一样，在它那思想的意义周围扩散开来。”②意义依赖于边缘这一构成性的领域，这一点我们在上文中已屡有提及，这里需要关注的是，意义作为思想的对象究竟在何种视角下可被看作是胡塞尔意义上的意向相关项？

“每个思想的对象恰好就是那个思想所思考的全部内容，无论问题有多复杂，也无论思想的方式有多大的象征性，它的存在就是思想对它的思考。”③从对象化的语言使用出发，理解句子的整体内容似乎是一件荒诞的

① ［美］威廉·詹姆斯：《心理学原理》（上），第207页。

② ［美］威廉·詹姆斯：《心理学原理》（上），第207页。

③ ［美］威廉·詹姆斯：《心理学原理》（上），第208页。许茨认为詹姆斯的这段表述便隐含着胡塞尔关于意向活动和意向相关项的学说，只不过胡塞尔更为深化和彻底。（［奥］阿尔弗雷德·许茨：《从现象学的角度来解释的威廉·詹姆斯的思想流概念》，第7—8页）

事，但是一旦突破对语言的对象化想象——亦即破除对意识对象的对象化设定——那么整体性地理解思想的对象便不是不可能的了。当然，这里有一个概念上的不明晰之处，当我们说思想或意识的对象时，我们总是会不自觉地去设定一个真正的"对象"，但实际上这个"对象"不是对象化的某物，而是由这个对象化的某物所标识的意义整体。在第 2 节的结尾部分，我们引用了威尔谢和艾迪的看法，他们都把思想的对象看作是意义，从这个角度来说，它和胡塞尔的意向相关项学说是一致的，①尽管胡塞尔那里的意向相关项有着更丰富的涵义，但就其关键部分而言，意义乃是意向体验中意向相关项一侧"必不可少的核心层"。②

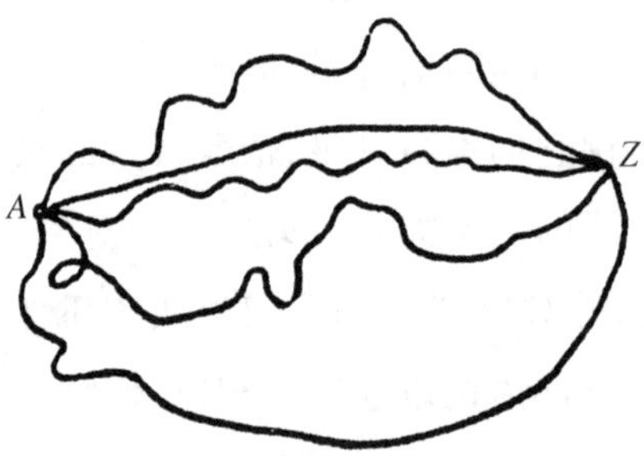

图 9－2

实际上，詹姆斯以下面的例子讨论了自己版本的意向相关项（Noema）理论，他以一幅简单的图像进行说明：③

他指出，对于意识活动想要到达的对象 Z，从一个极点 A 出发，可以通过图上不同的路线和序列行进，无论这些道路多么地不同，它们都会到达一个相同的对象 Z。④ 这个简单的图意在说明思想的对象是相同的，也就是说，抛去那些在流动中消逝的东西，剩下来的主题和对象可以具有一种相同性。但是达成这个结论和主题所依赖的对关系的感受、晕圈、边缘则丰富多彩。⑤ 詹姆斯随之指出了一个意识活动的意义相同性原理，他这么说道："'心灵意义的恒定性原则'，也可以将其表述为：'相同的事物可以在意识流相继的各个部分中获得思考，并且，其中一部

① 可见 Hans Linschoten, *On the Way Toward a Phenomenological Psychology: The Psychology of William James*, pp.194－197。

② ［德］胡塞尔：《纯粹现象学通论》，第 227 页。

③ 图片引自［美］威廉·詹姆斯：《心理学原理》（上），第 203 页。后同，不一一。

④ ［美］威廉·詹姆斯：《心理学原理》（上），第 203 页。

⑤ Hans Linschoten, *On the Way Toward a Phenomenological Psychology: The Psychology of William James*, pp.156－157.

分知道自己与其他部分指代着相同的事物。'我们也可以这样去理解，即'心灵一直能够想要，并且知道它想要，思考相同的事物。'""相同性的感觉是思维的主心骨和支柱。"①詹姆斯进一步指出，心灵或意识活动对相同者的指向性必然是真的，"心灵必须认为相同者在之前就可能是存在的，这样我们的经验才能成为它真正所是的那个事物。"②据此，学者们将此相同性看作是意识的成就以及对意义的构成。③

这样一来，我们刻画了詹姆斯关于"思想的对象"的理论。在这个理论中，我们发现，詹姆斯所说的"思想的对象"并非某种外在于意识流的独立实体；但是当他说思想的对象独立于思想时，似乎又与这一点有所抵牾。④ 关于这一点，如果我们把"思想的对象"理解为胡塞尔意义上的意向相关项，那么"独立"便可理解为作为思想的对象的意义对属我的意识是超越，但不意味着需要重返二元论去设定外在世界的有效性。⑤ 从方法上来看，詹姆斯认为从不同的方向出发，属我的意识流仍旧可以识别那些相同者，无论依赖怎么样的边缘构成，相同者总会从边缘的烘托中被显现。正是因为这一点，林斯霍滕将詹姆斯对相同者的论述看作是他自己版本的本质还原。⑥ 史蒂文斯也指出这一方法与胡塞尔的相似之处："我们应该看到，对詹姆斯和胡塞尔而言，感知的一个本质特征即感知许可从无限多的视角观看相同对象。"⑦不过，詹姆斯在这里有一个严重的困难，比如我现在坐在书桌前，上面放着一本《心理学原理》，当我感知它时，按照意向

① ［美］威廉·詹姆斯：《心理学原理》（上），第 362 页。

② ［美］威廉·詹姆斯：《心理学原理》（上），第 362 页。

③ Richard Stevens, *James and Husserl: The Foundations of Meaning*, pp. 37 – 38. James Edie, *William James and Phenomenology*, p. 25, p. 30. Bruce Wilshire, *James and Phenomenology*, p.69.

④ 陈亚军：《超越经验主义与理性主义》，第 69—70 页。

⑤ 当然，如陈亚军指出的，这是詹姆斯自己思想内部的矛盾，这个论断来源于他后来又在《心理学简编》中删去了的"思想的对象独立于思想"这一说法，（陈亚军：《超越经验主义与理性主义》，第 69—70 页）因此这里对他这一矛盾的处理是从彻底经验主义的方法出发，完全把对外在世界设定的有效性排除。

⑥ Hans Linschoten, *On the Way Toward a Phenomenological Psychology: The Psychology of William James*, p.181.

⑦ Richard Stevens, *James and Husserl: The Foundations of Meaning*, p.28.

性的理论，我通过直观的方式感知到了此书的意向相关项，即此书的意义；但是除此之外，如果我如实地报告我的意向体验，我当然不能否认我感受到了此书的感觉材料，比如它的颜色、大小等。如何处理这种感觉材料在詹姆斯那里语焉不详，按照他的思路，他似乎只能诉诸它来自于独立于意识流的对象，然而这就完全违背了彻底经验主义的原则，又将对外在世界的有效性设定引入到对意识流的分析之中了。必须承认，相比于胡塞尔区分了意向体验中的材料层和意向部分，①詹姆斯在此处的分析是不完整的，而如何解决意向体验中的材料问题，必须要到其后期的著述中寻找资源，此处先按下不表。

上面我们梳理了詹姆斯版本的意向体验分析中关于对象的学说，如果我们还记得上面的引文中所指出的，意向体验中的意向活动和意向相关项二者必定是成对出现，那么，在梳理完意向体验中意向相关项的一侧，我们必然要将目光转向意向活动的一侧，看看詹姆斯在这里有何发现。一般而言，朴素的反映论观点会把我们带向一条不彻底的道路，我们会自然地认为意识的内容是意识对外在世界的映射，然而只要坚持彻底经验主义的方法，我们即可将此设定的有效性排除，只看看内意识领域有什么。但是，这种朴素的观点仍有可能未被完全排除，以至于在讨论思想的对象或意向相关项时，仍旧认为中心化的自我极点被动地反映来自意向相关项的刺激。这种观点很容易将意识流的属我性本性和意识流中的相同性（对象、意义）再度理解为两种独立的实体，而这种思维方式恰恰是要通过彻底经验主义的方法加以排除的。

现在我们将目光转向意向体验的意向活动一侧，此侧的中心点乃是一个自我的中心点，或者说是一个功能化的我思，史蒂文斯指出，詹姆斯的我思总是对象—朝向的，从这一点上来看，这是一条典型的现象学道路。② 在意向体验的实体状态和过渡状态的边缘结构构成的视域之中，我思总是对

① ［德］胡塞尔：《纯粹现象学通论》，第 210 页。亦可见方向红：《时间与存在》，第 98 页。

② Richard Stevens, *James and Husserl: The Foundations of Meaning*, p.82.

其中的一部分比另外的一部分更有兴趣，而拒绝另外的一些部分，这便是意识的选择性。① 詹姆斯进一步阐述道："这种选择活动（choosing activity）中最为明显的例子就是选择性注意（selective attention）和慎思意志（deliberative will）的现象。"②在这里我们需要清理一下詹姆斯使用的几个概念，在上面的解释中，他使用了兴趣、选择、注意和意志几个说法，如果从我思—对象朝向的角度来看，这几个概念都含有朝向的意思。我思的目光朝向思想对象的主动性被凸显了出来，③我们不能忘记的是之前反复强调的边缘对意义构成的奠基性作用，史蒂文斯说道："没有边缘做背景，注视毫无意义（meaningless）。"④

因此，我们可以合理地推论这种意识的主动朝向性便是詹姆斯意义上的意向活动，"像詹姆斯一样，胡塞尔说道：注意是推动自我追求将经验材料的意义结构宽广化和丰富化的力量。注意是自我朝向其意向对象的趋势。"⑤结合上文中对意向体验中对象一侧的讨论，我们就已经完整地重构出了詹姆斯版本的意向性理论，我思—选择、注意活动（意向活动）—思想的对象（意向相关项）之间的结构被揭示在我们的面前。这里我们必须要注意，这个结构并不是通过对意识流诸要素的描述得来的，如果仅从这个角度做出阐释，那么詹姆斯就无法摆脱内省心理学的指责，这样一来就无法看到詹姆斯彻底经验主义方法之下的意识哲学的突破之处。按照本书一贯的思路，我们发现詹姆斯对此结构的发现不仅仅是对封闭的内意识领域的简单描述，艾迪提醒我们詹姆斯在意识流的描述中已然展现出了某种对必然性的诉求，他指出詹姆斯的思想活动—思想对象的结构并不是简单的经验间的连接关系，而是对其逻辑条件的刻画，

① ［美］威廉·詹姆斯：《心理学原理》（上），第 213 页。
② ［美］威廉·詹姆斯：《心理学原理》（上），第 213 页。引文参照原文有改动，参见 William James, *Principles of Psychology*, p.273。
③ James Edie, *William James and Phenomenology*, p.25.
④ Richard Stevens, *James and Husserl: The Foundations of Meaning*, p.131.
⑤ Richard Stevens, *James and Husserl: The Foundations of Meaning*, p.152. Also see Ash Gobar, "The Phenomenology of William James", p.300.

正因为如此，艾迪援引威尔谢认为詹姆斯在此有一个胡塞尔式的超越论转向（transcendental turn）。① 超越论转向意味着我思—意向体验中的意向活动和意向相关项的先天成对联结，正是这种普遍的关联使得意向体验得以可能，但这不意味着意向活动和意向相关项的超越论关联是某种外在于意向体验的实体。

下面我们简要地总结一下本节的论述思路和结论。我思作为意识流中功能化的自我极点，通过注意、选择等主动性的意向活动总是指向意识流中的相同部分，这一具有相同性的部分乃是“思想的对象”（詹姆斯的术语）或意向相关项（胡塞尔的术语），它是思想对象的意义或是本质。意义不是某种对象化的实体，它由思想的边缘域构成，同时，此边缘构成了我思与思想的对象之间的关联，正是在这个意义上，思想流的自我极点与其朝向的对象便不是两种独立的对象化实体，而是意识流的功能性成就。到此，我们借助胡塞尔现象学的一些资源对詹姆斯意识流中的重要理论——思想活动及其对象——进行了阐发，尽管从细节上来说胡塞尔的意向性理论和詹姆斯的类似理论有着很大的差别，但从其基本层面来看，它们共享了相同的结构以及同样的超越论本性。本节的重构将对下文的论述产生重要的效应，一旦詹姆斯的意向性理论是可能的，那么以此为基础便可对其意识哲学做出一个较为统一的解释，同样，其后期哲学与早期哲学的同构性也便可以得到辩护。

5. 意识流的时间结构

意识是一条河流这种说法意味着什么？它首先表明了意识现象按照一

① James Edie, *William James and Phenomenology*, p.31, p.25. Also see Bruce Wilshire, *James and Phenomenology*, p.17。对此，我们可以在詹姆斯的晚期哲学中找到明确的文本依据：“……精神生活不仅是一个对客观世界之显现这件事的逻辑上的不可缺少的条件，而且也是我们直接体验到的经验本身的一个元素……”（[美] 威廉·詹姆士：《彻底的经验主义》，第113页）

种时间的序列展开，它表现为一种“时间上一个延伸的意识，一条不间断的流”①。这是詹姆斯对意识流与时间相互纠缠的一个重要说明，意识的河流本性意味着它以时间的形式延展为一个无间断的时间—意识河流的样态。黄启祥就此指出：“时间性是思想的根本特性……詹姆士揭示出的思想内含的时间性典型地代表了一切意识现象的本质结构。”②时间哲学在詹姆斯的意识流理论中占有重要的地位，黄启祥恰如其分地指出：时间是一切心灵状态得以生成的原初构成力量，“这是理解詹姆士的思想流学说乃至他的整个哲学的一个关键。”③也有学者指出，时间及时间性问题在整个实用主义运动那里都占有极为重要的地位。④ 同时也有人把詹姆斯和胡塞尔并列为现代主观时间研究的两位先驱。⑤

詹姆斯在时间研究中已经意识到，将主观的时间体验看作是外在的客观时间的流动的模本，这样一种自然主义时间观过于粗糙。⑥ 但是，正如迈尔斯指出的，当詹姆斯从时间感（sense of time）或时间知觉（perception of time）出发讨论时间的绵延、似是而非的当下时，仍旧不自觉地把时间当作一个外在的感知对象，仍带有客观主义时间的倾向，从而使自身的理论面临着严重的困难。⑦ 不过他也指出从“现象学的方式”出发，把对时间的客观主义研究转向主观的方面，以对时间的体验（experience of time）代替对时间的感觉，会是一条更好的研究时间的道路。⑧

总体上来说，学界对詹姆斯的时间哲学尚缺乏充分的关注，在笔者所掌握的资料中，史蒂文斯、林斯霍滕、威尔谢和陈群志从现象学的角度等对这

---

① ［美］威廉·詹姆斯：《心理学原理》（上），第 189 页。
② 黄启祥：《思想流学说与詹姆士哲学》，第 82—83 页。
③ 黄启祥：《思想流学说与詹姆士哲学》，第 83 页。
④ Sandra B. Rosenthal. Patrick L. Bourgeois, *Pragmatism and Phenomenology: A Philosophic Encounter*, pp.40 – 41.
⑤ Valtteri Arstila and Dan Lloyd(eds.), *Subjective Time*, Cambridge: The MIT Press, 2014, p.1.
⑥ ［美］威廉·詹姆斯：《心理学原理》（上），第 489 页。
⑦ Gerald E. Myers, “William James on Time Perception”, *Philosophy of Science*, Vol. 38, No.3(1971), pp.353 – 360.
⑧ Gerald E. Myers, “William James on Time Perception”, p.360.

一问题作出了有益的探索，本节将在他们的研究之基础上，合理借鉴胡塞尔时间分析中的相关术语，继续推进对詹姆斯时间哲学的分析。陈群志指出，詹姆斯的时间哲学主要集中在《心理学原理》的第九章（意识流）和第十五章（时间知觉），①实际上，第十六章（记忆）也是很重要的部分。如果我们仅从意识哲学的方面考虑詹姆斯的时间分析，那么这三章构成了詹姆斯时间哲学的核心；不过我们需要注意的是，时间问题也是詹姆斯后期哲学中所关心的重要话题，本节的分析主要以《心理学原理》为文本依据，但也会使用其后期文本做参照。詹姆斯总是将不同的问题混在一起讨论，给读者造成了很大的困难，因此笔者并不严格按照詹姆斯的写作顺序讨论其时间分析，而是以问题为导向重构他的时间哲学。

奥古斯丁著名的时间追问似乎成为后来的哲学家追问时间的“标配”，没有人在讨论时间问题时可以忽略奥古斯丁，他如此问道：“那么时间究竟是什么？没有人问我，我倒清楚，有人问我，我想说明，便茫然不解了……既然过去已经不在，将来尚未来到，则过去和将来这两个时间怎样存在呢？现在如果永久是现在，便没有时间，而是永恒。现在的所以成为时间，是由于走向过去；那么我们怎能说现在存在呢？”②詹姆斯的困惑与此类似，他向读者发问：“现在每个人都来试试看，不要去抓住时间，而是去留意一下此时此刻。这时，最令人困惑不解的问题就产生了。‘现在’在哪里？我们抓住‘现在’，但在碰到‘现在’之前它就已经不见了，其实它在形成的那一刻就消失了。”③因此，“现在”是一种“重要而又不可思议的现象。”④在日常生活中，“现在”是一个再清晰不过的现象了，但正如安德森（Holly Anderson）和陈群志指出的那样，日常语境中的“现在”实际上指的是一段时间。⑤ 当你问我我

① 陈群志：《詹姆士的时间哲学及其现象学效应》，第 29 页。

② ［古罗马］奥古斯丁：《忏悔录》，周士良译，北京：商务印书馆，2015 年，第 258 页。

③ ［美］威廉·詹姆斯：《心理学原理》（上），第 478 页。

④ 方向红：《时间与存在》，第 34 页。

⑤ Holly Anderson, “The Development of the ‘Specious Present’ and James's Views on Temporal Experience”, in *Subjective Time*, Valtteri Arstila and Dan Lloyd (eds.), Cambridge: The MIT Press, 2014, p.27。亦可见陈群志：《詹姆士的时间哲学及其现象学效应》，第 35 页。

现在在干什么的时候，我立马就可以回答：我现在正坐在书桌前写论文；但是，这种追问和回答的方式都是我们经过反复教化的结果。我们下意识地认为时间是在客观世界中均质流动的“某物”，因此当我被追问“你现在在干什么”的时候，我已经把这个追问自然地转换为“在时间段 X 中（例如北京时间 18:00—18:30），你在做什么”，而对方对我的回答的期待也同样按照上述的方式进行，所以当我回答“我现在正在写论文”的时候，他/她也已经设定了一个和我类似的时间段 X。

按照彻底经验主义的原则，我们必须把这种按照客观世界中均质流逝的时间观所设定的时间片段排除掉，将目光转向内意识体验的领域。在这个前反思的层面，体验流直接展现了时间绵延的原初本性。① 在这个原初的领域，我们会发现“现在”的困难之处，如同上面引文里所说的，任何试图在直接的意识体验中抓住“现在”的企图都是不可能的，因为现在永远在流逝，任何把捉到的“现在”早已不是现在了。詹姆斯评论道：“只有当‘现在’进入了一个活的和运动的组织时，只有当这个组织拥有着更为广阔的时间束（tract of time）时，才能理解到什么叫作严格意义上的现在。实际上，‘现在’是一个完全理想化的抽象概念，仅在感觉中是无法被意识到的，而且不习惯哲学沉思的人永远也想不出来。对现在的深思令我们坚信，现在肯定是实存的，但这种存在却无法成为我们直接体验的一部分。唯一能成为直接体验的是克雷（E. R. Clay）所说的‘似是而非的现在’（specious present）。”②既然任何对“现在”的体验都意味着“现在”的溢出，也就是说对“现在”的体验都要超出“现在”的部分，那么按照上述边缘③的理论，此“现在”亦是与其他非“现在”的时间样态相互交缠在一起而变

---

① Richard Stevens, *James and Husserl: The Foundations of Meaning*, p.58.

② ［美］威廉·詹姆斯：《心理学原理》（上），第 478 页。引文参照原文有改动，参见 William James, *Principles of Psychology*, p.573。对 specious present 这一概念思想来源的考察可见 Holly Anderson, “The Development of the ‘Specious Present’ and James's Views on Temporal Experience”, pp.27 – 38。

③ 古尔维奇直接表明：“时间性原本就是意识的实质。”（Gurwitsch, “William James' Theory of the ‘Transitive Parts’ of the Stream of Consciousness”, pp.466 – 467）

成“似是而非的现在”，那么答案只有一个，“现在”必然与“过去”和“将来”一起构成时间的三种样态。① 詹姆斯用了一个比喻说明了对这种时间边缘或时间晕圈（或者用史蒂文斯的话来说：时间场）的体验：“简而言之，我们在现实中认为的现在并不是像锋利的刀口一样，有清楚明确的界限，而是一个马鞍，有一定的宽度可以让我们安坐在上面，并且以此为基点我们可以向前或向后两个方向观看。只有把这个单元时间当作这个时间块的各个部分时，我们才能感受到从头到尾的连续关系。我们不是先感觉到开头，然后再感觉到结尾，从连续的感觉中推断出各个时间段；而是从总体上感觉这个时间段，它的两端是包含在里面的。经验从一开始就是个综合而非单一的材料；虽然我们在回顾时很容易将经验分解，并且从头到尾把它们区分开来，但是对于感知觉来说，其组成的各要素是不可分离的。”②

任何一个对当下的感知都不是独立的，而必然包含着过去和未来两个朝向，詹姆斯使用以下的术语来描述这样的时间结构：“旧事物缓慢消失，新事物接踵而至，这便是记忆和期望的胚芽，是时间知觉的回顾（retrospective）和预期（prospective）。新旧事物使我们的意识川流不息，具有连续性。如果没有这个连续性，意识就不能称作意识流了。”③以似是而非的现在为中心点的时间边缘结构即可表示为回顾——当下的感知——预期三个相位（借用胡塞尔的术语）。我们决不可把此结构理解为相互分离的，似乎只有一个“回顾”的过程过去以后才会有当下和预期到来，詹姆斯在《多元的宇宙》中有着更清楚的说明：“……过去和未来，在概念上被我们叫做现在的这一刀切开，并且得到一个定义，被说成是现在这一刀切开的两个相对置的方面。过去和未来，在某种程度上，不管多么短暂，在整个经验里是相互共现的。”④因此，我们只能说时间的三个相位本是相互纠缠、相互成就的。在

① 史蒂文斯把这种“似是而非的现在”的现象称为“时间场”，并将其看作是一个独立的连续统。参见 Richard Stevens, *James and Husserl: The Foundations of Meaning*, pp.60－61。

② ［美］威廉·詹姆斯：《心理学原理》（上），第 479 页。

③ ［美］威廉·詹姆斯：《心理学原理》（上），第 478 页。

④ ［美］威廉·詹姆士：《多元的宇宙》，吴棠译，北京：商务印书馆，1999 年，第 138 页。

说明这个结构的过程中，詹姆斯做出了一个非常重要的区分（尽管极有可能是不自觉的），即回顾与记忆、预期和期望是两种不同的东西，依本性而言，回顾和预期是记忆和期望的“胚芽”。从这个角度来说，回顾和预期乃是记忆和期望的形式化条件，正是作为时间结构的回顾和预期使得记忆和预期的体验成为可能。接下来我们将在詹姆斯给出的几个具体例子中分析他的时间哲学的特点。

和之前的讨论一样，詹姆斯给出了一个具体的感知场景：我们面前有一张桌子，桌子上放着一副牌，当我们试图分析这个现象的时候却往往导致谬误（詹姆斯称之为“心理学家的谬误”），这个谬误表现为：“不管何时我们试图内省地来描述我们的思想，我们都有一种根深蒂固的习惯，就是我们会习惯于抛开思想本身而去谈论一些其他的东西。我们描绘呈现给那个思想的事物，还描绘关于那些事物的其他一些思想——就仿佛这些与原初的那个思想本身是同样的东西。”①按照我们一贯的分析，这种谬误的根源在于没有贯彻彻底经验主义的方法，将内意识以外的事物、关系也纳入到对内意识的分析。詹姆斯指出，在对“那副牌在桌子上”的分析中，“心理学家的谬误”会将这个整体性的意识现象切割为分离的元素，比如他们会认为这是一个关于“一副牌的思想”、“有关那一副牌中的纸牌的思想”、“有关桌子的思想”、“有关桌腿的思想”的组合。② 当然，这种想法和上文中被詹姆斯拒斥了的心理元素理论是一致的，它们的共同处都在于将整体性的感知切割为片段，把语言的整体意义分割为一个个基本的原子。詹姆斯再次强调这些说法都是错误的，在上述的情形中，我们直接感知到的是“那副纸牌在桌子上”，而非其各个部分的组成。③ 按照我们在上面的分析，这个整体性的体验行为实际上是意向体验中我思对思想的对象（意向相关项）的意向构成活动，在这个活动中被直接捕捉到的是“那副纸牌在桌子上”的意义或本质。在引入了时间分析后，詹姆斯可以更清晰地分析意识活动的复杂性。

---

① ［美］威廉·詹姆斯：《心理学原理》（上），第 209 页。
② ［美］威廉·詹姆斯：《心理学原理》（上），第 209 页。
③ ［美］威廉·詹姆斯：《心理学原理》（上），第 210 页。

请看下面的图 9－3：①

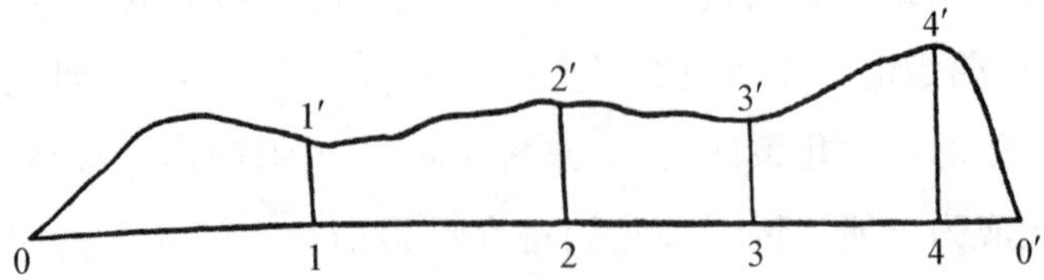

图 9－3 “一副牌”的意识过程

詹姆斯明确指出，这个意识过程以及语言的说出过程是在时间中展开的，因此，他叫读者把图中水平线看作是时间的流逝过程，而将垂直线看作是“思想的对象或者内容”②。詹姆斯的这个说法也呼应了我们上文中的论证，他把垂直线看作是“思想的对象”，结合上一节的内容，“思想的对象”——句子的意义——整个地被呈现给意识活动，从这个意义上来讲，垂直线意味着意识活动与思想的对象之间的意向体验结构。

当然，把这个意识过程用数值点进行分段乃是出于描述之方便，分析的过程中我们得牢记整个意识过程是如同河流般流动的。詹姆斯把水平线的每一个数字标记看作一个时刻点，这些时刻点使得时间也会片段化，但是他指出，这些时间片段之间并不是隔离的，按照时间的边缘（时间场）理论，“它们彼此之间互相融入，正如消融的景色，每两个时间段都不会感受到相同的对象，然而每一时间段都通过统一和完整的方式感受到整个对象。”③而从垂直的方向来看，与每一个时间河流中的片段相对应的是思想的对象（意向相关项），“比如 1－1′，就表示在 1 这一瞬间心灵的对象；水平线上方的空间，比如 1－1′－2－2′就表示在 1－2 的时间段内所有出现在大脑中的对象。自 0 至 0′的全部图式表示意识流的一个有限长度。”④需要说明的是，詹姆斯在这里又把大脑引入到对意识流的说明是一种朝向自然主义设定的严重倒退，

① 图片引自［美］威廉·詹姆斯：《心理学原理》（上），第 210 页。
② ［美］威廉·詹姆斯：《心理学原理》（上），第 210 页，亦可见第 490 页。
③ ［美］威廉·詹姆斯：《心理学原理》（上），第 210 页。
④ ［美］威廉·詹姆斯：《心理学原理》（上），第 210—211 页。

我们必须要将其排除；①但他在这里也有一个很重要的说明，即从 0 到 0′的过程表明了一个连续的意识流的内在统一性。② 从水平线的时间流动示意图中，我们可以将每个词组对应到相应的线段中去，0 - 1 对应“那副”、1 - 2 对应“纸牌”、2 - 3 对应“在”、3 - 4 对应“桌子上”，4 - 0′意味着 3 - 4 结束以后导向此段意识流归于完结的最后流逝过程。③

显然，意识河流不可能是二维平面的，我们必须把图 9 - 3 理解为立体的河流，因此 1 - 1′、2 - 2′、3 - 3′、4 - 4′都可以从中截开形成一个垂直截面：④

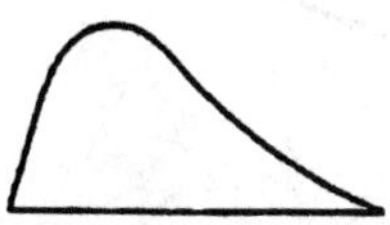

图 9 - 4

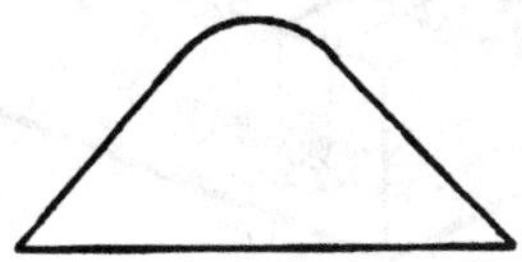

图 9 - 5

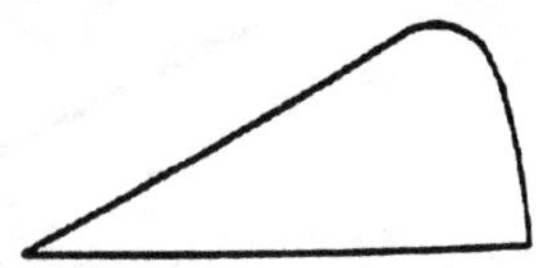

图 9 - 6

事实上，从这些垂直截面的情况来看，每个截面的最高点都代表着一个已经形成的语词，⑤和图 9 - 3 中的 1′、2′、3′、4′所标识的一致，垂直截面

---

① 陈群志指出这种说法意味着詹姆斯仍旧持有身心二元论的基本信念，这是他的局限性所在。（陈群志：《詹姆士的时间哲学及其现象学效应》，第 36 页）

② 陈群志把对詹姆斯时间哲学的说明分离为意识的对象一端和时间流的一端，对其做了分离的处理，因此，就出现了与“时间共存的意识”这样暗示着时间与意识分离的说法。（陈群志：《詹姆士的时间哲学及其现象学效应》，第 33 页）但从上面的引文以及我们在本节开头的说法来看，这种分离不符合詹姆斯的原意，在詹姆斯那里意识本身就以时间河流的样态展开，或者说意识只有以时间性的形式才得以可能。

③ 当然，在原文中詹姆斯使用的是”The pack of cards is on the table”，并用 The pack 对应 0 - 1、of cards 对应 1 - 2、is on 对应 2 - 3、the table 对应 3 - 4 - 0′，很显然这与汉语的语序不同，但是这不影响我们同样可以使用汉语来刻画这一意识体验流的时间结构。参见 William James, *Principles of Psychology*, p.269。原文中的图片如下：

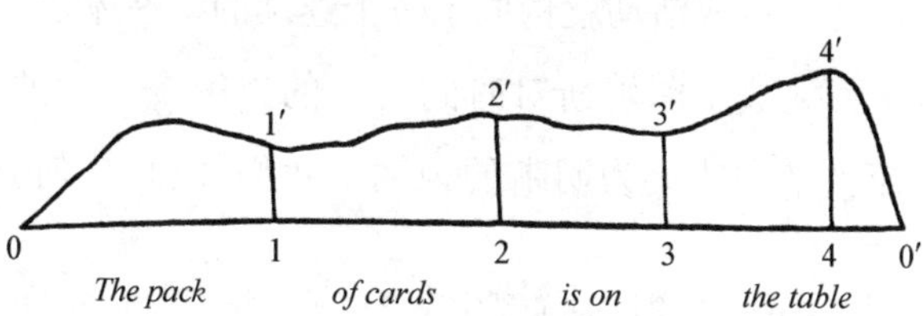

Fic.2g.—The Stream of Consciousness

④ 图片引自[美] 威廉 · 詹姆斯：《心理学原理》（上），第 212 页。

⑤ [美] 威廉 · 詹姆斯：《心理学原理》（上），第 212 页。

的顶端部分实际上就是一条意识体验流中思想的对象部分，亦即意识活动的意向相关项部分。将这两部分叠加起来便形成了一条真实的意识河流示意图：①

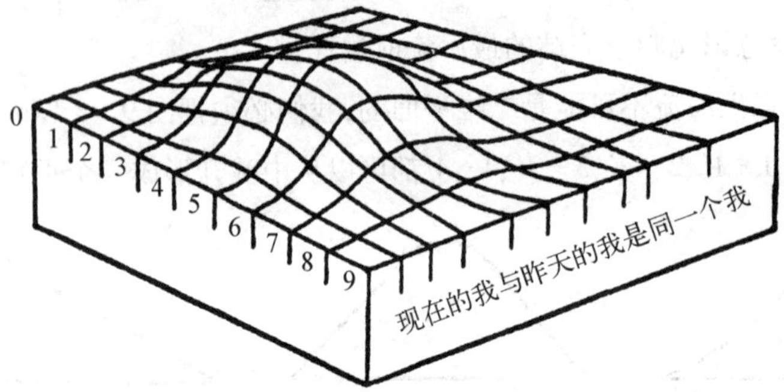

图 9－7

詹姆斯用另一句话来说明这个立体的时间河流示意图，“现在的我与昨天的我是同一个我(I am the same I that I was yesterday)”，②詹姆斯对这个示意图的解释比较简单而混淆。为了理解这幅图，我们需要牢记图 9－3 作为分析的基础，进而将其立体化。詹姆斯指出整个数字序列代表着时间河流的延伸，③而上面的凸起物则是思想的对象(意向相关项)，如果我们从 0 出发，到达 5 的时候终止，那么 5 将会对应语词一侧的“昨天”。此时我们将 4 与“昨天”截留出来，那么从 4 的角度看，就会构成一幅图 9－3 式样的平面图；而如果我们把“昨天”与 4 连接起来再做一个平面图，就构成了思想的对象自身的连续流动性。这样一来，意识体验中时间性的连续性与思想活动和思想对象的意向构成活动就构成了一个连续的统一体。

我们在上面完成了詹姆斯对时间河流的连续统一性的解释，下面我们深入这条河流再做一些更为明晰的说明。我们知道，任何一个当下的感知

① 图片引自［美］威廉 · 詹姆斯：《心理学原理》(上)，第 213 页。

② ［美］威廉 · 詹姆斯：《心理学原理》(上)，第 212 页；William James, *Principles of Psychology*, p.272。

③ ［美］威廉 · 詹姆斯：《心理学原理》(上)，第 212 页。下面的解释将重构詹姆斯的说法，使其更清晰和融贯。

必然渗透着回顾(retrospective)和预期(prospective)两个时间相位,威尔谢指出,胡塞尔后来发展出的滞留(Retention)①和前摄(Protention)②概念是对詹姆斯上述发现的"回声"③④。回顾—当下—预期的结构是使得意识河流连续且统一的保证,在任何一个意识活动之中,此结构都是其得以可能的条件。詹姆斯反复强调"似是而非的现在":"它的内容是不断流动的,事件快速地向前发展着,就像它们之前消退一样的迅速,每一个事件的时间系数从'还没有'或'基本还没有'转变成'刚刚过去'或'已经过去'。"⑤"似是而非的现在"构成一个当下的感知,但这个感知本身就意味着在流逝、在不断地变成过去,或者我们可以说"似是而非的现在"本身就在过去化。但是,詹姆斯随即又指出,这个不断在过去化的"似是而非的现在"又是持存的:"那个似是而非的现在,即直觉到的一段时间,持久地存在着,就像瀑布上方的彩虹一样,它本身的品质并没有随着事件的流动而改变。"⑥从这个角度来说,现在或当下本身又是一个时间流中直接的事实。实际上,詹姆斯对时间的兴趣起始于为何我们总是能感知到时间的流逝,亦即"过去"意味着什么,但

① 见[德]埃德蒙德·胡塞尔:《内时间意识现象学》,倪梁康译,北京:商务印书馆,2010年,第62页、第66—75页、第79—83页,第132页、第175页等。

② 见[德]埃德蒙德·胡塞尔:《内时间意识现象学》,第87页、第100—101页、第132页等。

③ Bruce Wilshire, *James and Phenomenology*, p.206。林斯霍滕也持有类似观点,参见 Hans Linschoten, *On the Way Toward a Phenomenological Psychology: The Psychology of William James*, p.291。不过需要注意的是,胡塞尔对滞留和前摄的分析更复杂,尽管我们可以将詹姆斯和胡塞尔的概念做相似的处理,但就其实质内容方面,最好不要将二者的分析混淆起来。

④ 陈群志也表明这两个概念之间存在着相似性,不过他指出詹姆斯未能区分滞留和回忆(记忆)。(见陈群志:《詹姆士的时间哲学及其现象学效应》,第38页)这个观察大部分是正确的,因为詹姆斯在论述"过去"现象的时候不自觉地让自己研究回忆(记忆)去了,但是我们也要注意到,在上文的引述中,詹姆斯已经意识到回顾和期待这一组概念不同于记忆和期望,而前者是后者的"胚芽"。([美]威廉·詹姆斯:《心理学原理》(上),第511页)二者的差别在于,回顾和期待更多是意识本身的先天结构,而记忆已经意味着要将完全脱离了意识流的内容再度召唤进入到意识流之中,前者是后者的基础。威尔德也用滞留概念来指涉詹姆斯对回忆的研究,但他倾向于用大脑过程来解释滞留现象,则完全误解了这个问题的本性,是一种向自然主义设定的倒退。(John Wild, *The Radical Empiricism of William James*, p.175)除此之外我们也可以看到古尔维奇同样用滞留和前摄来规定回顾和预期。(Gurwitsch, "William James' Theory of the Transitive Parts of the Stream of Consciousness", p.451)

⑤ [美]威廉·詹姆斯:《心理学原理》(上),第491页。

⑥ [美]威廉·詹姆斯:《心理学原理》(上),第491页。

是，要研究何为“过去”就得先考察现在。① 而上面的论述表明，现在的过去化已经初步揭示了过去的奥秘，即过去这一时间流的相位总在持续地维系着现在，“因此，过去的事物对目前的意识有着某种透视投影作用，就像野外风光在照相机镜头上留下影像一样。”②

过去对当下意识的透视和投影作用实际上就是詹姆斯之前所说的意识的回顾（retrospective），按照威尔谢的提示，我们似乎也能用胡塞尔的滞留（Retention）来标识这种现象。让我们再次把目光投向图 9－3：

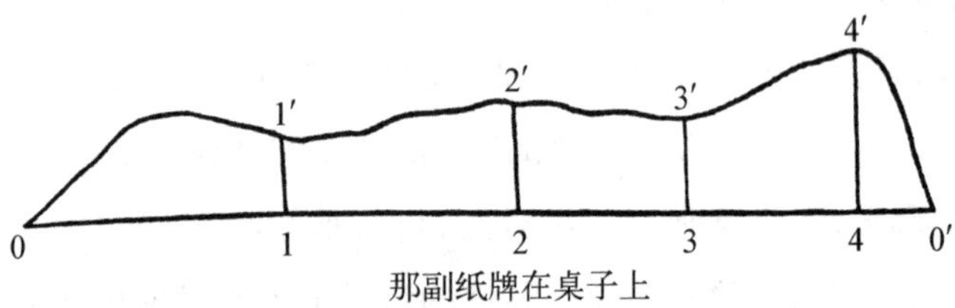

图 9－3 “一副牌”的意识过程

这一次，我们无需再将其限定在对“那副纸牌在桌子上”的分析之上，而可以自由地引入对任何意识流过程的分析。从 0 开始的一段意识过程，1－1′ 阶段构成第一个对象化的意识活动，它表现为我思的意向活动对意识流中相同物的意义构造，整个活动继续向前流动，但这里需要十分注意的是，1－1′流逝成为过去后，并不会立马消失不见，它会持存在意识里，一直流动到 2－2′的阶段。这就是“回顾”，当然，我们必不能将其与回忆混同，回忆是在意识流中再次召唤出已经消失的印象，而回顾更多是指一个不再在意识流中成为我思对象的残留仍旧隐隐地持存在意识流中，所以詹姆斯也用投影或透视来标识这种现象。

我们每个人都经常会获得这样的意识体验。当我们环视面前的风景时，随着目光的移动，风景在不断地变化，但是刚刚过去的风景并不会立刻消失，而是紧紧地跟随着我目光的环视而被留存一部分在我当下的目光巡

① ［美］威廉·詹姆斯：《心理学原理》（上），第 477 页、第 489 页。

② ［美］威廉·詹姆斯：《心理学原理》（上），第 490 页。

视之中，这种留存的现象便是时间意识的回顾，或者是已然过去的意识内容投影到当下的视觉感知之中的现象。从这个例子我们可以清晰地看出，回顾并不是回忆，回顾并不需要我刻意地把已经流逝的印象再度表象于我当下的感知之中，它是逝去的印象自然的留存。从2－2′到3－3′的意识流程中仍然会有2－2′中已然流逝的印象或感知内容投影、留存到3－3′之中。

除去回顾的这一端，还有预期的一端。詹姆斯曾多次谈论到这种意识的预期或期待的现象。他描述了一个日常生活中再常见不过的现象："假设有三个人依次对我们说：'等等！''听！''看！'，虽然这三种情况都没有确切的对象，但我们的意识还是会处于三种不同的期待状态中……大家都会承认存在着一种残留的意识倾向，这是一种对印象将要到来的方向的感觉，尽管实际印象还没有在那里出现。"①在这种普遍的意识现象中，詹姆斯发现了意识活动的趋势性，他称之为趋势之觉或对趋向的感觉。② 结合我们上面的分析，我们可以发现这种对即将到来的预期乃是意识活动的另一个内含的结构，如果我们认为詹姆斯的回顾是时间意识的一种滞留现象，那么同样地，这种对将要到来的趋势之感，我们也可以称为时间意识的一种预留现象。而这种对即将到来的X的预期或预留在具体的意识过程中所表现出来的，就是意识总会欢迎那些具有"熟悉感"的内容的到来的必然结构。③ 从图9－3来看，2－2′作为一个当下的感知不仅扣留下了1－1′的投影，还为3－3′预留了"空间"，为其到来做好了准备。当然我们需要反复强调的是，预期乃是一个普遍的结构，而期望则有内容方面的因素，不管那些到来的内

① ［美］威廉·詹姆斯：《心理学原理》（上），第190页。

② ［美］威廉·詹姆斯：《心理学原理》（上），第189页。陈群志把"趋势之觉"理解为"意识流"的对象。从詹姆斯自己的解释来看，趋势之觉刻画的是意识流在水平线上流动的趋势，而"意识流的对象"这一说法则朴素地预设了与意识流相对的外在世界，这就混淆了内意识领域和生理学领域两种不同的研究领域。实际上，在詹姆斯那里更多是用"思想的对象"这种说法，也就是上文中分析的意向活动的相关项。不过，即便把"意识流的对象"理解为"思想的对象"，我们也不能把"趋势之觉"等同于"思想的对象"，"思想的对象"对应垂直线上的对象，而如上面说到的，"趋势之觉"通过水平线被刻画，二者不可混淆；如果我们在此"剧透"下文的内容，则可以说陈文把作为纵意向性的"趋势之觉"误解为横意向性了，因此本书不同意陈文的说法。（陈群志：《威廉·詹姆士的时间哲学及其现象学效应》，第31页、第33页）

③ ［美］威廉·詹姆斯：《心理学原理》（上），第191页。

容会是什么，预期总是会为将要到来的 X 做好准备，预留其到来的可能性，因此作为时间流的先天结构的回顾和预期与作为通过意向体验而获得的具体的回忆内容和期望内容，这二者之间不可混淆。这样一来，我们完成了对图 9－3 中水平时间线的分析，结合上一节中已经完成了的对垂直线的说明，詹姆斯整个意识哲学的基本结构已然浮现在纸上。接下来，我们将简要地借用胡塞尔的两个重要概念，以便将詹姆斯的意识哲学做出更为统一的刻画，并为后面的论述奠定基础。

让我们再度回想图 9－3，水平线表示着时间河流本身的流动进程，而垂直线表示着在流淌的时间河流中我思的意向体验活动的结构。陈群志据此用胡塞尔的纵意向性（Längsintentionalität）和横意向性（Querintentionalität）两个概念来标识詹姆斯时间意识分析中的两种关系，他把图 9－3 中的水平线理解为詹姆斯的纵意向性，而垂直线看作是横意向性。①

胡塞尔以声音的滞留现象为核心分析了双重意向性的结构："每个'滞留'类型的意识映射都具有一个双重的意向性：一个是为内在客体的构造、为这个声音的构造服务的意向性，我们将它称作对（刚刚被感觉的）声音的'原生回忆'，或者更清楚地说就是这个声音的滞留。另一个意向性是对在河流中对这个原生回忆的统一而言构造性的意向性……"②横意向性比较好理解，它如同我们在第 4 节和对图 9－3 的分析所表明的，横意向性是 1、2 等时刻从垂直线上构造 1′、2′的活动，它"是意识活动在每个瞬间中完成客体化的过程，并构造出意识的相关项：意向的统一（单位）"③。但是横意向性不是不变的："这个（横意向性的——引者注）意向的相关项只是在一个瞬间中的相关项，它并不是永恒不变的，而是不断地下坠。这时便涉及'纵意向性'。它关系到在一个瞬间与另一个瞬间之间的联系，关系到从一个显现到另一个显现的连续过渡。"④胡塞尔把纵意向性看作是贯穿于时间河流中的

① 陈群志：《詹姆士的时间哲学及其现象学效应》，第 37 页。
② ［德］埃德蒙德·胡塞尔：《内时间意识现象学》，第 128 页。
③ 倪梁康：《胡塞尔早期内时间意识分析的基本进路》，《中山大学学报》（社会科学版），2008 年第 1 期，第 104 页。
④ 倪梁康：《胡塞尔早期内时间意识分析的基本进路》，第 104 页。

本质结构，“它在河流的流程中持续地与自己本身处在相合统一之中。”①因此，从纵向的意义上来说，它关心整个意向体验的连续性与统一的问题。

在詹姆斯那里，图 9－3 中水平线上 1－2－3－4 等过程之间的连续性就涉及到纵意向性的问题。按照上文中已经完成分析的部分，我们可以看出，詹姆斯通过回顾不断地朝着当下的投影与透视的活动表明了时间流本身的意向性活动；同样地，期待也具有一个类似的意向朝向的性质，过去的意识总是会滞留到当下的意识活动中，而当下的意识活动已然预留了将要到来的意识活动，此预留同样也必然指向着将要到来之物，正因如此，时间意识才会如河流一般源源不断地流动下去。正是因为回顾或滞留的这种双重意向性，使得每一时刻的意向活动对意向相关项的构成总是要受到滞留的指向，于是横向上的意义构成活动也统一在整个意识流之中了。②

我们跟随着詹姆斯曲折的步伐，得以一览其时间哲学的全貌。从“现在”的不可能性“召唤”出“过去”与“未来”的二重现实性；从而，一种发生的、构成的时间观被揭示在我们面前。在晚期著作中，詹姆斯重申了对时间的解释：“……过去和未来，在概念上被我们叫做现在的这一刀切开，并且得到一个定义，被说成是现在这一刀切开的两个相对置的方面。过去和未来，在某种程度上，不管多么短暂，在整个经验里是相互共现的。真正是现在的片刻是一种纯语言的假定，不是一个状况；具体实现过的唯一现在是‘短促的片刻’，在这个短促的片刻里，时间的向后消失和时间的起始的未来永远相交。说一声‘现在’，即使当你说这一声现在的同时，它已经成了过去。”③用史蒂文斯的话来说，詹姆斯刻画了时间场而非时间点，时间的三个相位相互交织，成为一切意识现象得以如此显现的条件。我们无法抓住一个“现在”的点，我们对现在的体验是“过去”的成就和构成，同时又是“未来”得以被构造的起点。而“现在”却是不可把握、逃离被规定的、

① ［德］埃德蒙德·胡塞尔：《内时间意识现象学》，第 128 页。

② 这个观点引申自史蒂文斯。参见 Richard Stevens, *James and Husserl: The Foundations of Meaning*, p.150。

③ ［美］威廉·詹姆士：《多元的宇宙》，第 138—139 页。

“不可能”又不可否认的现象。这种说法看上去十分怪异，与我们的常识相去甚远。本书下文恰恰要从这种“怪异性”出发，展现出詹姆斯哲学的特殊深度和魅力。

6. 无意识现象

在完成了对纯粹经验基本特性的刻画以后，还有一类特殊的经验类型不可被忽视，比如在日常经验之外的宗教经验、无意识的经验等。詹姆斯既然把自己的哲学命名为彻底的经验主义哲学，那么上述特殊的、非普遍化的经验类型虽然并不常见，但是一旦作为一类人类现象显现出来，就不能忽视掉它们。正是从这一要求出发，詹姆斯保持了对这些陌异性经验的关注，因而我们在本节需要处理这些问题，看看它在詹姆斯的哲学中被安放到什么样的位置上。在本节中，我们将从詹姆斯对无意识的研究开始，过渡到他对神秘体验的研究。在现代语境中，无意识通常与弗洛伊德及其所代表的精神分析学派联系在一起。[①] 由于弗洛伊德对无意识的探索精深且广博，想要谈论无意识理论无论如何也不能绕开弗洛伊德的名字。因此，本书采取的方法是将其与弗洛伊德的无意识理论进行比较，在此对比的视域中，一方面刻意展现出詹姆斯无意识理论与弗洛伊德的亲缘性，另一方面则要表明詹姆斯无意识理论的独特性。

弗洛伊德关心如何解释那些非常态的心理状态，他的困惑来源于此：意识活动中经常会突然产生一些新的“观念”，我们却完全无法觉察到它们是怎么出现的，如果认为它们是凭空偶然产生的，那么就会显得意识是断裂的、不连续的，这些困惑把他带到了无意识的领域。[②] 对他而言，如果常态的意识活动中总是会被插入某些与当下正在进行着的活动不融贯的活动，那

---

① 郭秀艳、李林：《意识和无意识的关系：实证的视角》，《心理学探新》，2006 年第 1 期，第 4 页。

② ［奥］弗洛伊德：《性学三论与爱情心理学》，李伟霞译，武汉：武汉出版社，2013 年，第 184 页。

么这些非常态活动必有一个意识活动之外的根源。正因如此，弗洛伊德把人类的心理状态分为几种不同的类型，而意识（CS）不过是心理生活的一部分，除去意识外，还有许多被称为无意识（UCS）的心理状态。① 从最一般的意义上来说，有意识的状态是那些可被自我觉察到的状态，然而这些能被觉察到的状态远不能覆盖所有的人类心理状态；在弗洛伊德看来，无意识是整个心理过程最重要的部分，而意识只是无意识运作的表现和结果。②

意识与无意识之间的关系是压抑（repression）与抗拒，在弗洛伊德的著名比喻中，意识就如同审查官，只有那些通过审查的内容能够进入到意识的觉察之中，而被压抑住的部分，便是无意识的领域。③ 弗洛伊德还举过另外一个著名的例子，无意识和意识就像两个房间，两个房间通过一个房门相连，无意识中的内容要挤进意识的房间中去，然而房门的看守者却要死死看护着意识的入口，这个机制就是压抑；总有一些无意识会进入到意识的房间之中，但是并不是所有进入意识房间的无意识都会被意识注意到，因此那些只是处于等待被注意或觉察到的无意识又被弗洛伊称为前意识（preconscious；PCS）；而另一部分始终处于被压抑的状态之下，就是狭义的无意识；④当然，弗洛伊德也指出，上述划分仅仅是描述意义上的，从动力学的角度来看，它们是一个整体，即只有一种无意识。⑤ 无意识中有可能被意识觉察到的那些部分被称为前意识，但不意味着前意识是独立于无意识的，从根本上来说无意识是“一”。弗洛伊德同时指出，压抑是双重的，也就是说不仅前意识进入意识有审查机制，无意识进入前意识同样也面临着审查。⑥

弗洛伊德在这里为无意识赋予了根源性的地位，意识不过是无意识的

---

① ［奥］弗洛伊德：《自我与本我》，杨韶刚译，高申春校；载车文博主编：《弗洛伊德文集》（第六卷），长春：长春出版社，1994 年，第 117 页。该译本将 unconscious 译为潜意识，然而在詹姆斯那里潜意识（subconscious）另有所指。为了不与下文中 subconscious 这一概念产生混淆，本书统一把 unconscious 译为无意识，把 subconscious 译为潜意识。

② ［奥］弗洛伊德：《精神分析引论》，高觉敷译，北京：商务印书馆，1984 年，第 8 页。

③ ［奥］弗洛伊德：《自我与本我》，第 118 页。

④ ［奥］弗洛伊德：《精神分析引论》，第 233 页。

⑤ ［奥］弗洛伊德：《自我与本我》，第 119 页。

⑥ ［奥］弗洛伊德，《性学三论与爱情心理学》，第 204 页。

一种特定的表现形式，在这个意义上来说，无意识不仅在发生学的角度上优先于意识，同时也在形而上学的层面上为意识奠基。难怪有学者认为弗洛伊德的无意识理论必然导向亚里士多德意义上的“不动的推动者”①。于是，通过弗洛伊德的解释，无意识构成了人类心理活动的最终源泉和基础。但是，对于弗洛伊德及其追随者来说，作为“不动的推动者”的无意识并不自行显露自身，这是无意识概念自身的限制，因为对无意识状态和内容的讨论不得不在意识的状态下进行，然而一旦进入意识中，就不可能是无意识的了。②正因无意识自身概念上的限制，无意识的状态及其内容就不得不通过意识状态中的某些要素来揭示。③

弗洛伊德通过从非常态的意识状态回溯无意识状态得到了什么结论呢？答案是他认为无意识状态可被本能刻画，④他如此规定道：“‘本能显示’是无意识系统的核心，发泄精力是无意识系统的目的，换句话说‘欲望—冲动’就是这个系统的关键，这里，各种本能冲动并列存在，相互独立，并行不悖。”⑤除此之外他还有这样的比喻：“无意识所包含的内容打个比方来说的话，可以说是心理王国中的原始居民，假如说人和动物相似，在内心存在着像动物本能一样的东西，可以从遗传得来的心理构成，那就是无意识系统的核心。”⑥这样一来，弗洛伊德完成了对无意识领域的说明，在他那里无意识活动实际上是本能（主要是性本能）冲击意识结构的一种活动。

上面仅对弗洛伊德思想进行了简要的重构，实质上他的思想十分庞杂，并非寥寥数字可梳理清楚。但正如上文中反复强调的那样，对无意识领域的探索是他工作的核心。下面的论证将关心詹姆斯对无意识领域的探索，

---

① Jonathan Bricklin, *The Illusion of Will, Self, and Time: William James's Reluctant Guide to Enlightenment*, Albany: State University of New York Press, 2015, p.54.

② Gerald E. Myers, "James and Freud", *The Journal of Philosophy*, Vol. 87, No.11 (1990), pp.593 - 594.

③ C. G. Jung, *The Archetype and the Collective Unconscious*, Trans. by R.F.C. Hull, Princeton: Princeton University Press, 1969, p.4.

④ 弗洛伊德前后期对本能的说明有一定差异，在此不做刻意区分，统称为本能。

⑤ [奥] 西格蒙德·弗洛伊德，《性学三论与爱情心理学》，第 200 页。

⑥ [奥] 西格蒙德·弗洛伊德，《性学三论与爱情心理学》，第 206 页。

通过这项工作，我们可以看到除去二者的事实性交往之外，[①]詹姆斯与弗洛伊德还经由无意识研究这一共同道路相遇，也通过将二者进行对比性的研究，锚定詹姆斯无意识理论的位置。

现在我们把目光转向詹姆斯的类似理论。有学者认为詹姆斯并没有发展出一种弗洛伊德式的无意识理论。[②] 然而，如迈尔斯和韦恩伯格所指出的，这其实是一种误解，詹姆斯认为弗洛伊德式的无意识领域是实际存在的。[③] 造成这种误解的很大原因在于詹姆斯对无意识概念的规定与通常用法上的不一致。[④] 当然，这也跟詹姆斯对无意识概念的使用不够严谨有关。詹姆斯曾在《心理学原理》的第六章中反驳了存在无意识心理状态的理论，他列出了十种支持无意识状态的论证，并逐一反驳，这部分被许多人视为詹姆斯反对无意识存在的明证。但是我们需要考察一下詹姆斯这么做的语境和目的，韦恩伯格就已指出《心理学原理》第六章的主要目标并不是反驳无意识的存在，而是要反驳那些以无意识状态来捍卫心素(mind-stuff)理论的拥护者们。[⑤] 心理元素理论的拥护者们认为人类的整个心理状态是由某些基本的心理元素和心理原子组成的，于是心理状态可被分解、还原到一些基本的心理元素之上。

詹姆斯对这个理论非常不满，他给出了这样一个质疑：1 000 个心理基本单元的聚合，会产生一个新的心理感受，这个新的心理感受和单个心理基

---

① Robert I. Simon, "Great Paths Cross: Freud and James at Clark University, 1909", *American Journal of Psychiatry*, Vol.124, No.6(1967), pp.831 - 834。西蒙指出，由于身体状况等原因，詹姆斯与弗洛伊德在此次见面中并未就理论问题作出深入的探讨，不得不说这是一个遗憾。

② 例如 Owen Flanagan, "Consciousness as a Pragmatist Views It", p.29。韦恩伯格也指出美国心理学界在很长一段时间内也认为詹姆斯缺乏一种无意识的理论。参见 Joel Weinberger, "William James and the Unconscious: Redressing a Century-Old Misunderstanding", *Psychological Science*, Vol.11 No.6(2000), p.439。

③ Joel Weinberger, "William James and the Unconscious: Redressing a Century-Old Misunderstanding", pp.439 - 440.以及 Gerald E. Myers, "James and Freud", p.593.

④ Joel Weinberger, "William James and the Unconscious: Redressing a Century-Old Misunderstanding", pp.439 - 440.

⑤ Joel Weinberger, "William James and the Unconscious: Redressing a Century-Old Misunderstanding", pp.441 - 442.

本单元的关系是什么呢？如果这个新的心理感受已然在单个心理基本单元中存有，那么它就不过是心理基本单元的简单重复；如果 1 000 个心理基本单元重复后产生新的心理事实，那么两种不同性质单元之间的过渡是如何发生的呢？① 詹姆斯进一步指出，无意识的心理状态就被用来解决这个问题："他们（心素理论者——笔者注）试图通过做出一种区分（即把心理状态区分为无意识的心理状态和有意识的心理状态），来打破心理状态之间的区别。"②不同心理状态之间并不需要过渡，因为全部心理状态都是由基本的心理元素构成的，只需承认其中一些心理状态是无意识的，那么自然能够解释为什么单个心理元素的叠加能产生出异质的状态。

因此，在这个部分对无意识存在的拒斥中，詹姆斯主要反对的是这种将心理状态分解为基本元素的心素理论，并不能把这部分内容看作詹姆斯拒绝无意识的缘由。③ 实际上，除去上述基于特定语境和目的拒斥无意识的文本外，詹姆斯在其他的论述中承认无意识状态的存在。但是需要注意的是，在承认存在无意识过程的论述之中，詹姆斯又采取了两条切入无意识领域的道路，正是由于这两条路的交叉，使得詹姆斯的理论同时既有与弗洛伊德相近的部分，又有远离弗洛伊德的部分，最终形成了自己独特的无意识理论。

詹姆斯的第一条道路紧接着《心理学原理》第六章对心素理论的批判。在尤金·泰勒（Eugene Tayor）看来，詹姆斯的批判瓦解了原子式的意识观，而引出了意识流理论，在意识流的背景下，"他讲的无意识是那些没有被觉察到的意识状态，而不是另外一种异质的意识状态。"④上文已经反复强调

---

① ［美］威廉·詹姆斯：《心理学原理》（上），第 124 页。

② ［美］威廉·詹姆斯：《心理学原理》（上），第 124—125 页。

③ 韦伯就曾撰文批评迈尔斯和韦恩斯坦认为詹姆斯有弗洛伊德式无意识理论的观点，他的理由是詹姆斯在《心理学原理》第六章已经系统批判了那些认为无意识存在的理论，而弗洛伊德的无意识理论也和被批判的那些理论相似。（Eric Thomas Weber，"James's Critiques of the Freudian Unconscious-25 Years Earlier"，*William James Studies*，Vol.9（2012），pp.94－119）然而正如我们上面已提及并且马上要展开论证的那样，韦伯实际上是误解了詹姆斯批判无意识的语境，詹姆斯只是反对基于心素理论的无意识理论，不能以此断定詹姆斯没有其他类型的无意识理论。

④ Eugene Taylor，*William James on Consciousness beyond the Margin*，Princeton：Princeton University Press，1996，p.35.

过：詹姆斯的意识流理论认为意识是一条连续的河流，我们通常所说的能被清楚觉察到的意识是这条河流中被照亮、被聚焦的部分，而被照亮部分的周围并非完全黑暗，它还包围着一个光晕、晕圈或边缘，构成了被觉察到意识的视域。[①] 这个视域或边缘本身还没有被觉察到，但它烘托、构成了能被觉察的意识，因此，就有理由将这个尚未进入意识但可能进入意识的边缘看作是无意识。[②] 于是，意识的边缘或晕圈构成了詹姆斯通往无意识领域的第一条道路。但接下来我们就会发现，这个说法虽然有合理性，但仍旧是不完全的，此处先按下不表。

詹姆斯的第二条道路则是秉承同时代的诸多心理学家的临床工作——特别是法国心理学家、精神病学家皮埃尔·让内（Pierre Janet）的工作，[③]在一些特定的临床案例中，诸多非常态的意识状态展现出了存在着不被觉察的其他意识状态的可能性。例如在《心理学原理》第八章第一节中，詹姆斯就记录了诸如催眠、歇斯底里、自动书写等状态，并明确地将其视为无意识过程存在的明证。[④] 正因为这些记述的存在，像迈尔斯和泰勒这样的诠释者也自然地认为在詹姆斯那里有无意识的理论。[⑤] 詹姆斯讨论了让内的一个治疗过程：在治疗那些歇斯底里症患者时，让内发现，他可以在患者主意识未觉察到的状态下向其发出指令，并让患者在没有觉察的情况下执行那个指令。例如，让内通过一些治疗技术发出让一个患者在主意识未觉察的情况下写字的指令，于是患者可以在其手部动作完全未被察觉的情形之下完成"自动书写"。詹姆斯据此坚信存在着不被主意识觉察到的意识过程，詹姆斯又把它称为次级意识（secondary conscious）。[⑥] 这个说法意在表明，尽管

---

① 参见［美］威廉·詹姆斯：《心理学原理》（上），第 183—205 页。

② 此外，韦恩伯格也认为"边缘"就是詹姆斯的无意识理论。参见 Joel Weinberger, "William James and the Unconscious: Redressing a Century-Old Misunderstanding", pp.442 - 443。

③ 迈尔斯指出，弗洛伊德同样看重让内的工作，这一共同的源头可将詹姆斯与弗洛伊德联系起来。参见，Gerald E. Myers, "James and Freud", p.594。

④ ［美］威廉·詹姆斯：《心理学原理》（上），第 155—165 页。

⑤ Gerald E. Myers, "James and Freud", p.594; Eugene Taylor, *William James on Consciousness beyond the Margin*, p.37.

⑥ ［美］威廉·詹姆斯：《心理学原理》（上），第 158 页。在其他地方，詹姆斯又把这种次级的意识叫作"潜意识"（subconscious）。可见前揭书第 283 页。

次级意识状态未被主意识觉察到，但是当它们被“召唤”时，它可以表现出某种似乎是在意识的操控下进行的“拟意识”(quasi-conscious)状态。

我们可以清楚地发现，詹姆斯上述两条通往无意识领域的道路并不相同，其所通达的目的地也不是一处，我们不禁要追问：难道詹姆斯那里还有多个无意识理论吗？接下来的部分，我们将通过与弗洛伊德比较的方式来展现出詹姆斯无意识理论的多重维度，以及它与弗洛伊德的理论之间的关系。

我们首先来讨论詹姆斯通往无意识的第一条道路与弗洛伊德理论之间的相关性。如上文中所引用到的，有学者认为詹姆斯意识流理论中的“边缘”就对应了弗洛伊德的无意识概念，这个看法有其合理性。詹姆斯的说法让我们很容易就联想到弗洛伊德对前意识的规定。如第一节中所叙述的，弗洛伊德认为整个无意识领域中有一部分有可能“逃过”意识的审查机制而进入到意识之中，而这部分存在进入的可能性却还没有进入到意识之中的无意识就被弗洛伊德称为前意识系统(PCS)。从这个视角看来，二者之间的联系再明显不过了。詹姆斯所说的边缘同样具有前意识的特征，下面我们就详细辨析两个概念间的异同。

首先，我们需要关注到的是，从本质上来说，弗洛伊德的前意识就是无意识。按弗洛伊德自己的说法，将其刻画为一种看似单独的意识过程只是出于描述上的缘由，从根本的性质上来说，前意识和无意识本无区别。但是对于詹姆斯来说，边缘是意识的周边状况或晕圈，边缘与意识构成一种整体性关联的结构。从这个角度看来，詹姆斯的边缘只能与弗洛伊德的前意识概念对接，因为詹姆斯并没有承诺边缘覆盖了所有的无意识领域。① 这是与弗洛伊德有明显区别的一个地方，在弗洛伊德那里，意识—无意识二重结构已覆盖了人类的心理状态。而在詹姆斯这里，意识—边缘(前意识)的结构之外还有其他心理状态。边缘和前意识虽都具有进入到意识中的可能性，

① 下文中我们就会看到，詹姆斯第二条道路所发现的那些“次级意识”或“潜意识”就和边缘(前意识)是不同类型的无意识。由于潜意识和次级意识有相同的意思，因此为了避免概念上的混淆，以下不对潜意识和次级意识做区分，统称为潜意识。

但边缘却更加独立：边缘既不是意识中的一部分，也不是唯一的无意识领域；因此，韦恩斯坦等人将詹姆斯的边缘等同于弗洛伊德的无意识，虽不能说他们搞错了，但至少是不全面的。

需要指出的是，二人通达前意识领域的方法不同。对弗洛伊德来说，前意识本就是无意识，它并无特别的性质需要用另外的方法到达。因此，在弗洛伊德那里，作为无意识的前意识同样是通过精神分析的相关方法，经由过失行为、梦或者神经症等非常态的心理状态得以揭示。詹姆斯发现边缘（前意识）却是通过对意识流的直接体验得到的，对詹姆斯来说，边缘（前意识）并不是什么非常态的心理状态，它是意识状态得以可能的条件。而当詹姆斯也像弗洛伊德将目光投向那些非常态的心理状态时，他走向了另外的无意识状态，而这种状态被用来解释宗教经验等特殊的经验类型。

7. 本章小结

到此，本章可以告一段落了，在结束本章之前，我们需要做一些总的说明。如标题所示，本章被规定为对詹姆斯意识哲学的研究，主要依据的文本为《心理学原理》一书。读者当然会好奇，《心理学原理》这样的巨著，为何本书只用五节的篇幅、区区数万字就讨论完毕了。这正是本章以詹姆斯的“意识哲学”为主题而非以詹姆斯的“心理学思想”为主题的缘由。众所周知，《心理学原理》中的大量内容以生理学、医学为基础，解释和探讨人的各种心理现象；从叙述的风格和所引证材料来看，《心理学原理》一书中大量使用了当时的实验数据。本书一开篇就说到，本书的研究是以詹姆斯的彻底经验主义为基本方法开展的，在这种方法下，任何对超越于意识领域本身的科学的有效性设定、外在世界的有效性设定都应该被排除。正是贯彻了这样的研究方法，使得我们把眼光限制到了意识流这一完全内在的领域，也只有这一领域可以算作是哲学研究的对象。

正是在上述方法之下，我们跟随詹姆斯发现了意识流的内在结构，在对此结构的探索之中，笔者跟随一些研究者，谨慎地使用了胡塞尔现象学的部分术语和观点弥补了詹姆斯意识哲学中的不融贯和缺失之处。于是，本章的结构与内容呈现如下：

1. 在第一节中，通过彻底经验主义的方法排除了对意识的生理学和医学设定，而回返到了一个事关意识本身的内意识领域。在此回返的过程中将彻底经验主义的方法视为一种广义的现象学还原，并借用布伦塔诺的内意识概念来标识这个意识本身的领域，即意识流的领域。

2. 在第二节中，本书刻画了意识流的两个基本特性：我思本性和河流本性。前者使得詹姆斯在其意识哲学时期的意识研究呈现出从个体化的人格自我出发的特性，同样意识流的说法本身意味着意识的时间河流特征，本节对这一特性做出了初步的刻画。

3. 随着意识流的两个基本特性的发现，我们进入到詹姆斯极为重要的发现——意识的边缘，并简要地与胡塞尔的视域、地平线概念做了比较。分析了意识流中实体部分—过渡部分、实显—非实显的相互构成关系。

4. 在完成了前面三节的准备后，本节详细分析了在意识流与边缘中我思的意识活动与思想的对象（意义、本质）的构造性活动，并引入胡塞尔的意向性理论来使詹姆斯的理论显得更为严格和清晰。

5. 在第一节初步地描述了意识流的河流本性、并在第四节引入了胡塞尔现象学的意向性概念后，本节着重刻画了詹姆斯对意识流的时间结构的探索，并借用胡塞尔的滞留、前摄等概念来对比詹姆斯的回顾、期待概念，最后指出了詹姆斯那里同样有一种“横意向性”和“纵意向性”的理论。

第三章
通往彻底经验主义之路

在第二章中,我们通过彻底经验主义的方法研究了詹姆斯的意识哲学,但是我们会发现,意识哲学时期的詹姆斯还不够彻底。这种不彻底性一方面表现为他仍不能摆脱对外在世界存在有效性的设定,因此他会不自觉地使用意识流与外在世界的对子,也就是说,意识仍旧是世界中的某种存在物。除此之外,另一个不彻底性则基本没有被反思到,即第二章第二节中设定的出发点:意识的属我性设定标识了詹姆斯意识哲学的起点乃是我思。在本章中,我们要继续贯彻彻底经验主义的原则,看看它能到达什么样的领域。

1. 对意识概念的"放弃"①

《"意识"存在吗?》(1904)一文通常被视为詹姆斯的转向之作,学者们普遍认为这是詹姆斯克服二元论、走向纯粹经验学说的路标。② 当然,这种说法有着文本上的充足依据,詹姆斯自己说道:"'思想'和'事物'这两个名称代表两类东西。这两类东西在常识看来,总是相反的,而且事实上总要把它们对立起来。"③他同时指出伴随着同时代诸多哲学家的工作:"它(意

① 本节思路受到岳富林未刊稿《胡塞尔对主体性悖谬的提出与解决》的启发,在此特别鸣谢。

② 例如:陈亚军:《超越经验主义与理性主义》,第77—82页;[英]罗素:《西方哲学史》(下卷),马元德译,北京:商务印书馆,1976年,第369—370页;David C. Lamberth, *William James and the Metaphysics of Experience*, p. 10, p. 23, chapter 3; Ash Gobar, "The Phenomenology of William James", p. 299. John Wild, *The Radical Empiricism of William James*, p.361。泰勒也认为对《心理学原理》中形而上学、实证主义和还原主义的克服激发了他对彻底经验主义的探索。参见 Eugene Taylor, *William James on Consciousness beyond the Margin*, 1996, p.33。

③ [美]威廉·詹姆士:《彻底的经验主义》,第1页。

识——引者注)失去了人格化的形式和活动——这些都转移到内容里去了——变成了光秃秃的 Bewusstheit(觉知)或 Bewusstsein überhaupt(意识一般),它本身毫无权利可言……我相信'意识'一经消散到这种纯粹透明的地步,就会完全不见了。它是一个非实体的名称,无权立于第一原理的行列之中。"①这段界说至少有两层含义,第一,表明了一种对意识的去实体化想象;第二,在詹姆斯这里,意识实体化依赖于一个更大的语境,即意识实体与物理实体的双向对峙。因此,一旦意识实体化的想象被祛除了,那么相应地,物理实体的想象也会一同被祛除。这正是詹姆斯走向一种作为本源的、尚未被任何实体化想象所宰制的纯粹经验的思路。当然,我们并不能否认通常解读模式的正当性,即把纯粹经验看作是克服种种二元论的一元化解决方案。罗素(Bertrand Russell)是这种解读方案的典型代表,在他那里,纯粹经验作为一种"中性一元"的素材超克了二元论,而成为一种更基础的构成性要素。② 同样,也有学者从詹姆斯的意识哲学出发,认为彻底经验学说是詹姆斯用来解决心理现象和物理现象之间的二元性的最终统一方案。③

本书将从另一种视角来看待詹姆斯的这一道路,本书一以贯之的方法是彻底经验主义,因此在这个问题上仍不会脱离这个最为基本的方法。我们所关注的乃是这样一个问题：詹姆斯从以意识流分析为核心的早期意识哲学发展到"突然"要弃绝"意识"概念,这究竟意味着什么？上面的"意识哲学"章已然表明了詹姆斯意识研究的特性,它是一种标识着对完全内在的意识领域之结构的分析,从这种分析中,我们已经初步揭示了詹姆斯意识哲学的某种现象学特质。依着这种特质,我们在上文中反复引用的威尔谢、林斯霍滕等人直接用"现象学心理学"这一名称来指涉詹姆斯的意识哲学。那么,为了澄清詹姆斯对"意识"概念的弃绝,我们将继续参照胡塞尔的某些理论,来指出詹姆斯这个转变的深刻涵义。一旦这个转变的意义逐渐明朗起

---

① [美]威廉·詹姆士:《彻底的经验主义》,第 1 页。引文参照原文有改动,参见 William James, *Essays in Radical Empiricism*, New York: Longmans, Green, and Co, 1912, p.2。

② [英]罗素:《西方哲学史》(下卷),第 371 页。

③ Andrew Bailey, "The Strange Attraction of Sciouness: William James on Consciousness", *Transactions of the Charles S. Peirce Society*, Vol.34, No.2(1998), pp.414-434.

来，接下来对纯粹经验的刻画将会展现出更为深远的意涵。因此，本节的讨论乃是承上启下的重要一环。

上文中我们已经表明，詹姆斯的意识哲学与自然化的心理学有着明显的不同。自然化的心理学将意识的诸官能归附给世界之中的物理之物，试图通过研究意识官能的物理基础之运作机制，揭示人类意识的奥秘。我们不能否认的是，詹姆斯在《心理学原理》中也花费大量篇幅研究上述自然化的心理学，但通过彻底经验主义的方法排除掉这一部分以后，我们发现了一种全新的意识研究。用胡塞尔的话来说，詹姆斯的工作可以被看作“一门新种类的纯粹先天而却同时对于心理之物进行描述的科学。换言之，在无条件而具有洞见的必然性之中，这门科学会使我们明白下列这点，究竟心理生活、尤其是认识的生活在自身是如何进行的，并且根据它的先天本质种类而完成其意向性的成就……”①。这段话有两个要点可以和詹姆斯的意识哲学相汇通，第一点，詹姆斯的意识研究乃是对心理之物的描述性研究，这种描述基于对意识生活本身的忠实刻画，正是在这种描述与刻画中，詹姆斯得以发现意识的边缘及意识的河流本性等完全不被传统心理学关注到的意识现象。但是，这种描述又区别于单纯的、朴素的描述心理学操作，这就导向了第二个要点：这种描述必带有一种纯粹“先天的”洞见，也就是说，正是在这样的描述中，意识生活的本质结构以一种必然性的样态展开在我们面前；按照我们上文中的分析，这种结构表现为一种詹姆斯版本的意向性学说。

从上面的角度来看，詹姆斯的意识哲学不同于传统居于自然态度之下的“经验心理学”，而是从“先天性、本质性、直观纯粹描述、意向性”等方面得以标识的新心理学或现象学的心理学。② 接下来，我们要对此多说一些。在胡塞尔的规划中，一门“现象学的纯粹心理学之系统”需要达成以下几个目标：(1)“描述那些包含在一个意向体验的本质中的诸统一”；(2) 研究心灵中个别意向体验的本质及与之相关的综合；(3) 对“意识流”进行本质描

① ［德］埃德蒙德·胡塞尔：《现象学的心理学》，第55页。
② ［德］埃德蒙德·胡塞尔：《现象学的心理学》，第59页。

述;(4) 对“作为具有习惯、具有良好的知识、具有性格特征的个人的主体”的本质形式的研究。① 从詹姆斯的角度看来,这几个目标至少可以从两个大的要点加以归类,第一,对意识流的本质刻画构成了对意向体验进行描述的先决条件,如果不是对意识流的本质结构的发现,詹姆斯版本的意向体验描述断不可能获得其可能性。第二,这一点已经反复被提起,意向体验的描述同样构成詹姆斯意识流分析的核心内容,如上文所论证的,这种意向体验同时包含着横纵双重意向性的统一。综上,我们可以用现象学的心理学、心理学现象学或纯粹心理学等相同的说法来命名詹姆斯早期的意识哲学。②

需要补充的一点是,在胡塞尔那里,通往现象学心理学的道路由一种现象学的心理学还原作为导引,③亦即:“把真实心灵与首先是意向性的生活圈定在其自身本质(das Eigenwesentliche)之中,并将在这个生命中运行的超越设定判为无效或不列入考虑。为了首先获得在普遍一统一体现象学直观形式中的纯粹心灵整体,并由此开始朝向纯粹现象学主题的本质心理学挺进,每一个‘不列入考虑’,也就是现象学悬搁都必须事先一般地和在一个习性的意志中被完成。在此,心理学者从未停止作为实证的研究者,从未停止对世界统觉之有效性的依赖。”④胡塞尔还在其他地方表明了现象学的心理学还原的不彻底性,也就是引文里所说的,心理学的研究不可避免地要涉及到实证的研究,不可避免地要设定世界的有效性,即便这种涉及是未被意识

① [德] 埃德蒙德·胡塞尔:《现象学的心理学》,第 301 页。

② 除了上文中已多有引用的林斯霍滕,还有其他学者也用现象学心理学来理解詹姆斯的心理学研究,比如:高申春:《詹姆斯心理学的现象学阐释》,《心理学探新》,2007 年第 4 期,第 15—16 页;方双虎:《威廉·詹姆斯与存在—现象学心理学》,《哲学动态》,2010 年第 8 期,第 68—73 页。

③ 关于胡塞尔现象学心理学的专题研究可见游淙祺:《胡塞尔与世间意识》,上海:上海人民出版社,2018 年。在这本书中,作者指出现象学心理学和超越论现象学在胡塞尔那里的平行关系,现象学心理学经由不那么彻底的现象学心理学还原达成,其特征在于保留了“世间性”、关注“世间生活”,即仍旧保持着世界存在信念的有效性;而超越论还原则是最为彻底的还原;作者指出,按胡塞尔的本意,现象学心理学是超越论现象学的一个前奏,一个相对缓和地通往超越论现象学的道路。“现象学心理学所关注的人是活在世界之中的人,但不把人看作是物理性或生物性的存在,而是将焦点摆在人的心理或意识上,探讨他或他们如何经验这个世界,而不只是研究他或他们如何被看而已。”(第 64 页)游淙祺的著作对本节内容有较大的启发。

④ [德] 埃德蒙德·胡塞尔:《现象学的心理学》,第 352—353 页。

的。如果我们还记得第一章中对詹姆斯研究方法的总说明，我们自然也可以将詹姆斯对彻底经验主义方法的运用与胡塞尔的评论做一番简要的比较。

彻底经验主义的方法要求我们排除一切或明或暗的预设，这种预设或许是我们预先接受了一种认知框架、概念系统；也可能根植于我们那些根深蒂固的深层信念中。总之，为了达到一种绝对的、无偏私的起点，这些预设都应该被排除。正是从这一点出发，我们援引不少学者的成果，将詹姆斯的这种方法看作是一种广义的现象学还原。接下来的第二章中，我们运用这种方法通达了内意识领域，亦即意识流的领域，并对意识流的本质结构做出了描述；按照上面的分析，詹姆斯在意识哲学领域所做的工作可被理解为一种现象学的心理学。那么我们可以合理地接受以下的论点，即詹姆斯在意识哲学时期的彻底经验主义操作是不彻底的，正如同通往现象学心理学的还原被胡塞尔认为是不彻底的一样。而这种不彻底性的表现我们在上文中已经提到多次：詹姆斯未能彻底排除心理物与物理世界的对应连接的设定，可见，这种设定也可被标识为缺乏对世界有效性的排除。由此，我们可以发现二者之间有一种平行的同构关系，可以用表格展现如下：①

	胡　塞　尔	詹　姆　斯
方法	现象学的心理学还原	意识哲学中施行的彻底经验主义
阶段	现象学的心理学	以意识流为核心的意识哲学
缺陷	未排除世界的有效性	对外在世界的设定

上面的引文已经说到，现象学的心理学关注世间的生活，关注世间中的人，那么与其平行的、詹姆斯同阶段的意识哲学情况又如何呢？我们可以简要地回顾一下詹姆斯讨论意识流的我思性质时埋下的伏笔。在詹姆斯研究

① 需要指出的是，在胡塞尔那里，超越论现象学的筹划要早于现象学的心理学，这意味着胡塞尔自己并不是必然要通过现象学心理学的还原才能走向超越论的还原，这是与詹姆斯两阶段的差别所在。感谢李云飞教授指出了这一点。

意识流的开端处，他就发现任何关于意识流的谈论都不可避免从"我的"意识流出发，而我的意识流是封闭的，与其他意识流平行又交错。正是从这一点出发，他花费了不少篇幅来讨论我思或我的意识流的特性，我们将在第四章中详细展开。这里可以预先说明的是，这部分的讨论设定了作为身心复合体的个人，人与人之间的社会关系、伦理生活等的实在性地位，正是从这个角度来看，我们也可以说詹姆斯的意识哲学中也包含着对世间生活、日常性的生活的关注。

回到主题，按着詹姆斯彻底经验主义的一贯性，我们自然可以理解为何以意识研究"起家"的詹姆斯会走向"放弃"意识的概念。实际上，詹姆斯的这种"放弃"并非是突如其来的观点，而是早有端倪。布里克林（Jonathan Bricklin）提示我们去注意詹姆斯在《心理学原理》中的一个说法——Sciousness，[①]布里克林指出，这个概念是詹姆斯将 Con 从 Consciousness 中分离的结果，这种分离意在表明意识的去我化。[②] 也就是说，Sciousness 是一种尚未被个体化、属我化之前的一种原意识或拟意识的状态，这一点我们在第二章的第一节已有提及。在布里克林看来，Sciousness 是一种前反思的直接性"体验"。[③] 布里克林的这一说法表明了意识——总是以"我的"意识出现——由更为原初的 Sciousness 作为其可能性的条件；于是布里克林把 Sciousness 看作与后来的纯粹经验是一致的。[④] 威尔谢也认为，纯粹经验理论早在《心理学原理》中就已经生根发芽了。[⑤]

从以上两个角度来看，詹姆斯在意识哲学的时期就已经开始寻找那种使得意识活动得以可能的条件，或是一种更为原初的领域。通过彻底经验

---

① See William James, *Principles of Psychology*, p.290.

② Jonathan Bricklin, *The Illusion of Will, Self, and Time: William James's Reluctant Guide to Enlightenment*, p.120。库珀也认为 Sciousness 是比 Consciousness 更为基础的东西，参见 W. E. Cooper, "William James's Theory of the Self", *The Monist*, Vol. 75, No.4(1992), p.514。

③ Jonathan Bricklin, *The Illusion of Will, Self, and Time: William James's Reluctant Guide to Enlightenment*, p.133.

④ Jonathan Bricklin, *The Illusion of Will, Self, and Time: William James's Reluctant Guide to Enlightenment*, p.121.

⑤ Bruce Wilshire, *James and Phenomenology*, p.167.

主义的方法，属我的意识活动本身还不足以构成最终的直接性的领域，正如我们在上文所论述的，意识仍会不自觉地被设定为一种在与它不同质的“世界”之中的实体；同样，在詹姆斯对意识流结构的分析之中，也已先行预设了意识乃是我的意识这一前提；正是出于上述两方面的不彻底，詹姆斯最终认为“意识”需要被放弃，仅仅将其视为某种功能性的事实，继续寻找意识活动的可能性条件，这让他走向了一种关于“纯粹经验”的理论。

2. 纯粹经验释义

根据本章第一节中的准备性叙述，我们已然明白了詹姆斯放弃意识概念的缘由，与此同时也指出了一条通往纯粹经验的道路。本节将继续这条道路，深入解析纯粹经验的特性。

在一些流行的解释里面，纯粹经验往往被看作是一种克服了精神—物质、心灵—世界之间二元对立的、更为基本的“某物”，也就是设想出一种更为根本的、可以把心和物都包括在其内的“基础”来克服所谓的二元对立。比如罗素和艾耶尔等人就持有这样一种观点，他们把詹姆斯的纯粹经验当作了某种基础性的材料，这种材料是一种超越了心和物、但又构成了心和物的原始材料。[①] 这种误解是因为詹姆斯使用概念的不严谨，他自己在刻画和描述何为纯粹经验之时就使用了“材料”一词。[②] 詹姆斯自己就曾说道：① “我的论点是：如果我们首先假定世界上只有一种原始素材或质料，一切事物都由这种素材构成，如果我们把这种素材叫做‘纯粹经验’，那么我们就不难把认知作用解释成为纯粹经验的各个组成部分相互之间可以发生的一种特殊关系。”[③]“思维和现实是用同一的材料做成的，这种材料就是一般经验的材料。”[④]正是这样模糊和不严格的表述，让詹姆斯的纯粹经验被误解为

① 黄启祥：《思想流学说与詹姆士哲学》，第240—241页。
② 黄启祥：《思想流学说与詹姆士哲学》，第241页。
③ ［美］威廉·詹姆士：《彻底的经验主义》，第2页。
④ ［美］威廉·詹姆士：《彻底的经验主义》，第116页。

某种原始材料或原始素材。但在另外的地方，詹姆斯使用了完全不一样的表述：② "做成一般经验的一般材料是没有的。所经验的事物里有多少种'性质'就有多少种材料。如果你问任何一段纯粹经验是由什么做成的，答案就永远是相同的，即：'它是由这做成的，出现了什么它就是什么做成的。'……经验仅仅是所有这些可感觉的性质的一个集合名称，而且除了时间和空间(以及'存在'，如果你愿意的话)，似乎就没有什么一切事物由之而做成的普遍元素。"[①]这两种明显不连贯的解释给我们留下了两条诠释纯粹经验的道路，而每一种诠释都将影响到对詹姆斯哲学的整体性理解。本书将采取路线②，一来，依着彻底经验主义的方法与精神，路线②显然更为融贯；二来，从文本依据上来说，詹姆斯对路线②有更多的论述。

从彻底经验主义的角度出发，通过一种超越于心—物、思维—存在对立的"材料"来统摄心与物反而是不彻底的，因为"材料"这一说法总带有一种实体化的承诺，于是它仍旧会成为一种设定，一种可以把思维与存在、心灵与世界都纳入自身的超级实体。詹姆斯曾批评了现代的一元论(实证主义和不可知论)，他认为这些一元论者"提出一个未知的实在……它告诉我们说这个实在是在两个'方面'呈现出来的：一方面是意识，一方面是物质，而这两个方面和斯宾诺莎(Baruch de Spinoza)的上帝的两个基本属性——广延和思想一样，也一直是不可还原、约简的。归根到底，现代的一元论就是纯粹的斯宾诺莎主义"[②]。按照詹姆斯的意思，再度引回一种超级实体无疑是一种倒退。詹姆斯的本意乃是忠于现象，而拒绝虚构一种现象背后的实体。[③] 从这里我们可以看出，通过彻底经验主义方法通达的纯粹经验与罗素式的中立一元论是对立的两种理论。中立一元论所依赖的那种做成心灵与世界、思维与存在的"材料"实际上是一种形而上学的设定，它缺乏那种现象

① [美]威廉·詹姆士：《彻底的经验主义》，第 14 页。
② [美]威廉·詹姆士：《彻底的经验主义》，第 113 页。
③ 黄启祥：《思想流学说与詹姆士哲学》，第 206 页。有学者指出，不仅是詹姆斯，甚至可以说全部实用主义者都不承认显现(appearance)/现象(phenomenon)与实在之间有实存论或本体论上的鸿沟(Sandra B. Rosenthal, Patrick L. Bourgeois, *Pragmatism and Phenomenology: A Philosophic Encounter*, Amsterdam: B. R. Grüner Publishing Co. 1980, p.33)。

的直接被给予的秉性。这种做法无非是将对“什么是思维”、“什么是世界”的追问回退到一个更为基础的“材料”去。然而,“……纯粹经验只是一个模糊的‘这’,还不是‘什么’。”①如果按照中立一元论的方式去理解纯粹经验,我们仍不能摆脱同样的发问方式:“什么是纯粹经验?”“纯粹经验作为纯粹经验的那个‘什么’究竟为何?”这样一来,并没有超出一种斯宾诺莎式的观点,只不过是用一种形而上学的设定取代了另外一种形而上学的设定,然而纷争的战场仍旧存在。因此,从彻底经验主义的要求和目标的角度来看,将纯粹经验看作是一种“材料”是不合适的。② 实际上,当詹姆斯谈到“做成”意识的那种原始材料是什么的时候,已经展现出了和中立一元论的差别:“我认为经验不存在这样的内在二重性;把经验分成意识和内容的不是用减法,而是用加法——即在既定的一段经验上加上其他一套经验,它在和另外一些经验分别连结时,可以有两类不同的使用或职能。”③也就是说,詹姆斯并不认为纯粹经验是一种更基础的原子或基质,并不能将其理解为某种实体,我们顶多只能把它看作是一种“职能”。接下来,我们也需检视詹姆斯本人的说法,以说明在两种诠释道路中,詹姆斯更倾向于路线②的解释。

在上面②的引文中,詹姆斯直接否定了对纯粹经验的材料解释。被经验到的事物只能依其已显现出的性质来“确定”做成它的材料。从彻底经验主义出发,纯粹经验难以捉摸,因为任何对纯粹经验的规定和言说都会侵蚀纯粹经验的“纯粹性”。因此,詹姆斯只能使用“这”(this)这样的描述性方法来刻画纯粹经验的基本样态,并且用时间、空间和存在(Being)来表明“这”的基本形式。④ 纯粹经验是一种超越了概念规定性的“这”,“……在我

---

① 黄启祥:《思想流学说与詹姆士哲学》,第 205 页。

② 威尔德也错误地认为纯粹经验是某种“原子单位”(atomic units),并错误地指责詹姆斯的纯粹经验缺乏直接被体验的特性,从而错失了领会纯粹经验的机会。参见 John Wild, *The Radical Empiricism of William James*, pp.366 - 368。

③ [美] 威廉 · 詹姆士:《彻底的经验主义》,第 5 页。

④ William James, *Essays in Radical Empiricism*, p.27。有的地方也用 that 一词。

们确定它是什么之前，它必须只能是这……”①这种说法颇有点《道德经》中“强名”的意味，正因为“这”不可能被命名活动限定，所以，为了讨论的方便起见，只能强行将其命名为纯粹经验，用这一名称来指示那种极为精微和原初的状态。正如黄启祥指出的那样：“詹姆士从未说纯粹经验是个混合物……詹姆士通过审美体验的模棱性恰恰是要直接表明纯粹经验既非物理的也非心理的，非心非物不等于亦心亦物……它是一个最初的经验，又是一个确定的经验，我们无法为其命名……但是无名（namelessness）并不是不存在，相反，它是个‘强烈的感觉’，是个直接的体验。”②有意思的是，中国现代哲学家冯友兰先生就从这一点来解释庄子的哲学，他认为纯粹经验“即是纯粹所觉，不杂以名言分别……佛家所谓现量，似即是此。庄学所谓真人所有之经验，即是此种……有名言区别即有成，有成即有毁。若纯粹经验，即无成与毁也。”③除此之外，我们还能看到米兰达·肖（Miranda Shaw）将詹姆斯与瑜伽行派做比较研究，并指出，詹姆斯所说的经验实际上是指一种构造能力，并且它和佛学中的“空性”颇为接近，它不意味着自己是一种彻底的虚无，而是说它是无主宰和无实体的。④ 我们可以看到，上述东西方思想之间的对参十分有意义，⑤它让詹姆斯那些掩盖在旧的哲学概念中的精深思想，在与其异质的思想互相诠释的时候得以被展现出来。接下来，我们将沿着这条思路继续追问纯粹经验的本性。

上文已经说到，纯粹经验是逃离于概念规定性的“这”，以时间、空间和存在三种条件展开，对纯粹经验的追问无法再以“它是什么”的方式进行，当我们说纯粹经验是“什么”的时候，实际上已经以种属关系的方式把“这”宰制、降格成为“某物”，而通过种属关系把握的“这”不过是那些已经完成了

---

① ［美］威廉·詹姆士：《彻底的经验主义》，第 7 页。

② 黄启祥：《思想流学说与詹姆士哲学》，第 205—206 页。

③ 冯友兰：《三松堂全集》（第二卷），郑州：河南人民出版社，2001 年，第 467—468 页。

④ Miranda Shaw，“William James and Yogācāra Philosophy：A Comparative Inquiry”，*Philosophy East and West*，Vol.37，No.3（1987），pp.223 - 244.

⑤ 除去上面提到的冯友兰和米兰达·肖，笔者也看到布里克林把詹姆斯的纯粹经验和庄子与禅宗的思想相比较，用来表明那种万物尚未分别的本源状态。参见 Jonathan Bricklin，*The Illusion of Will，Self，and Time：William James's Reluctant Guide to Enlightenment*，p.127。

"这化"的固化之物。詹姆斯明确反对宰制经验的说法,他明确地说到经验同样是时间性的:"经验就其直接性来说,似乎是完美流动着的,在本能上**为我们的(for us)世界**尚未被打破前,我们所享受着的生活的主动感本是自身疏朗而且没有任何矛盾。"①尚新建如此评价道:"企图从经验过程抽取某一片断或某一性质的做法,必将中断现实的经验过程,扼杀活生生的经验。其结果是丧失直接经验,仅仅收获一些僵死的抽象观念。"②上文中所提到的①,正是从这样的思路出发来解释纯粹经验,从而丧失了对这一问题的基本领会。与此相反,为了把握到"活生生的经验",除了对其是其所是的描述,表明它是如何展开和生成的,我们很难找到更为合适的方法和道路。

"这"究竟是怎样一种状态? 根据詹姆斯的提示,我们可以从时间、空间和存在三个基本条件和形式将其描述为"此时在此"或"当下具有"的状态,这样的说法很容易让我们联想到海德格尔(Martin Heidegger)经由此在追问存在的说法。实际上,高霸直接宣称詹姆斯对纯粹经验的探寻就是他自己对存在的追问;高霸援引威尔德认为纯粹经验是存在(Being)的先天必然性,③并指出詹姆斯此时已经通达了存在的理念:"存在是某种溢出于单纯被显现者的东西。"④为了不使得问题变得复杂,我们无法再引入海德格尔的观点加以比较,不过我们也得承认高霸的这个说法有一定的合理性。詹姆斯说道:"被显现者、经验简言之,这(因为在我们确定它是什么之前,它必须只能是这),它是一连串感觉、情绪、决心、运动、归类、期待等的末端,止于当下,同时它就读者这一边来说也是一连串趋向未来的同样的'内在'活动的开端。另一方面,同是一个这,它是一整套从前的物理活动——如盖房、裱糊、家具装备、取暖设备等——的 terminus ad quem(终点),同时也是关系着

---

① [美] 威廉·詹姆士:《彻底的经验主义》,第 49 页。此部分内容同时也收入[美] 威廉·詹姆士:《多元的宇宙》,第 190 页。译文参照原文有改动,括号内英文与黑体为笔者所加,参见 William James, *Essays in Radical Empiricism*, p.92。

② 尚新建:《经验概念是威廉·詹姆斯哲学的基石》,第 108 页。

③ Ash Gobar, "The Phenomenology of William James", p.302, note.14; John Wild, *The Radical Empiricism of William James*, pp.49 - 53.

④ Ash Gobar, "The Phenomenology of William James", p.303.

一个物理的房间的命运的一整套未来的物理活动的 terminus a quo(起点)。”①詹姆斯虽然承认心理和物理被分割为两类不同的范畴,它们都是已获得现实性的某物,但它们又是既起的某物的起点。虽然二者之间有巨大的鸿沟,但从本性上来说,它们都是“这”的现实化成就,“这”是使得一切已获得现实规定性的“被显现者”得以被显现的 X。从高霸的诠释来看,我们可以说詹姆斯确实是在追问作为开端和本源的存在领域,我们稍加联想便可发现一个简要的会通：詹姆斯关于纯粹经验与已经成为“终点”的经验物之间的区分,与早期海德格尔关于存在论差异的学说,有着相同的发问结构。任何已成为“终点”的现成经验物,无权成为开端或者第一原理。

尽管高霸的这一解释颇有几分道理,但我们也要看到詹姆斯理论的独特之处。按詹姆斯的说法,作为纯粹经验的“这”是无规定性的,对它的刻画只能以时间、空间和存在三种样式展开,这种说法表明“这”并不等同于存在,存在是“这”的一种样态;并且,存在与时间、空间乃是一种并列且又交织的关系。这里展现出一种从日常理解来看显得十分怪异的思想,从使得一切得以现实化的经验物得以可能的角度来看,高霸自然地认为纯粹经验与存在乃是一回事。但是从詹姆斯的区分来看,纯粹经验似乎又是一种使“存在”如此存在的原—存在。这使得纯粹经验与存在再度回到了一种种属关系之中。解决这一问题将会十分困难,詹姆斯给出的文本依据过于单薄。对此,本节只能尝试性地做出一些解释。上面已经说到,纯粹经验本是一个“强名”,是一种难以言说但又不得不说,因此只能勉强将其命名的结果。借用佛家哲学中的说法,它是一个假名。其特性恰恰在于不可被命名这一对象化和概念化的行为规定,因此我们也说它的基本性质乃是无规定性。

但是,无规定性并不意味着它是彻底的虚无,詹姆斯也说到,对“这”这一原初“事实”的基本把捉是直接的。这一直接性恰恰是在那些尚未被对象化和概念化的经验之中体现得更为明显：“只有新生的婴儿,或者由于从睡

① ［美］威廉·詹姆士：《彻底的经验主义》,第7页。译文参照原文略有改动,参见 William James, *Essays in Radical Empiricism*, p.13。

梦中猛然醒来,吃了药,得了病,或者挨了打而处于半昏迷状态中的人,才可以被假定为具有一个十足意义的对于这的‘纯经验’,这个这还没有成为任何确定的什么,虽然它已准备成为一切种类的什么;它既充满着一,同时也充满着多,但是各方面都并不显露出来;它彻头彻尾在变化之中,然而却是十分模糊不清,以致它的各方面相互渗透,并且无论是区别点或是同一点都抓不住……它的纯粹性仅仅是一个相对的名词,意味着它所仍然体现着的未言词化的感觉之比例匀称的总和。”①直接性的“这”经验是一种尚未获得任何规定性的混沌状态,但是它并不是异质于存在、时间和空间的超越状态。毋宁说,无规定性的“这”正是以存在、时间和空间这三种基本样态使得那些被显现者逐渐获得其规定,达成其现实性。在《多元的宇宙》中,詹姆斯说道:“太初有行(am Anfang war die Tat);这是首要的事实(fact);我们一切经过概念处理的东西只是次于上述事实的、不适当的二等品,决不与上述事实相等价。”②对“行”、活动的强调是詹姆斯纯粹经验的基本言说方式,它表明了某种最原初的运动和涌现状态,正是这种“动”的特点,我们可以把纯粹经验同某种中立一元的材料区分开来。存在、时间与空间正是从无规定性通向有规定性的、相互交织着的涌现活动。

这种说法完全超出了我们的日常理解。为何已经成为现实的经验之物是通过一种无规定性的 X 获得其规定性?这恰恰是由于我们的日常理解已经被规定性所规定,日常生活总是依赖于某些现实之物,或者说日常生活总是被现实之物所构筑。当我们开始反思现实之物得以可能的诸条件之时,却也很难跳出用一个现实之物来规定另外一个现实之物的圈套,然而这种做法的结果会陷入一种无限回退的怪圈。这一点很有海德格尔的意味,人们总是倾向于注视存在者而非存在,而难以理解一种逃离于规定性的 X。

实际上,詹姆斯对“这”的思考并非在《彻底的经验主义》时期才出现,如果我们还记得上文对詹姆斯时间哲学的分析,就自然会想起詹姆斯关于“似

① ［美］威廉·詹姆士:《彻底的经验主义》,第 50 页。
② ［美］威廉·詹姆斯:《多元的宇宙》,第 145 页。引文参照原文有改动,参见 William James, *A Pluralistic Universe*, Rockville: Arc Manor, 2008, p.108。

是而非的现在”(specious present)的描述。在时间的样态中,把握到现在、当下的体现是不可能之事,但没有现在整个时间流便是不可能的;因此詹姆斯也只能“强名”之为“似是而非的现在”,它也是一种逃离于规定的某种混沌状态,因此只能将其看作是一个“场”。① 我们可以看到,詹姆斯虽然用时间、空间、存在三种样态来刻画“这”,但是,他的很多分析出自于时间的角度。詹姆斯后来又在很多地方用“瞬间场”(instant field)来说明“这”、纯粹经验:“当前的瞬间场在任何时候都就是我叫做‘纯粹’经验的东西。它还仅仅潜在地或在可能性上或者是客体,或者是主体。在当时它是平实无华的未经限定的现实性或存在,是一个简简单单的这。”②在另外的地方,詹姆斯还有一段几乎一样的说明:“当前的瞬间场(instant field)永远是在‘纯粹’状态中的经验,是平实无华的未经限定的现实性,是一个单纯的这,还未分别成为事物和思想,仅仅是可以潜在地归类为客观事实或为某人关于事实的意见。”③除此之外,詹姆斯还论述道:“就让读者现在把他自己停止在读这篇文章的行为上吧。‘现在’这是一个纯粹经验,一个现象,或者材料,一种单纯的这或者事实的内容。‘读’仅仅在,在那里;至于在那里是作为某人的意识,或者作为物理的性质,这个问题还没有被提出来。在当时来说,它还哪一种都不是;以后我们可能会断定它二者都是。”④

“似是而非的现在”和瞬间场有着结构上的一致性,无论前期的“似是而非的现在”抑或后期的“这”、纯粹经验或瞬间场,这些说法都表明了詹姆斯缺乏一种连续一贯的术语来标识这种无规定或无限定的原初领域,因此会给读者造成相当大的误解。但我们只要把握住其哲学的发展脉络,就能较好地刻画出这一几乎不可言说的领域的基本特性。上文中说到,史蒂文斯用时间场的说法来刻画似是而非的现在,而瞬间场同样以场的说法将二者联系了起来。

---

① Richard Stevens, *James and Husserl: The Foundations of Meaning*, pp.60 – 61.
② [美] 威廉·詹姆士:《彻底的经验主义》,第 12 页。
③ [美] 威廉·詹姆士:《彻底的经验主义》,第 39 页。
④ [美] 威廉·詹姆士:《彻底的经验主义》,第 78 页。

我们在上文中就已经说到,詹姆斯在刻画意识及其边缘的时候,就十分看重边缘这一过渡部分,或者说意识中的非实显部分。在意识哲学时期,这个边缘部分虽然是模糊、混沌的,但确实是使得一切实体部分、现实的某物得以被构成、被现实化的原初领域。詹姆斯通过对时间意识的分析,展现出了思想的对象的横向构成过程与意识流的纵向构成与统一性。在后期哲学中,詹姆斯克服了内意识领域的实体化设定,但是对原初构成性领域的切入方式并未产生较大的改变。

从意识对对象的构成活动开始,詹姆斯就不是从一种静态的眼光看待意识的功能和结构。而到了后期哲学中,对经验本身的活动本性的刻画也是重要的一点。活动也可以是用来描述纯粹经验特性的一种方式。纯粹经验是一种无规定性的 X,如果我们把它视为一种固定的某物,那么对它的理解就难逃罗素式的窠臼。但是一旦我们转变思路,将纯粹经验理解为一种发生、涌流的活动,那么就能跳出上述圈套。1904 年 12 月,詹姆斯在“美国心理协会”做主席发言,这次发言“把彻底经验主义用在活动上作为一个例子,来说明什么是彻底经验主义”①。因此,我们也可以说,活动是一个可以说明彻底经验主义哲学的重要路标。詹姆斯把关于活动的问题分为三类:(1) 心理学问题:“我们对活动有知觉吗? 如果有,它们像什么? 我们在何时何地有这样的一些知觉?”(2) 形而上学问题:“有活动这一事实(fact)吗? 如果有,我们用什么观念来构成它? 它像什么? 如果它能做点事情的话,它做的是什么?”(3) 逻辑问题:“我们从哪里知道活动? 仅仅通过我们对它的感觉吗? 或者通过另外的知识来源?”②实际上,这三类问题是一个连续的追问:存在活动吗? 如果存在,我们如何知道它? 它如何运作? 这三个问题无法分开回答,在纯粹经验主义的视域中,三者一体三面。

詹姆斯如此说道:“我们在什么地方看到什么东西在进行着(going on),我们就总认为活动在那里。从最广泛的意义上来说,对某种东西在作用着

① [美] 威廉 · 詹姆士:《彻底的经验主义》,第 84 页。
② [美] 威廉 · 詹姆士:《彻底的经验主义》,第 85 页。译文参照原文略有改动,参见 William James, *Essays in Radical Empiricism*, p.159。

的任何一种领会，就是对活动的一种经验。”①对活动的体验本就意味着活动“存在”，并且也已经说明了活动如何运作。活动本身就是其运作的形式，并且，与其说活动“存在”，不如说“存在”以活动的形式展现其自身。在此基础上，詹姆斯甚至认为活动乃是一种“创造”：“实在的活动（real activity）是实际上使事物存在（be）的那些活动，没有它们，事物就不存在，有了它们事物就存在。”②詹姆斯把活动看作不可否认的原初“事实”：“……单纯的活动是可以断定的，虽然还没有确定的方向，没有活动者，没有目的。”③詹姆斯如此描述活动展现自身的过程：“基本的活动，这种活动含于仅仅是经验的这（that）之中，含于某种东西进行着这一事实之中，然后把这一某种东西进一步划分为两个什么，一个是被感觉为‘我们的’的活动，一个是归附到对象上去的活动。”④

在这里，我们需要做一个说明以防詹姆斯误导性语言可能造成的困惑，同时也是对本节内容的一个简要总结。詹姆斯将原初的活动看作是一切“创造”的源泉，是使得“存在”得以存在的力量。这种说法本身是含糊不清的，它可能会让读者认为这种创造性的活动是一个类似于第一因、第一推动者之类的东西，而当创造完成之后，事物就获得了其自身的规定性，并依其自身的性质运行。实际上，我们只要连续并一贯地考察詹姆斯对纯粹经验的诸多论述，澄清各个概念及其用法的界限，那么对纯粹经验的理解就会清晰起来。根据上面的论述，纯粹经验首先是一个“强名”，它用来说明一种尚未被规定、被现实化的、混沌模糊的状态；詹姆斯也用“这”（this，that）来说明这种状态。“这”是一种逃离被规定的状态，反而可被规定、可被现实化恰恰是由于“这”作为其先天条件。

我们已反复强调，对“这”的忠实描述可发现“这”是一种“活动”、一种

① ［美］威廉·詹姆士：《彻底的经验主义》，第 86 页。译文参照原文有改动，参见 William James, *Essays in Radical Empiricism*, p.161。
② ［美］威廉·詹姆士：《彻底的经验主义》，第 98 页。
③ ［美］威廉·詹姆士：《彻底的经验主义》，第 87 页。
④ ［美］威廉·詹姆士：《彻底的经验主义》，第 91 页。译文参照原文有改动，参见 William James, *Essays in Radical Empiricism*, p.169。

原初的构造能力，詹姆斯说道："'发生变化'是经验之唯一内容，是彻底经验主义极力以求恢复和保存的那些'连接的'对象之一。这样，在最广泛的意义上，活动和'生活'是同义词，即使在注意和宣称一个在别的方式下不活动的世界时，我们至少也感觉到我们自己的主观生活。"①这个说法表明了"这"是一种无所不在的原初构造能力，它避免了我们将"这"理解为某种时间上的初始点，或是形而上学层面的始基，这以时间、空间和存在这三种相互交织、相互规定的样态展现为我们的生活之流。这种说法乍听令人感到匪夷所思，但当我们以东方哲学中的某些观念与其对照时，则可发现一种内在的亲切性。当庄子指明"道在蝼蚁"、"道在屎溺"等的时候，正是说明一种原初的构造使得生活是其所是，而这就是詹姆斯所说的纯粹经验。日常理解的原初领域，通常会被认为是一种完全与日常性分离的、纯净玄妙的东西；但实际上这一原初的构造活动并非与日常生活严格分离开，而是弥漫在日常生活的方方面面，正是"这"持续不断地构造和生成活动，日常世界展现为如此这般的世界。斯普里格（Timothy Sprigge）在评论詹姆斯的经验主义时指出：詹姆斯同意一种超越论的观念论，而不是同意那种绝对观念论的观点——即设定一个最终的容器，把所有的经验都放到这个容器中去的观点。② 正是从这一点上来说，纯粹经验因其作为一切显现得以如此显现的先天条件，我们也可以说这是它的超越论本性。

3. 显现—被显现结构

彻底经验主义的方法并不是把一切显现的事物消解或还原掉，纯粹经验也不是一种分离的、作为一切事物的基底的材料。和现象学还原相似，彻底经验主义的方法并非是缩减了世界和万物，反而是去掉了种种设定和宰

---

① ［美］威廉·詹姆士：《彻底的经验主义》，第 86 页。

② Timothy L. S. Sprigge, "James, Empiricism, and Absolute Idealism", in *A Companion to Pragmatism*, John R. Shook and Joseph Margolis (eds.), Oxford: Blackwell Publishing Ltd, 2006, p.167.

制,使得丰富的世界按其本来所是的关联显现出其被构造的本性。① 因此,当詹姆斯说意识和物质都不存在的时候,②不是将意识和物质、心灵和世界这些日常性的概念打入了虚无的深渊,反而是将这些习以为常的概念放置到它们本来所是的位置上,揭示它们得以如此被显现的本性。彻底经验主义是一种观看世界的方式,通过它看到的世界不再是一个固化的、现成的世界;而是把这个现成的世界得以如此被显现、被构造的条件和关联也一同揭示了出来。正因如此,彻底经验主义的方法旨在刷新我们理解万事万物的方式,而绝不是要去寻找万事万物的背后还有什么。万事万物如何显现,我们就忠实地研究、理解这个"如何"。这样一来,将纯粹经验当作克服人类精神中根深蒂固的二元论倾向的工具,也就显得不那么贴切了,甚至,这样的理解会遮蔽掉纯粹经验及彻底经验主义哲学中颇有魅力的思想。二元论的思想作为人类精神的自然倾向,其表明的是人类在理解世界向我们显现时,对两类基本现象的归类方式,它本来就是理解世界的一种模式。詹姆斯反感的是将它们实体化,要么认为一种实体更为基础,将所有的现象都归附、还原到这种基础的实体上面;要么将二者视为不可相互还原的实体,并努力为二者寻找沟通的方法。必须要反复强调的是,彻底经验主义不是要"解决"二元论的问题,而是要扭转看待这些问题的方式,追问这种区分是如何造成的,以及它是在何种条件下发生。这很有点维特根斯坦的意味,维特根斯坦说,哲学问题不是被解决了,而是被消解了。哲学问题不同于一般的科学问题或日常问题,詹姆斯对心理学的反思很好地体现了这一点。作为自然科学的心理学将自身建立在某些基础性的信念之上,这些信念成为了心理学研究的支撑性前提,比如心理学家显然不需操心心身关系这样的问题,而只需致力于研究大脑及神经活动。而哲学家的工作不是去收集心理学家们得到的经验事实,来反证自己心身理论的正确性,而是要考察这些基础性信念本身,对这种问题则不是通过"解答"、"解决"的方式,而是提出可以替

① 见[美]赫伯特·施皮尔伯格:《现象学运动》,第890—892页。

② [美]威廉·詹姆士:《彻底的经验主义》,第124页。威尔德也在某些地方将心灵和物质看作两种逻辑上的预设,参见 John Wild, *The Radical Empiricism of William James*, p.91。

换掉或消解掉这些信念的新信念。因而彻底经验主义不是提供答案的哲学,而只是提供转变我们看待问题的方式。

这种追问把我们引向了詹姆斯对纯粹经验特性的进一步描述与刻画。上面我们已经知道,精神—物质、心灵—世界之类的对立是经由一种历史中生成的设定模式而产生的。按照一种笛卡尔式的设定模式,能思而无广延者被规定为心灵,有广延而不思者则被规定为物质。从其获得规定的根源来看,二者从"出生"起就被设定为互不还原的,因此想在这个基础上寻找资源解决二元论的难题必是缘木求鱼。詹姆斯对笛卡尔的设定表示过质疑:"……我们说广延性是不能归到我们的思维上来的,这可能有什么意义呢?每一个有广延的物体的适当的心理图画都必须具有物体本身的全部广延。客观的广延和主观的广延之间的区别只是对一个结构的关系的不同,在心里,各种各样的有广延的东西彼此之间并不保持着必然的硬性秩序,而在物理世界里,它们固定地互相限制着……这两个世界之不同,不在于有或没有广延,而在于在两个世界里都存在的各种广延的各种关系。"①这种说法当然和日常的观点冲突,但是詹姆斯举这个例子意在说明,从彻底经验主义的方法来看,广延乃是一切被显现者之间的关系,而不必然构成心灵与世界之间的决然对立的绝对规定性。

詹姆斯通过彻底经验主义的方法排除了种种设定的有效性,并不先入为主地预设任何解释经验发生的理论、学说,在其意识哲学时期,已从我思——思之对象的角度分析了意识体验的结构;但正如我们上文中——尤其在与胡塞尔现象学的对照下——已经表明,意识哲学时期的詹姆斯仍旧保留了"心灵栖居于世界之中"②这一隐藏的设定。但是,为了要达到最为彻底的经验主义,这种设定也要被排除掉,为此詹姆斯走向了纯粹经验的学说。上面我们已经从基本的方面刻画了纯粹经验的特性,但有一个问题始终存在:一切被显现者总是向着主体的显现,即便是在普遍完成了的彻底经

① ［美］威廉・詹姆士:《彻底的经验主义》,第16—17页。
② 这个说法源自威尔德。参见 John Wild, *The Radical Empiricism of William James*, p.5。

验主义的"看"之下，这种成对关系仍然构成一种必然的联结，①尽管这个阶段中，那种"心灵居于世界之中"的隐藏预设已经无效了。这里我们必须再次引用詹姆斯的《意识的概念》中那句简短而又含糊的话："……主体的生活（la vie subjective）不仅是一个对客观世界之显现（apparaisse）这件事的逻辑上的不可缺少的条件，而且也是我们直接体验到的经验本身的一个元素……"②这种说法的含糊性在于，"主体的生活"似乎再次与"客观世界"构成了一种精神与物质、心灵与世界之间的二元对立。不过，在这里我们需要注意到的一点是，詹姆斯的说法表明了一个与二元论的明确区别，即主体是客观世界显现的条件，显现活动实质上是朝向主体的显现。威尔谢指出，纯粹经验意味着知觉者、知觉和被知觉的统一。③ 詹姆斯的说法与胡塞尔的思想不谋而合，胡塞尔如此说道："……所有的客观之物都不是先行于主体的绝对之物，仿佛主体只是在绝对之物之旁或之间而已，反之，客观之物之所以存在只是因为它是意向性的规则，而此规则又无非是属于具体的主体性之性质。"④我们甚至可以说，纯粹经验已然隐隐地指向了一个纯粹主体性的领域。

我们已经通过彻底经验主义的方法转换了研究问题的视角，我们会发现，上面的诠释暴露了詹姆斯某些表面上的不一致。我们在刻画纯粹经验的特性时，已经说明纯粹经验是某种使得主体和客体的区分得以可能的原初活动、一种最原始的涌流。这种说法始终会给人一种表面化的印象：纯粹经验是一种比主体和客体更为基础的X。但是，我们随即引用詹姆斯的原文表明，任何被显现之物都以主体的生活为其逻辑上的条件。这两种说法构成了表面上的冲突，为了不使下文的论述给读者造成更多的困惑，我们有必

---

① 威尔谢提示：詹姆斯在论述纯粹经验时，已着手去把体验的诸模式和被体验的诸模式联系起来了，"正如在现象学中，存在的诸模式与体验模式——世界显现的模式联系在一起"（Bruce Wilshire, *James and Phenomenology*, p.171）。

② ［美］威廉·詹姆士：《彻底的经验主义》，第113页。原文为法文，译文将 la vie subjective 翻译成"精神生活"，但实际上译为"主体的生活"更为贴切。

③ Bruce Wilshire, *James and Phenomenology*, p.170.

④ ［德］埃德蒙德·胡塞尔：《现象学的心理学》，第561页。

要在此对这一问题作进一步的澄清,以便下文的论述可以顺利开展。实际上,我们并无必要在两种说明之间做非此即彼的选择,而且,恰恰是后面的说法——主体要为显现者的显现负责——还能防止我们倒向那种罗素式的观点,即把纯粹经验看作一种主体和客体奠基于其上的基质。詹姆斯在这里的说法恰恰表明了,即便纯粹经验是一种原初的涌流、活动,但是我们脱离了主体就不可能对其有任何描述。能领悟到纯粹经验活动的,恰恰是主体。有了这一必要的解释,我们可以继续深入詹姆斯对彻底经验主义哲学的阐发了。

在用彻底的经验主义刻画日常世界时,詹姆斯举了这样一个例子:"油彩在一个油彩店里的一个罐子里,和其他油彩一起,纯粹就作为可售的物质之用。把它涂在一块画布上,周围涂上别的油彩,那么相反,它在画面上就表现出一个相貌,行使着一个精神职能。同样,我认为一部份既定的、未分的经验……却扮演一个所知的物的角色,一个客观的'内容'的角色。总之,它在这一组里表现为思想,在那一组里又表现为事物。"①结合第二节中的内容,我们可以说纯粹经验使得一切显现得以可能,但是显现者总是意味着它是朝向"主体的生活"显现。詹姆斯说道:"经验作为是'主观的'时候,我们说它'表现';作为是'客观的'时候,我们说它被表现。"②

表现者和被表现者,这里在数目上是同一个;但是我们一定要记住:在经验本身(*per se*)中并没有什么表现和被表现的二元性。③ 在詹姆斯看来,主观和客观根本就不存在决然的分离,更不要说它们是两种自成一类的实体;它们最终都是纯粹经验这一原初活动的成就,只是因为组合方式、联结模式的不同,依据不同的职能被划分进主观—客观的范畴。按米兰达·肖的说法,在詹姆斯那里,主观方面和客观方面乃是一种相互依赖和相互构成

① [美]威廉·詹姆士:《彻底的经验主义》,第5页。
② [美]威廉·詹姆士:《彻底的经验主义》,第12页。
③ [美]威廉·詹姆士:《彻底的经验主义》,第12页。译文参照原文略有改动,参见 William James, *Essays in Radical Empiricism*, p.23。在此我们可以看到詹姆斯思想内在的犹豫,当他努力克服掉把纯粹经验分为两种实体的时候,又为把纯粹经验看作一种实体的观点留了后门。

的关系。[①] 如果我们还记得第二章所阐发的、意识活动和思想的对象成对出现的必然联结关系，我们就能发现詹姆斯思想的连续性，我们同样可以说在彻底经验主义哲学的时期，这种成对联结的结构同样有效，即便我们已经把视角从意识活动转向一个更宽广的原初构造领域。

我们需要注意的是，即便被划分为主观—客观的对子，但显现（表现）—被显现（被表现）的关系却贯彻在每一个职能之中。这一点我们可从詹姆斯的另外一个例子中发现。詹姆斯仍旧举了一个日常的例子：当我们观看一个房间的时候，我们自然会把这个房间做一个双重的表述，一方面它是“实在的东西”，另一方面它又是“我们的内在思想之流”之中的“心理的影像”，这样一来：“它扮演两个不同的角色，它既是 Gedanke，又是 Gedachtes，既是对象之思（thought-of-an-object），又是思之对象（object-thought-of），它是同一的……”[②]詹姆斯此处略有些怪异的说法似乎只是说明了一个房间同时作为主观的思想和客观的实在之间的双重性。除此之外，詹姆斯还有一个关于“笔”的分析，我们最好也将其全文引用如下，以展示其思想的特征：“比如这支‘笔’在最初仅仅是一个这，一个材料、事实、现象、内容……我在那篇文章[③]里把它叫作‘纯粹经验’。为了无论是被算作一支物理的笔或者是算作某一个人的一支笔的知觉，它必须承担一种职能，而这只能发生在一个更为复杂的世界里。就其在那个世界里是一个稳定的状态，蘸着墨水，在纸上写字，而且听从一只手的指挥来说，它就是一支物理的笔……相反，就其是不稳定的，随着我的眼睛的运动而来来去去，随着我称之为我的幻想的东西而变更，随着它的‘曾经存在过’的后续经验而连续，它就是在我心中的一支笔的知觉。”[④]

---

① Miranda Shaw, “William James and Yogācāra Philosophy: A Comparative Inquiry”, p.229, p.233.

② ［美］威廉·詹姆士：《彻底的经验主义》，第 11—12 页。译文参照原文有改动，参见 William James, *Essays in Radical Empiricism*, p.22。对 Gedanke—Gedachtes 的言说亦可见［美］威廉·詹姆士：《多元的宇宙》，第 21 页。

③ 译者注，指《一个纯粹经验的世界》，见［美］威廉·詹姆士：《彻底的经验主义》，第 21—48 页。

④ ［美］威廉·詹姆士：《彻底的经验主义》，第 66 页。

詹姆斯的这两个例子会给人很大的困惑,并且会给人一种印象:这不过是心理影像描摹实在世界在詹姆斯这里的老生常谈,并无任何新颖之处。这是因为詹姆斯没有更新一种能够从彻底经验主义的角度上谈论事物的语言系统,它继续使用知觉、心理状态、物理世界等概念,使得这些概念所依赖的那种二元论信念系统仍旧隐隐地支配着人们的思想。但我们已经无数次地强调,像心理、物理这样的概念在彻底经验主义的观照之下,已经不再设定它们所依赖的那种基础性信念,而只是表达某种功能或者用法。对詹姆斯来说它们指的是 Gedanke—Gedachtes 或者说显现活动与被显现者之间的关系。

在此,我们可以大胆地推进他的思想,将其深入到更深的领域。让我们把目光停留在房间的例子中,按詹姆斯的观点,我们可以分别地考察在主观一侧的房间和在客观一侧的房间分别有什么样的结构。按照 Gedanke—Gedachtes 的结构,即便是一个被我们归类到客观范畴中去的、作为"实在的东西"的房间,我们不会单纯地只把它看作是某种与"主体的生活"毫无关联的"外在"之物,于是,面对着这个被显现、被表现的对象,我们也能合理地知道它依赖朝向房间的思—被思的房间这个结构。同样,当这个我们把目光转移到关于房间的主观范畴的一侧,即所谓的、按照日常说法被规定为主观的心理图像的房间中,我们同样也会发现 Gedanke—Gedachtes 的结构;也就是说即便房间被放到了主观的心理图像这一范畴之中,我们也会发现某物向我们显现了,它也是按照显现活动—被显现者这一联结的结构得到理解,至此,我们可以用一个简单的图表来说明纯粹经验的结构分析:

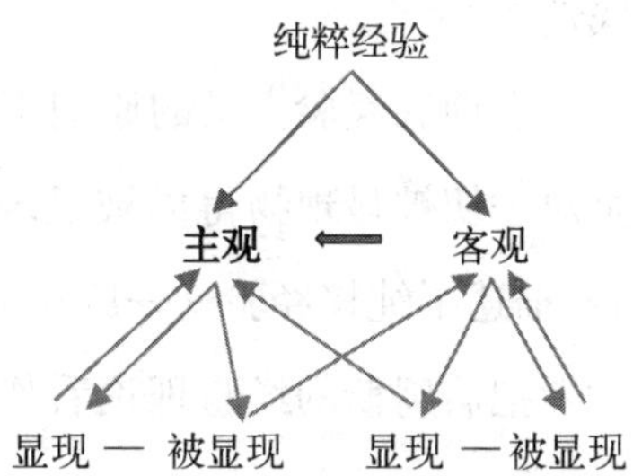

综上,我们较为全面地刻画了纯粹经验运作的结构。纯粹经验作为一切构造的根源性活动,成就了日常意义上的主观领域和客观领域。然而,即便二者都是纯粹经验的成就,但是我们不能不从客观世界向主观生活显现这一角度出发继续深入研究主观生活和客观世界各自内部的情况。继而,

在每一个领域中我们都能发现显现—被显现、表现—被表现、Gedanke—Gedachtes 的先天必然联结。最终,詹姆斯发现一切显现活动和被显现之物都"统一"于纯粹经验之中,但是,这种统一决不意味着要超越现象去寻找某种绝对之物,因此他也把自己的哲学称为一种比较零碎和细致的"同一哲学(Identitätsphilosophie)"。① 这里我们也能看到詹姆斯从事哲学的一个特征,一方面他似乎总是从具体的、现成的现象出发分析这些现象的构成,看上去总是在零敲细打。但同一的意思在于,詹姆斯虽然不设定某些超出现象的实体或本原来统摄一切现象,但是他通过对现象的分析,从千差万别的现象之中都发现了同一的结构。当然,这种结构并不是某种与现象分离的实体,我们已经反复强调,这种"结构"是使得现象成为如此这般的现象的构造性活动。正是从这一点上看,詹姆斯把自己的哲学称为"同一哲学"。

到这里,我们可以一目了然地发现彻底经验主义哲学与意识哲学的关联。我们在第二章中借助胡塞尔现象学的部分概念重构了詹姆斯的意向性学说,在那个时期,詹姆斯已然意识到意识活动与思想对象之间的意向关联结构。但是正如我们在上文中反复强调的,詹姆斯在那个时期仍旧无法摆脱意识与外在世界实体化的朴素设定,直到彻底经验主义的时期,詹姆斯才通过刻画主观领域和客观领域被构造的本性,克服了意识哲学时期的不彻底性。

在彻底经验主义的原则下,意识活动与思想的对象之间的关联被扩展至对一切被显现物得以被显现的结构之分析中。从而,我们得到了上述图表,描述了纯粹经验这一原初涌流活动的发生结构。需要补充的一点是,有学者把詹姆斯的经验理论看作是实用主义哲学的重要一环,它表明了那种

① [美]威廉·詹姆士:《彻底的经验主义》,第 72 页、第 107 页、第 109 页。威尔谢把这个说法看作是"观念论者们把主体和客体、思想与思想的对象认作同一的教义"(Bruce Wilshire, *James and Phenomenology*, p.14)。威尔谢在另外一篇文章中指出,詹姆斯"同一哲学"的说法深受谢林和黑格尔的影响,并随之影响了他后期的思想。参见 Bruce Wilshire, "The Breathtaking Intimacy of the Material World: William James's Last Thoughts", in *The Cambridge Companion to William James*, Ruth Anna Putnam (ed.), New York: Cambridge University Press, 1997, pp.103-204。

前反思的、活的经验，这种不同于英国经验主义的经验类型是一切知识起源的领域；但是从本书的角度来看，我们必须要拒斥掉对纯粹经验做实用主义诠释时的自然主义倾向。① 这里展现出两种“经验主义”之间的根本差异：“德国式的经验和英国式的经验的最大不同，就在于它不把经验看作纯粹被接受的感觉；经验不是人和动物共有的生物现象，而是一种渗透了精神、带有意向特征的被动与主动合而为一的东西。它更多地具有德国现象学的特征，而不是英国经验论的特征。”②

4. 例外的经验状态

上文已经提到，除去意识流理论之外，詹姆斯有另外一条通往无意识的道路，即通过非常态(abnormal)或例外的心理状态回溯其无意识的起源。和弗洛伊德一样，詹姆斯也十分看重那些通常被人们忽视掉的心理状态，如各种各样的神经症以及只能被个人偶尔把捉到的私人状态。詹姆斯认为：在一般的研究活动中，上述非常态或例外的心理状态被排斥在“正常”的范围之外乃是理论修剪的结果，而只要我们“悬搁”掉那些先行给予我们的理论框架，忠于经验中朝向我们显现的事物，我们就会发现那些例外状态是实际“在那儿”的现象，时刻充斥在人类的生存历史当中。③ 正因如此，詹姆斯十分重视对这些状态的探索，他认为这是通往理解人类本性的重要通道。④ 如上文所引证的那样，詹姆斯对非常态心理状态的探索来源于皮埃尔·让内的诸多临床观察。在那些临床的病例中，被观察者会出现各种不被主意识所觉察到的“拟”意识活动(如自动书写)，詹姆斯将其称为潜意识。对让内研究的引用仍没有揭示出詹姆斯对无意识的独特看法，不过在另外的一些著作中，詹姆斯明确地刻画了潜意识的特征，他指出在通常的意识之外“还

---

① Sandra B. Rosenthal, Patrick L. Bourgeois, *Pragmatism and Phenomenology: A Philosophic Encounter*, pp.27 – 30.

② 陈亚军：《超越经验主义与理性主义》，第 99 页。

③ William James, “The Hidden Self”, p.362.

④ William James, “The Hidden Self”, p.373.

有另外一套记忆、思想和感受，游离于边缘的外围，完全在主体意识（the primary consciousness）的范围外，但又必须划归某种意识事实，能够凭借不容置疑的符号展示它们的存在。我称其为‘最重要的发现’……它向我们揭示了人性构造的一个特点，完全出人意料。其他的心理学发现，没有哪个配得上这种资格”①。这些潜意识作为深层的无意识，无法直接进入到意识中，只有在某些机缘下能够“刺破”边缘的外壳进入到边缘之中。② 可见，潜意识对边缘来说是超越的，是一种比边缘更为深层的无意识。这里可以看出，詹姆斯的无意识已经超出了弗洛伊德的范围，在弗洛伊德那里，前意识和无意识是同一种东西；而在詹姆斯这里，相当于前意识的边缘与作为深层无意识的潜意识有着明显的界限，二者具有不同性质。

但是，在这里必须强调的是，詹姆斯对潜意识的描述有着内在张力，我们必须对其进行重构才能避免矛盾。这种张力来源于詹姆斯对无意识的“拟”意识化的表述，当他说到存在“次级人格”或“次级意识”时，他仍旧不自觉地用讨论意识的方式来设想那些未被意识察觉到的状态。这种“拟”意识化的表述会给人存在多个并列的“意识”状态的印象，而非是意识—边缘（前意识）—潜意识的层级结构。实际上，弗洛伊德明确拒绝了“并存意识”（co-conscious）的说法，因为这种说法会造成严重的误解。③ 这种误解正如迈尔斯所指出的：詹姆斯在多重人格案例中认为有某些虽然不被察觉，但仍旧是按照意识机制运作的次级意识；然而这种看法在弗洛伊德那里完全是荒谬的，弗洛伊德质疑：如果被压抑的无意识内容是按照意识机制运作的话，就会得出存在着“无意识的意识”（unconscious consciousness）这样荒诞的结论。④

结合詹姆斯自身对无意识—边缘（前意识）—意识结构的论述，我们必须放弃掉对无意识的“拟”意识化表述。首先，我们完全不能宣称无意识状

① ［美］威廉·詹姆斯，《宗教经验种种》，尚新建译，北京：华夏出版社，2012 年，第 173 页。
② ［美］威廉·詹姆斯，《宗教经验种种》，第 178 页。
③ ［奥］弗洛伊德：《精神分析引论》，第 234 页。
④ Gerald E. Myers，“James and Freud”，pp.594－595.

态同样是按意识机制在运作的,因为它完全超越了我们当下所具有的意识结构;其次,由于詹姆斯宣称无意识永远只能进入到意识的边缘之中,这种进入虽然不能直接被意识把握,但却能牵引意识;①那么我们可以合理推论:无意识可以进入到边缘(前意识),但由于它在边缘之中就成为意识中的清晰内容,因为无意识在意识中显现就被意识化而丧失了无意识的性质,于是无意识在边缘之中只会让意识体验到一个"在那儿","在那儿"会牵引意识产生某些行为,这些行为看似是无意识的,但它们毕竟在意识之中,但我们完全不能说这些意识行为就是无意识行为,而只能说它们是对无意识的指示或标记,它牵引着视域,但当意识受到牵引并试图将目光转向它时,它从边缘中逃离了。正是由于这样一种特性,我们可以说无意识是纯趋势,是对意识的纯牵引。

让我们把目光再次投向弗洛伊德的无意识系统。如上文中所引证的,弗洛伊德认为无意识是"心理王国中的原始居民",也就是本能。对他而言,无意识的内容是确定的,具有实质性的内容。只不过由于本能对于意识系统而言是完全异质性的,因而它不可能以意识的形式表现出来,而必须要经过变形、转换等程序,成为可被意识把握到的内容。而詹姆斯的无意识领域则没有这般实质性的内容,如同我们在上面论证到的那样,詹姆斯的无意识是一种纯趋势,是完全形式化的。这一点可被看作是二人之间的重大区别。最后,我们还能发现二者的一个相同点,即无意识系统与意识系统之间需要前意识/边缘作为中介。由于无意识系统和意识系统的异质性,不通过转化或变形,二者之间绝无沟通的可能,而前意识系统就构成了这样一个场所,在其中,无意识中的冲动可被转化为某种可被意识把握到的形式。弗洛伊德如此说道:"在无意识系统刚刚出现的时候,前意识系统就将之覆盖了,只有前意识才能使之进入意识并发生运动。"②这一点对詹姆斯同样适用,由于无意识直接进入到意识之中,边缘同样有这样一种中介和过渡的功能。只

① ［美］威廉·詹姆斯,《宗教经验种种》,第 274 页。
② ［奥］西格蒙德·弗洛伊德,《性学三论与爱情心理学》,第 201 页。

有这样才能保证无意识与意识之间的连续性，从而解决与意识完全异质的无意识与意识之间的过渡和连接问题。

无意识理论对理解詹姆斯的宗教理论非常重要，在詹姆斯那里，无意识是理解宗教现象的首要依据。① 詹姆斯宗教哲学的明显特点在于他直接从个体的宗教经验出发，理解宗教感、神秘体验发生的结构。② 在他的宗教研究中，个体的神秘体验构成了理解宗教经验的核心："个人的宗教经验，其根源和中心，在于神秘的意识状态。"③因此，我们可以说，在詹姆斯那里无意识状态和神秘体验具有紧密的关联。

实际上，它们都标识了一类和人类的日常经验完全不同的独特经验。说它是经验，乃是因为它们和日常经验一样，以一种显现—被显现的模式体现在主体面前。说它神秘，则是因为它和日常经验相比，有着明显不同的标记。在詹姆斯看来，神秘体验有四个区别于日常经验的标志：① 不可言说性（Ineffability），它是一种不能传达给其他人的体验；② 可知性（Noetic Quality），但它对体验者来说又是确实无疑的，并且有一种权威感；詹姆斯把上述两点看作是神秘体验最为鲜明的特征，除此之外还有以下两种不算明显但通常也能被发现的特性：③ 暂时性（Transiency），神秘体验持续得很短，并且很难完整被追忆，但再度来临时能被体验者辨认；④ 被动性（Passivity），神秘体验是"降临"的，在主体的意志之外，是对主体内心生活的中断。④ 正因为这些特征，我们把神秘体验称为一种陌异性经验，接下来我们按照詹姆斯给出的四个路标，结合其意识流学说和纯粹经验理论，一探其究竟。⑤

上文中我们已经说到，詹姆斯把神秘体验的来源放置到了无意识的领

---

① ［美］威廉·詹姆斯：《宗教经验种种》，第 54 页。

② 对于这个问题的研究，可参见拙文：《论威廉·詹姆斯的宗教经验现象学》，《世界宗教文化》，2019 年第 4 期。本书第五章第一节收入了此文。

③ ［美］威廉·詹姆斯：《宗教经验种种》，第 274 页。

④ ［美］威廉·詹姆斯：《宗教经验种种》，第 275—276 页。

⑤ 威尔谢指出，对宗教经验的深入本就是彻底经验主义的要求，"他（詹姆斯——引者注）必须要挖到自己原初体验的深层土壤中去"，而这和谢林的操作相似。参见 Bruce Wilshire, "The Breathtaking Intimacy of the Material World: William James's Last Thoughts", pp.110 - 111。

域——一个游离在通常的意识场结构之外的神秘之域。① 日常的意识体验活动依据意识活动—思想的对象此一意向结构开展，从彻底经验主义学说的角度看，它是经由纯粹经验的原初构造活动，而后朝向主体显现的过程。但是，无意识理论的发现指明神秘经验完全不能被这种构造活动统摄。无意识超脱于意识场的活动，或者说，神秘体验逃离于纯粹经验的构造活动。正是从这个角度看，我们可以理解神秘体验的被动性，因为它不是构造的结果，反而是意识场构造活动突然被插入的结果。由于这种突然性，它牵引了意识活动的注意方向，从意识活动的时间性角度来看，它并没有在预期中被意向地朝向；因此它的突然到来完全无法被通常的意识活动所把握，导致了它只能封闭在个人体验的范围内，无法用言语表达。但是，一旦这种从无意识领域刺破进意识边缘的活动吸引到意识的朝向，那么它就会被意识活动时间化，这就意味着它不得不成为意识中的某种显现，但这种显现早已不是神秘体验了，因此神秘体验是暂时性乃至是瞬时性的，它只在“刺破”意识的边缘时“出现”，一旦吸引到意识活动的目光以后，它就被意识活动所框定、捕捉住了，于是它就不得不按照意识活动的构造方式被显现，成为经验中的某种事物。

这种理论可以有效地说明为何人类的宗教会分化为种种不同的样态，并且可以很好地解释为何每个具体、现实化的宗教作为一个族群、共同体的信仰会具有如此大的连续性。这是因为神秘体验只要被意识构造活动所统摄，它就不得不以意识活动回顾——当下——预期的结构展开。而一旦进入到这个结构中，神秘体验就会迅速被回顾——这一携带着全部生活历史、积习、传统——这一时间相位所推动，并冲向那预期已经预留好的轨道中去。这一点十分好理解，比如一个北美的基督徒，从小就生活在基督教的环境和氛围之中，当神秘体验来临之时，她/他的意识活动会迅速将其纳入到基督教的解释中去，而很难去寻找其他的理论资源（除非她/他的生活历史

① 实际上，在詹姆斯那里神秘之域不仅仅限定在宗教经验的领域，在他的一些论述中，似乎也可把审美体验、爱情体验都看作是神秘体验。见［美］威廉·詹姆斯：《宗教经验种种》，第275页。

中渗透着其他的宗教和理论传统)。我们就此看到,神秘体验会被具体化为完全不同的现实宗教,而一个地区、族群、共同体的宗教信仰有着相当的稳定性。

在此,我们刻画了一些非常态的、或者说例外状态下的经验样态,这些状态在詹姆斯那里同样占有极为重要的地位。它们构成了另外一种意义给予的方式,正如布里克林的评论：在詹姆斯那里,在"意识意向性"之外还有一个更深的意义领域存在,而这正是弗洛伊德通过自由联想法试图发掘的领域。① 不过我们要注意的是,无论那个领域是如何深不可测,但它的存在最终是通过对经验的分析达到的,我们也只能够通过现象向主体的显现出发去探寻那个领域。而这正是符合詹姆斯所说的彻底经验主义的要求。詹姆斯使自己的哲学成为彻底的经验主义,要求我们不要把任何在意识体验中所出现的现象分成三六九等,而尊重现象本身。实际上,詹姆斯本人大概不会同意把那些"非常态"、"例外"的状态看作是不正常或是贬义的;所谓非常态或例外不过是少见或特殊而已,而哲学家并不能只以常见或不常见来规定自己的研究,尤其是以彻底的经验主义为主要目标的詹姆斯,更不能厚此薄彼,而必须时刻忠于被给予的现象。

5. 本章小结

至此,我们刻画了詹姆斯关于纯粹经验的学说。本章承接上一章的内容,从詹姆斯的意识哲学过渡到了他以彻底经验主义命名的后期哲学。按照传统的解释模式,这种过渡的动机来源于詹姆斯想克服传统哲学中形形色色的二元论思想。当然,这种解读没有任何问题,也有詹姆斯本人的文本作为佐证。本书力图论证的是,除去克服二元论的动机,詹姆斯自己对彻底经验主义的要求同样构成了从意识哲学过渡到彻底经验主义哲学的方法论

① Jonathan Bricklin, *The Illusion of Will, Self, and Time William James's Reluctant Guide to Enlightenment*, p.17.

和最为隐秘的愿望。

正是从彻底经验主义的线索出发，我们发现种种把纯粹经验学说理解为形形色色的中立材料、超越种种二元对峙的始基、最根本的基础等的学说都是不彻底的，它们不过是用一种设定取代了原有的设定。同样，如果仅仅把纯粹经验的学说理解为一种中立一元论，那么意识流学说自身的突破性意义及其与后期彻底经验主义的紧密关联亦不能被充分地揭示出来。正是在与胡塞尔现象学的对勘下，我们发现彻底经验主义的方法历经了两个阶段：一次不甚彻底的“彻底经验主义”操作到达了意识哲学的领域，而这个领域接近胡塞尔所说的——经由现象学心理学还原后的——现象学心理学阶段，在这个阶段“心灵栖居于世界”之中的基本信念并未受到根本性的动摇。直到后期彻底经验主义时期，才达到了类似于胡塞尔所说的超越论的现象学还原后的领域。在詹姆斯这里，就是“一个纯粹经验的世界”。

正是在上述的方法论的观照下，纯粹经验克服了实体化的倾向，而被视为一种原初的构造性活动。需要注意的是，这种说法不意味着纯粹经验是某个绝对时空点上的生成性力量；而是说，纯粹经验是一起朝向主体的显现者得以如此这般显现的本源涌流。正是从这一点来看，本书可以和一些诠释者同样说到，詹姆斯的纯粹经验学说具有一种超越论哲学的特性。正是在上述思路的指引下，我们看到纯粹经验构成一种显现活动—被显现者的必然联结。而这与詹姆斯意识哲学时期思想的边缘—思想的对象乃是前后对称、一脉相承的。

最后我们讨论了詹姆斯对例外的经验类型的关注，詹姆斯通过对无意识现象的研究直接通往了关于神秘体验的学说。实际上，对这些例外的经验类型的关注也是贯彻彻底的经验主义方法而得以通达的。在这个领域，詹姆斯发现了这些经验类型处于纯粹经验/意识活动构造能力及其界限的交汇处。神秘体验之神秘之处正在于其“越界”的性质，它牵引了意识活动的朝向，但任何被意识活动统摄的内容则成为了意识活动的一部分，这使得它总是游离于纯粹经验/意识活动的边缘，成为名副其实的神秘体验。我们之所以要在最后的部分论述詹姆斯对越界经验的关注，是因为这一部分内容体现了詹姆斯彻底经验主义哲学的另一特色，即它的非封闭特征。詹姆斯在评述黑格尔哲学时，曾举过一些有趣的例子："如果你说'不决定'，你正是决定了'不决定'。如果你说'不过是发生了意料之外的事'，这个意料之外的事却成为你意料之中的事。如果你说'一切事物都是相对的'，这一切事物本身对于什么是相对的呢？如果你说'尽在于此'，这就意味着一个不止于此的范围，你已经说得不止于此了；**知道一个界限本身，因此就已经超过了这个界限……**"①这是一个十分有意思的说法，界限本身不设置界限，设置界限的力量在界限之外。这段话恰恰可以用在詹姆斯自己的理论上面，当我们将纯粹经验视为一切构造的源泉时，同时也就表明了纯粹经验的溢出。这种溢出标识了一个神秘之域，一个不知其时不知其处，突然显现又迅速抽身的"体验"。它表明了日常生活的破裂之处，永远牵引着人好奇的目光。

---

① ［美］威廉·詹姆斯：《多元的宇宙》，第54页。黑体为引者所加。

第四章

彻底经验主义与自我—世界类型学

上文中我们按照彻底经验主义的方法梳理了詹姆斯哲学内在发展的线索,并按这条线索重构了詹姆斯的基本哲学思想。接下来的一章我们将按照上文中已经得出的成果,深入辨析詹姆斯哲学中对自我以及人格的追问。读者可能会发问,为什么要研究自我与人格理论,它和彻底经验主义有什么关系呢?选择自我与人格进行论述的缘由是多方面的,首先一点,意识流被理解为人格化的意识流是詹姆斯开展其意识哲学的基本设定,这一点我们也在上一章的第一节中有过提示。属我的、人格化的意识流意味着个体的我在世间过一种日常生活的基本设定,这体现了早期意识哲学认可世间生活的不彻底性。然而不彻底性并不是不重要,恰恰这种世间生活就是我们的日常生活,我们可以通过自然理解通达它。于是,对这世间中的自我的研究自然是深化对詹姆斯意识哲学研究的重要途径。尔后在纯粹经验时期,由于詹姆斯要达到最为彻底的经验主义,世间生活本身需要得到检视,世间中的我、人格的生成问题就凸显了出来。这种转变和深化对理解詹姆斯的哲学有着重要的意义。正如乐瑞(David Leary)指出的:自我问题是贯穿詹姆斯全部思想生涯的基础性问题;①从本书的角度来说,它恰恰构成了理解什么是彻底经验主义的契机,再次,自我与人格的问题又指向詹姆斯后期关于多元世界观的理论。因此,研究自我问题是理解詹姆斯彻底经验主义哲学的重要视角。

---

① David E. Leary, "William James on the Self and Personality: Clearing the Ground for Subsequent Theorists, Researchers, and Practitioners", in *Reflections on The Principles of Psychology: William James after a Century*, William James, Michael G. Johnson, and Tracy B. Henley(eds.), Hillsdale, NJ: L. Erlbaum Associates, 1990, p.101.

很显然，自我和人格等概念和其他的宏大哲学概念一样，也构成了哲学争论的焦点。它们不仅是严肃的哲学问题，在日常语言和日常生活中也占有大量的位置。我们每个人每天都要说无数次“我”，也经常说一个人“失去了自我”，也会指责人“丢失了人格”……这些概念构成了日常生活和日常语言的基础性语词，我们完全不能想象没有这些词汇我们会如何生活，如何与自己身处于其中的世界打交道。它们经常相互交织在一起，有时同一个概念会有不同的意义；而另外的时候几个概念又是相同的用法。而在英语中 I、me、ego、id、self 等词都会指向自我概念，使得这个问题更加错综复杂。因此接下来的内容将会是十分困难的一章，这种困难一方面来源于詹姆斯自我和人格理论的多样性和歧义性；另外一方面则来源于这一话题本身的难度。因此，本章的研究策略也是双重的：一方面，按照乐瑞所提示的那样，要从贯穿性的视角来看待詹姆斯的自我问题，于是本章不将目光局限于詹姆斯在《心理学原理》第十章中的相关论述，而是要在彻底经验主义的观照之下，努力地将詹姆斯的诸多主张联系为一个较为完整的图景；另一方面，鉴于自我问题深嵌在日常生活和日常语言之中，维特根斯坦曾经说过：“我们有一种幻觉，好像我们的探索中特殊的、深刻的、对我们而言具有本质性的东西，在于试图抓住语言的无可与之相比的本质。那些就是句子、语词、推理、真理、经验等概念之间的秩序。这种秩序是——可以说——超级概念之间的超级秩序。其实，只要‘语言’、‘经验’、‘世界’这些词有用处，它们的用处一定像‘桌子’、‘灯’、‘门’这些词一样卑微。”[①]这个提示的重要性在于，像自我、人格这样的“超级”哲学概念同样根植于日常语言的“卑微”用法之中；因此本章也将详细考察这些概念的用法，力图将其多面性和多层次性都展现出来。

1. 自我、人格概念在詹姆斯那里的多重涵义

在詹姆斯那里，自我与人格（人格性）概念并不能分开来考察。如果我

① ［英］路德维希·维特根斯坦：《哲学研究》，陈嘉映译，上海：上海人民出版社，2005 年，第 51—52 页。

们还记得本书第二章的相关论述,我们就会记得自我问题在詹姆斯哲学中的萌芽。在论及意识流的特性的时候,我们就援引詹姆斯自己对意识流特性的描述,指明了意识流总是某种属我的、人格化的意识流。从这个角度来看,我们可以说在詹姆斯那里自我和人格有着一种起点上的一致性。按照我们在上文中所引用的布里克林的观点来看,自我总是意识活动的某种生成物,他认为意识活动乃是一种"知"的活动,而不必然伴随着自我感。①这种解释符合詹姆斯对意识流特性的刻画,自我和人格是意识流中的一个点,正如史蒂文斯指出的那样:詹姆斯承认,在意识的体验流中有某些注意中心,或者说是极点,这基本上代表了自我觉察的原初形式。② 我们也可以说,这个点构成了通常意义上的我思活动。乐瑞也表达了类似的观点,他如此说道:"浸透在意识流中的自我(self)成为了詹姆斯认识论和形而上学的基本范畴。"③库珀也断言自我或自我感是在当下的思想中插入的锚点。④ 这一点似乎是公认的观点,即我思作为意识流中的一个点,是刻画意识流活动的起点,任何对意识流的描述总是不可避免地从人格化的我思开始。这种意义上的自我相对好理解,它是意识活动的一个基点,任何我欲求、我爱、我恨都不可能不从一个点发出。威尔德认为这一点类似于胡塞尔的相关理论,这个点是意向活动的中心。⑤ 正如同我们看到光,总会有一个光源,意识活动也一样,总有这样一个作为起点和作为收敛的点,它就是我思。

与自我问题高度相关的是人格概念,塞普指出:"'人格'代表的是'自我'的实现方式。从而,'人格'所指的是一个进程,一个运动……"⑥詹姆斯

① Jonathan Bricklin, *The Illusion of Will, Self, and Time William James's Reluctant Guide to Enlightenment*, p.119.

② Richard Stevens, *James and Husserl: The Foundations of Meaning*, p.68.

③ David E. Leary, "William James on the Self and Personality: Clearing the Ground for Subsequent Theorists, Researchers, and Practitioners", p.112.

④ W. E. Cooper, "William James's Theory of the Self", p.510.

⑤ John Wild, *The Radical Empiricism of William James*, p.84.

⑥ 汉斯·莱纳·塞普:《人格——戴着面具的自我》,江璐译,载《广西大学学报》(哲学社会科学版),2019年第1期,第32页。

在论述意识流的属我性时，直接用人格化（personify）一词来表明从普遍的思“下降”为我思的过程（见第二章第二节）。从这个角度来说，这个层面的人格和自我便是可以交互规定的两个概念。但即便这样说，我们对人格、人格性乃至人格化的意思仍不明了，因而，在此我们需要先简要考察人格的概念。

人格概念在日常语言中有广泛的使用，我们经常可以听到有人说张三人格不稳定、李四有反社会人格、王五是多重人格，我们也时常因某人人格高尚而赞叹不已，也因某人人格卑劣而鄙视之。不过，尽管人格概念在多种语境中被使用，但考察其用法，则会发现它大体上都是接近的用法。例如我们上面的几个说法，虽然有的用在心理学领域、有的用在道德评价的领域，但它都用来说明一个人朝向他人时所展现、表明的特质、特征。在一本著名的心理学教材中，作者就是从上述日常的用法上来规定人格概念：“心理学家从许多角度对人格进行了定义，其中有两个基本概念是一致的：独特性以及行为的特征性模式。我们将人格（personality）定义为：一系列复杂的具有跨时间、跨情境特点的，对个体特征性行为模式（内隐的以及外显的）有影响的独特的心理品质。”①一言以蔽之，人格乃是一种较为稳定的特质或品质，它使得一个人较为统一地被人识别并能够预测他/她的行为倾向。然而，仅仅从日常的人格概念出发会遮蔽掉此概念丰富的涵义和层次性，特别是在本书的研究中，它与意识流的关系是什么、它与纯粹经验的关系是什么、它与自我的关系是什么、谁为谁奠基等问题都没有被澄清。因此我们需要更深入地对人格概念做一番解释。

下面我们简要梳理洛瑞对人格概念的分层与解释，借用他的理论来澄清詹姆斯自我与人格理论的多层次性。洛瑞（R. Lawrie）很敏锐地注意到人格概念至少可以区分出三层涵义：① 人格性意味着把人与其他实存区分开来的那种本质特征，也就是人区别于动物、植物的特征；当我们称一个

① ［美］理查德 · 格里格、菲利普 · 津巴多：《心理学与生活》，王垒等译，北京：人民邮电出版社，2003 年，第 386 页。

人是人的时候，把他/她纳入到人类共同体中时，我们便将其看作是有人格的人。洛瑞把是否具有自身意识（尽管他本人没有使用这个术语）作为区分动物与人的根本标志，反过来也可以说，丧失了自身意识的人也就丧失了人格性。② 从通常的意义上来讲，人格即是面具，这也是西方传统中十分悠久的一个说法。人格意味着向他人展现出的特质和面孔，这个说法也和我们上面提到的日常说法一致。但洛瑞认为这个界定是不充分的，他举了一个美国总统候选人的例子，指明一个候选人为了赢得不同群体的选票必须要在不同的人群中展示出不同的面具；他可能一会儿要表现得是一个注重家庭的好父亲，而当他要争取宗教团体的支持时，又需要展现出自己虔信宗教的面具。洛瑞认为，由于面具并非是一个人的独有特质，面具只是某个人所具有（has）的东西，因此它也不足以成为规定人格性本质的决定性特征。③ 因此，在洛瑞的分析中，人格性最终要落入到个体性和独特性的领域。尽管我们每个人在生活中都会戴上很多面具，但是作为个体的我之独特性才成为了我个人与其他人区分开来的、作为一个独立的人格与其他人格照面的最核心的东西，而这与一个个体的自我认同，亦即一个个体的是其所是（is）关联在了一起。①

当然，以上的内容并没有完全展示出洛瑞论证的全貌，本书也不可能在此完整地讨论洛瑞理论的方方面面，而那些具体的论证是否成功也不是本书的焦点。无论他的论证是否合理，他对人格性问题三个层面的划分都有助于我们继续去讨论这个问题。我们只需要接受他对人格性问题的三个分层，并以此为视角去切入对詹姆斯相关理论的梳理和重构即可。我们可以看到，自我与人格是两个无法分离讨论的概念，在下文进一步的论述中，我们更多会考察这二者实际用法中的一致性和差异性，而避免通过下定义的方式使得这两个概念丰富的内涵被压缩和切割。

综上，我们可以得出从意识流角度出发的自我和人格概念。当詹姆斯

---

① 本段的内容皆总结自 R. Lawrie，“Personality”，*Philosophy and Phenomenological Research*，Vol.34，No.3（1974），pp.307－330。

说到我们能够研究的意识都是人格化的意识(personal consciousnesses),①这其实印证了我们在上面的说法,人格化的意识就是意识流中的自我中心点或自我极,从这个角度来看,意识流中的我思其实就是人格化的意识出现的标志,它标识着个体的诞生,一个与其他的人格化我思相关联但又独一无二的个体。从洛瑞的分层来看,我们可以发现,当詹姆斯对意识流的追问不可避免地从我思开始时,自我与人格问题便绑定在一起,并且,这一绑定暗合了洛瑞的观点③。人格化的我思意味着一个意识流中独一无二的极点,这个极点构成了一个个体性的原初点,一切意识活动从这个点发出。布里克林指出,一旦在意识流中获得一个"我"点,它就自然与"他我"点区分开了。② 所以,这一个极点的独特性,它使得每一个点都区别于其他的点,而展现其完全独特的个体性。这样一来,我们也看到了自我与人格在詹姆斯这里的第一层涵义。

詹姆斯在论述意识流总是人格化的时候,已经指明对这个论题的论述将在"自我意识"的一章(《心理学原理》第十章)详细展开。③ 不过我们需要预先提醒的是,詹姆斯基于自我意识展开的论述,将会涉及到不同层次的自我和人格理论。

詹姆斯将自我分成两大类:"自我的构成要素包括经验自我和纯粹自我这两大类。"④他的路线"由德国人所谓的经验自我(empirical Self)开始,发展到对纯粹自我(pure Ego)的探究"⑤。詹姆斯使用了一个有趣的说法来规定何为经验自我:"我们每个人的经验自我就是被称作'我(me)'的东西,有时候也指'我的(mine)',二者间的界限很难划清楚。"⑥由于语言的差异,汉

---

① [美]威廉·詹姆斯:《心理学原理》(上),第175页。括号内的英文引自 William James, *Principles of Psychology*, p.221。

② Jonathan Bricklin, *The Illusion of Will, Self, and Time William James's Reluctant Guide to Enlightenment*, p.118.

③ [美]威廉·詹姆斯:《心理学原理》(上),第175页。

④ [美]威廉·詹姆斯:《心理学原理》(上),第226页。

⑤ [美]威廉·詹姆斯:《心理学原理》(上),第226页。括号内的英文引自 William James, *Principles of Psychology*, p.279。

⑥ [美]威廉·詹姆斯:《心理学原理》(上),第226页,引文参照原文有改动。

语中的“我”同时包含了I和Me的双重含义。而在英语中,作为主词的I和作为宾词的Me明确地区分出了两种类型的自我。按照一些学者的分类,在詹姆斯那里,Me被当作是经验自我,而I则被看作是纯粹自我。① 艾迪用被体验的(experienced)自我和体验着(experiencing)的自我将二者区分开。② Self意义上的自我作为对象或者客体(object)出现,是“与他人相对应的‘自我’或‘自身’”,而Ego“则是作为施事(agent)并在一定程度上涉及潜意识活动的‘自我’”③。在詹姆斯那里,I和Ego构成了主我,而Me和Self构成了客我,前者意味着一个施事行为的承担者,而后者则是对象化或客体化的、作为一个被认识之对象的自我。④ 乐瑞也按类似的角度分类:在詹姆斯那里存在两类自我——作为知者(knower)、纯粹或先验自我的我(pure or transcendental I)和作为被知者(self as known)、对象的/经验的我(objective or empirical Me)。⑤ 综上,作为主词的我(I)具有主动、施动的涵义,而作为宾词的我(Me)则更多指向对象化的、具有内容的涵义。但我们要注意的是,主我I和客我Me之间的关系仍旧悬而未决,它们在詹姆斯两个哲学阶段中的理解是否有差异也还未被澄清。接下来,我们将带着这些问题跟随着詹姆斯的脚步进入到问题的核心区域。

詹姆斯先从经验自我出发,经验自我是日常生活中常常被提及的自我,也是日常理解中可直接通达的自我。詹姆斯的经验自我即客我Me,它是在世间中可向他者公开展现的自我。我们可以将其命名为世间性的自我,或者用威尔德的话称其为栖居于世界之中的、作为一个客体或者对象的自我。⑥ 很显然,这个世间的自我乃是处于意识哲学视阈中的自我,这意味着,自我与世界仍被设定为两种实体式的实存物。正是在世界作为自我扮演着

---

① Richard Stevens, *James and Husserl: The Foundations of Meaning*, p.75.

② James Edie, *William James and Phenomenology*, p.76.

③ 王益明、金瑜:《两种自我(ego和self)的概念关系探析》,《心理科学》2001年第3期,第363页。

④ 王益明、金瑜:《两种自我(ego和self)的概念关系探析》,第364页。

⑤ David E. Leary, “William James on the Self and Personality: Clearing the Ground for Subsequent Theorists, Researchers, and Practitioners”, p.107.

⑥ John Wild, *The Radical Empiricism of William James*, p.82.

各种角色的舞台的隐喻下，詹姆斯才能自然地将客我 Me（经验自我）划分为物质自我（material Self）、社会自我（social Self）和精神自我（spiritual Self）三个层次。① 这三个层次本身也是日常理解自我的几条道路，它们本身具有可被自然理解的优势。

首先让我们关注物质自我，物质自我是一个个体在世界中最明显的标记，回想一下我们在日常生活中识别一个人的场景，我们不假思索地以一个人外在的特征，他/她的性别、高矮胖瘦等作为他/她具有自我的特质。詹姆斯说道："对我们每一个人来说，身体都是物质自我的最内在部分，并且身体中的某些部分似乎比其他部分与我们更亲切。"②除此之外，詹姆斯还把那些划分到"物质"范畴中的物品也看作是物质自我的一部分，比如衣服、父母妻儿、住所等，在他看来都可归属给物质自我。③ 这个思想我们在上文中已有所提及，詹姆斯在论述客我 Me 的时候，把"我的"（mine）也看作了客我 Me 的一部分。

除却物质自我，第二层级是社会自我："一个人的社会自我是他从同伴那里所能得到的认同。我们不仅仅是喜欢与同伴一起生活的群居动物，我们还有一种先天的倾向，即希望自己得到同伴的注意，并且是赞许的注意。"④社会自我表明一个人在社会关系中所占据的位置，一旦他/她在社会关系中不被承认或关注，那么这个人部分地丧失了自我。詹姆斯说道：如果一个人走进房间不被搭理，那么这个人遭受的伤害远超过肉体遭到酷刑折磨所带来的痛苦。⑤ 詹姆斯进一步指出，社会自我其实就是一个个个体在社会中呈现给他者的特质和形象，"因此，有多少个他在意其看法的群体，这个人就有多少个不同的社会自我。通常，个体会在不同的群体面前展现出自

① ［美］威廉·詹姆斯：《心理学原理》（上），第 226—227 页。括号内的英文引自 William James, *Principles of Psychology*, p.280。
② ［美］威廉·詹姆斯：《心理学原理》（上），第 227 页。
③ ［美］威廉·詹姆斯：《心理学原理》（上），第 227 页。
④ ［美］威廉·詹姆斯：《心理学原理》（上），第 228 页。
⑤ ［美］威廉·詹姆斯：《心理学原理》（上），第 228 页。

我的不同面。"[①]正是从这一点出发,洛瑞把詹姆斯的社会自我认作第②层次的人格,即一个个体所拥有(has)的人格,而非他/她所是(is)的人格。[②] 按照詹姆斯的论述和洛瑞的归类,社会自我实际上就是一个个体在社会合作体系中,向他者展示的面具。

客我 Me 的最后一种形式是精神自我:"精神自我属于经验自我,是指一个人的内在或者主观存在,具体来说就是他的心理能力或倾向,而不是有待商榷的人格统一性的本原,即'纯粹'自我。这些心理倾向是最真实的自我中最持久、最亲密的部分。我们的说服能力、辨别能力、道德感、良知和不屈的意志,比其他任何财产带来的自我满足感都要纯粹。只有这些东西发生了改变,我们才会说这个人从自身异化了。"[③]詹姆斯把精神自我看作心理倾向以及道德品质,它标识着一个个体区别于其他个体的专属特征。不过我们仍要注意的是,精神自我同样也是客我 Me 的一部分,那么这种自我也意味着它是一个世间之中的个体向世间的其他客体公开展现的形象或标签。不过我们要注意,詹姆斯给予精神自我以特别的界定,他认为:"……内部的精神自我就是我们本人意识流的全部,或意识流在当下的'片段'或'横截面'……"[④]"……意识流的真实'横截面'将会在有关自我统一性的讨论中扮演十分重要的角色。"[⑤]这个界说相当重要,不过我们要在后面才能处理这个问题。

通过上面对詹姆斯客我 Me 分类的简要介绍,我们会发现他在分类时的不严谨。他把个体的亲属、住所等显然属于社会关系"我的"的内容归类到物质自我中去,同时,社会自我和精神自我中的部分也相互交错。当然,乐瑞表达了某种同情式的理解,他认为詹姆斯使用物质、社会、精神等词汇来标识自我,并不意味着这些自我有本体论上的区别,更不是表明每

---

① ［美］威廉·詹姆斯:《心理学原理》(上),第 228 页。
② R. Lawrie, "Personality", p.324.
③ ［美］威廉·詹姆斯:《心理学原理》(上),第 229 页。
④ ［美］威廉·詹姆斯:《心理学原理》(上),第 229 页。
⑤ ［美］威廉·詹姆斯:《心理学原理》(上),第 230 页。

一种自我都有其对应的形而上学基础,这些划分只是出于个体通往自我的不同方式。① 沿着这种解释出发,我们自然会发现詹姆斯此处所说的客我 Me 指的是在世间之中的个体朝向他者所表现出来的特质和面具。因此,从这个角度来说,我们可以把洛瑞的说法向前推进一步,也就是说,在詹姆斯那里整个客我 Me(经验自我)都是第②层意义上的人格,即作为朝向他人显现的面具。

当然从这个意义上来说,我们也需接受洛瑞的说法,客我 Me 更多是一个个体具有的(has)面具或特质,而不一定是那个个体本身所是(is)的品质。因此,无论将这些作为面具的人格归类到物质、社会或心理的范畴里去,都不能掩盖它们是面具这一事实。回到日常性的场景,当我们看到一个个体的时候,我们是如何判断他/她的人格面具的呢? 很显然,我们不可能不从那个个体朝我们显现的特质出发,个体 X 的身体形态(高矮胖瘦)、X 与其他个体的关系、X 行为的稳定倾向等,都是作为某种可被识别的类型被归属给个体 X。这些类型具有稳定的特征,正如面具的意思一样,它能够涵盖特定范围内的特质。艾迪认为,在日常语言中所说的自我(self)并不是体验着的自我(ego),而是此自我(ego)的客体和对象化行为。② 因此,在这里我们可以断言詹姆斯所说的客我 Me 其实就是面具意义上的人格。说一个个体的物质自我、社会自我以及精神自我,其实就是在说一个人的物质人格、社会人格和精神人格。物质、社会和精神这样的修饰词只是用来为不同的人格面具分类的,而不意味着加上了这样的修饰词就让三类人格面具变成了互斥的东西。

但是,在这里我们要面临的一个难题在于,詹姆斯对精神自我(spiritual Self)的处理有明显不同于对物质自我和社会自我的地方。一方面,我们固然可以说精神自我中的某些项目(比如心理倾向和道德品质)是和物质自我与社会自我平行的人格面具;但另一方面,詹姆斯又发现了精神自我与作为

① David E. Leary, "William James on the Self and Personality: Clearing the Ground for Subsequent Theorists, Researchers, and Practitioners", pp.107 – 108.

② James Edie, *William James and Phenomenology*, p.76.

人格面具的物质自我和社会自我的不同之处。如果我们把客我 Me(经验自我)都看作是面具意义上的人格,那么我们就要解释这些人格面具究竟是“统一”在“谁”的上面。面具总是戴在某个“主体”身上的面具,因此这个使得诸多人格面具被“收集”在一起的“容器”或“主体”到底是什么东西就成了下一个需要得到解释的事项。因而在有的地方,他直接把精神自我看作是个体的意识流全体。① 这个问题会直接导向艾迪的质疑,在詹姆斯那里存在着纯粹的、内在的我与有内容的我之间来回摇摆的问题。② 这个问题我们将在下文中尝试性地解决。

上述说法完全超出了对客我 Me 作为人格面具的归类,将精神自我提升到了使得一切朝向他者显现这一活动被视为整体的统一化活动。詹姆斯进一步指出对精神自我的思考总是通过反思达成的,③而精神自我是整个客我 Me 领域的核心。④ 不过对精神自我的反思不意味着要在意识流的活动之外再设定一个“自我”。詹姆斯明确说道:“如果作为整体的意识流比任何外部事物更能同一于自我,那么从意识流的其他部分中抽取的一个特定部分,会与自我在一个非常特殊的程度上相同一,所有人都感到它是这个圆圈最深层的中心部分,是大本营里的避难所,这个圆就是整个主观生活。”⑤也就是说,精神自我在此处要承担一个超出人格面具的职能,它不仅是那个个体所具有(has)的、作为面具的人格,同时也是个体实际上是其所是(is)的人格。威尔德直接就把精神自我看作“最终的根源”,如果没有精神自我作为“避难所”,作为客体和对象的社会自我和物质自我就失去了意义。⑥ 用本书使用的话语来说,它是一切人格面具被称之为“我的”的那种职能。上文已经说到,詹姆斯明确反对把这种职能实体化和对象化,而是精神自我能够意识到自身:“对思想的注意本身,以及将我们自己与它同一化,而不是同一于任何

① ［美］威廉·詹姆斯:《心理学原理》(上),第 229 页。
② James Edie, *William James and Phenomenology*, pp.76－77.
③ ［美］威廉·詹姆斯:《心理学原理》(上),第 229 页。
④ ［美］威廉·詹姆斯:《心理学原理》(上),第 230 页。
⑤ ［美］威廉·詹姆斯:《心理学原理》(上),第 230 页。
⑥ John Wild, *The Radical Empiricism of William James*, p.87.

由它显示出来的对象，这是一个意义重大却又稍显神秘的操作，对此，我只能说，这种可能性真的存在。并且在人们生活的早期，思想本身和它'相关'的事物之间的区别，已经被心灵所熟知。"①也就是说，精神自我作为经验自我的中心执行着统一化(unify)的职能，与此同时，精神自我也能意识到精神自我在进行着这种活动。而后，在彻底经验主义时期，詹姆斯更明确地表达道"……意识有对它本身的意识。"②意识能意识到自身正在发生些什么，这就被称为自身意识。③ 从这个角度上看，詹姆斯的精神自我也就构成了洛瑞所说的第①层意义上的人格。

这样一来，詹姆斯所说的精神自我便越出了经验自我的范畴，除去作为面具的精神自我这一层涵义，它看上去具有某种主我I(纯粹自我)的特征。按照上面我们引用的材料，主我I意味着某种施事能力(agent)，我们也能按通常的译法称其为施动性或能动性。④ 当然，无论是哪种译法，主我I都意味着一种活动能力。这和上面说到的、意识流中意识活动的中心或极点是一个意思，它是一切意识行为的出发点。也可借用威尔德的话来说，这是一个非实体的"主动的意向中心，伸展出去构造起各种各样的对象"⑤。或者我们可以借用倪梁康评论胡塞尔自我问题的概念来看待这个问题，即纯粹自我是一个几何点，但它并不包含任何实际的经验内容，尽管它不是某种实体或者主体，但是它"聚拢"了所有的意识体验，使它们成为"我的"。⑥ 从这个角度来说，詹姆斯的精神自我同时具有纯粹自我(pure Ego)和经验自我中的中心两个面相，正是这一点让精神自我所有人格面

---

① [美]威廉·詹姆斯：《心理学原理》(上)，第230页。

② [美]威廉·詹姆士：《彻底的经验主义》，第113页。

③ 此处可参见张祥龙的相关论述，他在评论詹姆斯的意识流时，认为意识流是"自我意识或涉身意识的'流'起源……"，实际上也就是说明了意识流具有自身意识的特性。参见张祥龙：《意识流和自然主义》，第24页。

④ 库珀也把精神自我看作某种"原力"(original force)，但不能接受的是，他把这种力与某种生理机制联系起来，这违背了彻底经验主义的原则。参见W. E. Cooper, "William James's Theory of the Self", p.511。

⑤ John Wild, *The Radical Empiricism of William James*, p.84.

⑥ 倪梁康：《探寻自我：从自身意识到人格生成》，《中国社会科学》2019年第4期，第125页。

具(客我Me)聚拢成为“我有”(has)的那个点,但又不脱离经验自我成为某种分离的实体。这样一来,詹姆斯术语系统中又出现了明显的不连贯。纯粹自我在詹姆斯那里本是和经验自我完全不属一类的“自我”,但按照上文中对詹姆斯的诠释,我们发现经验自我中的部分内容“篡夺”了纯粹自我的部分职能,难道在詹姆斯那里还有两个纯粹自我吗?下面的内容我们将检视这个问题。

首先,我们先看看詹姆斯自己规定的纯粹自我是什么意思。詹姆斯对纯粹自我的研究聚焦于自我同一性或人格同一性。① 不过,他对自我同一性的说法同样有不明晰之处,我们先看看他的两种表述。詹姆斯首先说到下述一类的自我同一性问题:“……实际存在的各种思想并不是随意地到处乱飞,每一个思想都属于某一个特定的思想者。每一个思想,都可以从它能想到的大量思想中,将属于它自我的思想与不属于它自我的思想区分开。前者有一种温暖和亲密感,而后者则完全没有。后者是以一种冷漠的、不相关的方式被思想到,并不像骨肉至亲,从过去将它们的问候带给我们。”②这个界定部分地和精神自我重合,它也用来表明那种将各种思想和经验内容统摄进一个“我”的统一性。这一点和詹姆斯在描述意识流总是个体化、人格化的我思是一致的。扩展一点来讲,这种统一性仍旧指涉那种将不同的人格面具归属到一个“我”上、使之成为“我的”的那种职能。这样看来,詹姆斯此处所谓的自我或人格同一性问题就未能超出我们在上文中的解释和界定。

但是就在同一章节中,詹姆斯给出了人格统一性的第二个解释。他这么比喻:“当我说‘我是同一的’与‘这支笔与昨天那支是同一的’,二者的理智操作在本质上是一致的。”③我们可以看出,这个意义上的同一性与上述的同一性是两回事,这个意义上的同一性指的是在时间流中保持的同一。詹姆斯认为,在时间的流逝中,思着的自我通过温暖和亲密的感觉将自身感受

① [美]威廉·詹姆斯:《心理学原理》(上),第253页。
② [美]威廉·詹姆斯:《心理学原理》(上),第253页。
③ [美]威廉·詹姆斯:《心理学原理》(上),第253页。

为同一的。① 例如我今天早上起来后，仍能忆起昨天观看一部精彩电影的时光，片中的精彩镜头仍不时在我脑海里浮现，当我向朋友分享此观影体验时，我说道："当主角死里逃生时，我都激动得叫出来了。"这样的体验由于"温暖而亲密"，而栩栩如生地向我再现，因此我把它们看作"我的"，从这一点上来讲，昨日体验着电影的"我"和今日体验着诉说观影体验的"我"是同一个"我"。

综上，我们可以发现双重意义上的自我（人格）同一性。库珀敏锐地把在一个时间点上的同一性（identity-at-a-time）称为横向的同一性（transverse identity），而把在时间之中的同一性（identity-through-time）称为纵向的同一性（longitudinal identity）。② 我们可以把这个问题分为以下两类：第一类以作为纯粹自我的精神自我的共时性的横向统一性，也就是说在一个自我点上，"我"在那一刹那所有具有的全部可被标识为"我的"的人格面具，用詹姆斯的话说，即意识流的一个横截面所具有的全部对象化内容的统一性；威尔德用意识流中的"场"理论把经验自我看作一种自我场，从而可以推导出自我场中诸内容的统一。③ 第二类则是纯粹自我在时间流中的同一性，即上面说到的，在整个时间河流中执行自我功能的那个"自我点"的连续同一性，我们也可以将其称为历时性的纵向同一性。倪梁康用点性自我和线性自我来区分这两类自我，并与胡塞尔意义上的"横意向性"与"纵意向性"结合起来，试图构造出一种更为立体和全面的自我与人格理论。④ 下文也将从这条道路出发继续深入阐发詹姆斯的自我与人格理论。⑤

本节行文至此，我们澄清了自我与人格在詹姆斯那里的多重涵义，为了

① ［美］威廉·詹姆斯：《心理学原理》（上），第 253 页。

② W. E. Cooper, "William James's Theory of the Self", p.510。笔者与库珀对詹姆斯自我问题的理解有很大差异，他并没有将这两种同一性视为平行的同一性。但这不妨碍笔者使用库珀这一关键的观察来推进詹姆斯的思想。

③ John Wild, *The Radical Empiricism of William James*, p.85.

④ 倪梁康：《探寻自我：从自身意识到人格生成》，第 128 页。

⑤ 为了不混合两种意义上的"同一性"，为简便起见，本书把共时性、横向的自我同一性称为自我统一性，而把纵向的、历时性的自我同一性就称为自我同一性。

不使读者困惑,在此我们需要对其做一个简要的小结,表明自我与人格概念不同用法之间的关系,方便我们在下文中继续推进对此问题的研究。

```
                                                    物质自我(人格面具)甲
纯粹自我甲(作为纯粹自我的精神自我)——→社会自我(人格面具)甲
  |                                                 作为人格面具的精神自我甲
  ↓                                                 物质自我(人格面具)乙
纯粹自我乙(作为纯粹自我的精神自我)——→社会自我(人格面具)乙
  |                                                 作为人格面具的精神自我乙
  ↓                                                 物质自我(人格面具)丙
纯粹自我丙(作为纯粹自我的精神自我)——→社会自我(人格面具)丙
                                                    作为人格面具的精神自我丙
```

上图中的横向箭头表明了自我的统一性,箭头的左端的纯粹自我同时在①自身意识和③个体性的意义上也可被理解为人格;而箭头的右侧则是②意义上的各种人格面具。而纵向的箭头则表明了时间流中的自我同一性,它们通过温暖和亲密的感觉建立起同一性。

2. 自我统一性与人格同一性

我们在上面的一节中澄清了自我与人格概念在詹姆斯那里的多重涵义,并且区分出了横向与纵向双重意义上的自我。接下来的一节,我们将深入到这"两种"自我中去,看看在其内部詹姆斯有何发现。

我们再回到詹姆斯探寻自我问题的起点,在那里我们发现,詹姆斯的目光首先落在对客我 Me(经验自我)和我的(mine)的论述。上文中我们已经说到,詹姆斯所说的经验自我是一种在世界之中朝向他人的显现,因此经验自我首先是作为一种显现给他者的面具,这种面具让个体具有被识别为区别于其他人的典型特质。设想一下,我们在日常生活中将一个人辨认为独特的个体的过程。回想一个介绍人的过程:张三、男,XX 省 XX 市人,XX 大学毕业,其父母做什么、是否婚嫁等,都是其社会自我的表现,我们通过此人在社会关系网络中的定位对其有了初步的印象。当然,与此同时,我们也因其独特的生理学特征(长相、声音、高矮胖瘦等)将其与其他人区别开来。最终,在与此人的相处中,我们可以辨别其精神自我的稳定倾向。按照上面的分析,我们可以把这部分的自我看作是一个共时性的、横向的自我。我们在上文中已经提到,横向的自我面临着一个统一性的问题,也就是说上面举例中的那么多的人格面具总是要统一在某个"点"上,使其成为"我的"。而这一统一性就是詹姆斯所说的意识流的横截面的统一性问题。①

这个问题的实质在于如何去理解"我的",也就是说,当我们在日常生活中说出"这是我的身体"、"我爱我的家人"、"这是我的学历"、"这是我的生活"等语句时,其中的"我的"的根源何在？对"我的"之奥秘的揭示将有助于我们破解詹姆斯自我理论的枢机。在展开论述前,我们也必须事先强调,"我的"也有诸多层次,比如当我说"这是我的生活"时,它同时包含了横向、共时性意义上的"我的",例如我在一个时间节点的横截面上来细数"我的"生活在那个时刻包含着什么内容时,这便是从横向、共时性的意义上来谈论"我的"。而当我和人说起"我的"生活经历时,这便是从纵向、历时性的意义上来谈论"我的"问题。不可否认的是,这两层意义上的"我的"并非是分离的,我们只是出于方便的缘故区分出这两个层次论述。我们先从横向、共时性的意义上来谈论"我的"。

通过上文的论述,我们已经知道了横向的自我中包含着的内容,现在我们需要研究的是这些内容通过怎样的方式联结、统一在一个"我"上面。从上文中所引述的原文来看,詹姆斯更侧重于从第一人称体验的解读出发,通过"温暖"和"亲密"的属性将属我的与非我的要素区分开来。② 詹姆斯进一步说道:"一个持续地呈现于我们眼前的物体,尽管在结构上有所变化,或者它的存在无论怎么常常中断,它再回来时性质却没有变化,我们都认为我们看见了一个同一的物体。和这种情况一样,当自我以类似的方式呈现给我们的时候,我们就认为自己所经验到的是同一个自我。"③从第一人称的角度

① [美]威廉·詹姆斯:《心理学原理》(上),第230页。
② [美]威廉·詹姆斯:《心理学原理》(上),第253页。
③ [美]威廉·詹姆斯:《心理学原理》(上),第255页。

来看,相似的体验构成了自我同一性的感受:“因此,我们会发现,当自己不再感觉到相似性和连续性时,自我同一性的感觉也就消失了。”①但是,我们要注意到,在上述说法中,通过温暖和亲密、相似性等感受所达成的统一性都是从第一人称的角度做出的。从这个角度来看,这一点和詹姆斯所说的、从意识流的横截面来考虑自我的统一性是一致的。

这里对自我的理解和我们在上节中的分析一样,它依赖于意识流中一个人格化的自我极点经由意向性活动构造起一个横向的统一体(横截面)。当然,我们还需要考虑到另一层面,也就是说,从第三人称的角度出发,作为世界中的某物的自我(经验自我)面对着其他自我的情况。简单来说,当我感知到另外一个人的时候,我只能从其经验自我的层面来考察其统一性,从这个角度来看,我更多只能从其经验自我的角度来看待其统一性。不过从经验自我的角度来看,我们仍然面临着那些被称为物质自我、社会自我、精神自我的人格面具统一于何的问题。也就是说,我们看到一个人张三,然后把张三的生理特征、社会关系、品格等面具都归给张三的这个行为所朝向的那个名为张三的点是什么?

从客我或经验自我、或者第三人称的角度来看,这个点是模棱两可的,詹姆斯对此有不同的说法。在《心理学原理》中,他首先认为:“对我们每一个人来说,身体都是物质自我的最内在部分……”②继而,他又说道:“……人最深刻的经验自我是一种社会自我。”③一方面,物质自我是经验自我的一部分,从某种意义上来说,它是经验自我的基质、承载者;没有物质自我,社会自我和精神自我无法想象它们如何执行其职能。但从另一方面来讲,作为世间人的自我必然是以社会关系的方式获得其在世间中的身份和位置,因而社会自我会被看作是经验自我的核心。④ 而在史蒂文斯看来,身体才是经

① ［美］威廉·詹姆斯:《心理学原理》(上),第256页。
② ［美］威廉·詹姆斯:《心理学原理》(上),第227页。
③ ［美］威廉·詹姆斯:《心理学原理》(上),第243页。
④ See David E. Leary, “William James on the Self and Personality: Clearing the Ground for Subsequent Theorists, Researchers, and Practitioners”, p.108.

验自我或者对象化的自我的统一性辨认活动的核心。①

在这里我们无需深入去辨析上述观点哪一个更合理，在这里，史蒂文斯已经说到经验自我是一种对象化的、客体化的自我，和我们上文中引用的威尔德的话——“心灵栖居于世界之中”——类似，按照史蒂文斯和威尔德的意思，这种自我已经是世界中的某物。针对这一点，我们可以更加详细地加以说明。史蒂文斯将詹姆斯的自我问题与胡塞尔的自我问题加以比较，认为詹姆斯在纯粹自我和经验自我之间的区分与胡塞尔对纯粹现象学自我与人类自我(human ego)之间的区分是平行的。② 而人类自我(human ego)是世界中诸物的一种。③ 二者之间的关系在于：“物的或对象的世界，包括了那独特且优先的物——人类自我——是被纯粹自我建构起来的，当然这一建构也是为了(for)纯粹自我。”④对于世界中的某物的理解自然会从不同的视角出发展现出人们的不同关切，所以无论从社会关系出发还是从身体出发，我们都能看到其合理性。

但是，无论我们如何看待作为对象化的、客体的经验自我的统一性问题，一个更为核心的问题都还没有被触及到。我们可以跟随着史蒂文斯的追问：“经验自我恰当地解释了自我的客观统一性(尽管我们可以不同意史蒂文斯用身体来解释这种统一性——引者注)，但仍旧没有回答这一问题：在客观化领域执行我性综合的行动者的持续同一性问题。”⑤这个问题就指向了纯粹自我的综合和统一职能。必须留意的是，史蒂文斯在此处的追问稍显急迫，他在完成对经验自我的说明后就跳向了纵向自我同一性问题。按照我们上面的区分，纯粹自我与经验自我的统一性问题尚未解决。不过他的追问仍旧是启发性的，因为这一追问同样指向了横向自我中，执行着对

---

① Richard Stevens, *James and Husserl: The Foundations of Meaning*, p.71。威尔谢也有近似的看法，不过他是把身体看作是精神自我。参见 Bruce Wilshire, *James and Phenomenology*, p.128。

② Richard Stevens, *James and Husserl: The Foundations of Meaning*, p.82.

③ Richard Stevens, *James and Husserl: The Foundations of Meaning*, p.81.

④ Richard Stevens, *James and Husserl: The Foundations of Meaning*, p.82.

⑤ Richard Stevens, *James and Husserl: The Foundations of Meaning*, p.75.

横向的经验自我的那个职能的统一性问题。也就是说，无论我们如何去看待经验自我的核心——无论是作为物质自我的身体还是作为精神自我的身体，抑或是社会自我——它都必然指向如下问题：使得这些经验自我成为"我的"的那个职能是什么？

接下来，我们尝试着回答这个问题。上文中我们已经提到了，在意识哲学时期的詹姆斯总是从人格化的我思开始谈论意识流的特点。按照我们在第二章中的分析，此时的我思已经带有人格性的特质，根据洛瑞的划分，它已经是在意识河流中获得了个体性的人格，同样，我们也可以把它看作是自我。这样一个流动的我思在横向的、横截面的意义上是一个抽象的几何点——这一点我们已在上文中强调过——因而它是某种虚设的方便说法。在此，我们可以看到詹姆斯自己面临着的困难，尽管他关注意识流的横截面这一重要的角色，①但他尝试探究这一问题时却遭遇困境。他说道："也许所有人都能对它做出几乎相同的描述。他们会将其称为所有意识中的能动元素。无论人们的各种感觉有何特性，无论他们的思想里包含着哪些内容，总会有某个精神上的东西出来迎接这些特性和内容，同时，这些特性和内容似乎会融入它并被它所接收。"②詹姆斯指出对这一作为意识流横截面中的核心的纯粹自我是毋庸置疑可被体验到的，因此他说无论横截面上有哪些内容，"总会有某个精神上的东西出来迎接这些特性和内容"③。然而，困难在于："当我们越是接近它，越是想正确而精细地定义其本质，我们就会发现会产生各种分歧。一些人会说，它是一个简单的能动实体，也就是灵魂，他们意识到的就是它；其他人则会说，它是被虚构出来的，是由代词'我'来表示的一种虚幻的存在。在这两个极端意见之间还存在各式各样的中间观点。"④

詹姆斯无意在诸多观点间站队，他只想指明这种作为精神自我的纯粹

① ［美］威廉·詹姆斯：《心理学原理》（上），第230页。
② ［美］威廉·詹姆斯：《心理学原理》（上），第230页。
③ ［美］威廉·詹姆斯：《心理学原理》（上），第230页。
④ ［美］威廉·詹姆斯：《心理学原理》（上），第231页。

自我:“它是一种我们可以直接感觉到的事物,并且,如果它一直真实地存在意识中任一个瞬间,那么它始终都是完整地存在着,就像在由这些瞬间组合而成的整个一生一样。前不久我们把它称为一种抽象物,但这并不意味着它就像某种一般看法所主张的那样,它无法呈现于特殊经验中,那只能代表它无法在意识流中独自存在。然而它一旦出现,便能被感觉到……”①上面的解说意在说明,从横向的意义上看,这个纯粹自我并非是一个带有内容的自我,更不可能是某种实体。威尔德也说到詹姆斯并不设定现象后面还有实体化的自我。② 史蒂文斯通过与胡塞尔的比较认为詹姆斯的纯粹自我是一种可被自身觉知的功能性中心,“二人都坚持纯粹自我的持存性必须用功能化的术语而不是内容的术语来解释”③。

在此基础上,对比一下倪梁康的说法会使这个问题更清晰。他如此论述道:“我们可以将胡塞尔意义上的‘纯粹自我’(reines Ich)理解为一个准几何学的点,它不包含任何实际面积或不包含任何经验内容。当我们反思我们自己时,我们所能把握到的仅仅是我们的意识体验。用唯识学的语言来说就是‘唯有识’。但这个意义上的‘意识’仍然因为‘自我’而被赋予了某种结构的统一,易言之,这个意义上的‘自我’或‘自己’本身不是主体或实体,但因为它,所有的意识体验都带有了统一的‘我的’特征。”④上面我们已经说到,史蒂文斯认为詹姆斯的纯粹自我和胡塞尔的纯粹自我是平行的,所以我们也能从这一角度看看詹姆斯纯粹自我(横向的、作为纯粹自我的精神自我)的特点。

尽管我们现在还没有进入到讨论纯粹自我的持存性阶段,但是我们同样也可以借用上述内容来说明詹姆斯对横向的纯粹自我的特性的说明,亦即它不是某种超越了意识流活动的实体,但也不是彻底的虚无,而是一个可被自身觉知的非实体化的功能化中心,执行着让具有内容的、对象化的、客

① [美]威廉·詹姆斯:《心理学原理》(上),第 231 页。
② John Wild, *The Radical Empiricism of William James*, p.102.
③ Richard Stevens, *James and Husserl: The Foundations of Meaning*, p.83.
④ 倪梁康:《探寻自我:从自身意识到人格生成》,第 126 页。

体化的经验自我实现统一性的职能。

实际上,从意识流的某一个时间点上截取其横截面进行分析本就是十分困难的事情。因为意识流的流动性特质“阻碍了”我们从横向上去理解自我的统一性,一旦我们设定某个外在于意识流的自我实体,这一做法虽然看上去为自我问题给出了一个“解决”,但实际上是遮蔽了自我问题的复杂性。从根本上来说,我们面临的是史蒂文斯提出的问题,即纯粹自我在意识河流中的持续性问题。这样,我们就将目光从自我的横向统一性转向了纵向的同一性。

在纵向的人格同一性问题上,詹姆斯并未从文本上给出过多的说明和论证。正如我们在上文中反复引用的,詹姆斯主要依赖于温暖和亲密这两个相似性原则来说明一个人格化的自我在河流中的纵向持续性问题。“我们对自己的自我同一性的感觉,与我们对现象间同一性的其他任何一种感觉一样。这个结论的依据是:所比较的现象,有一个基本方面的相似性,或这些现象在心灵中是连续的。”①这种同一性乃是我思的自我体验和确证,一旦“……当自己不再感觉到相似性和连续性时,自我同一性的感觉也就消失了”②。这样的说法用来解释人格的纵向同一稍显单薄,我们有必要将其深入一些。

如果我们还记得在第二章中讨论的时间意识的纵意向性问题,我们也可以将回顾——当下——预期的时间结构用来理解人格同一性,毕竟,对时间意识的分析也是以人格化的我思为前提的。这样一来,人格的纵向同一所依赖的那种温暖和亲密并非是某种偶然发生的因素,而是依着我思的时间性本质,根据时间的必然结构得以实现的过程。史蒂文斯评价道:“总结说来,詹姆斯所说的人格性的连续性就是在两种要素间辩证感知的结果:经验自我场的对象化连续性以及每一流逝的纯粹自我的主动行为——这一行为将自我投射到时间流中经验的聚合物上并将其占有。”③正是从这条线索

① ［美］威廉·詹姆斯:《心理学原理》(上),第255页。
② ［美］威廉·詹姆斯:《心理学原理》(上),第256页。
③ Richard Stevens, *James and Husserl: The Foundations of Meaning*, pp.80－81.

出发，时间流之中的人格自我建立起了自身的同一性，从而回答了在时间的流变中是否有一个持续的我这样一个问题。与此同时，横向的自我统一性依着“每一流逝的自我的主动行为”展现为世间中的经验自我。

詹姆斯这样归纳到自己的思想：“自我意味着两个要素的不断呈现：一个是客观的人，另一个是暂现的主观的当事思想，这个思想认识这个人并知道他在时间上是连续的。所以此后，让我们用‘客体我（ME）’来代表经验的个人，用‘主体我（I）’来表示判断着的当事思想。”①回想一下上节结束时的简易说明图表，主我是图表左侧的、依据时间结构而建立其同一性的人格自我；而客我则是在世间中朝向他人公开展现的人格面具、身体和社会关系。史蒂文斯总结道：“流逝的纯粹自我是纯粹经验世界的一部分，但是其客观性只能在它在经验的自我场里被找到。它的主体性在投射中不断地丧失，并始终在接续着的纯粹自我的持续占有之流中被重新获得。”②作为行为中心的主我根据横纵双重意向性一方面保证自身在时间流中的持续性，另一方面它也构造起对象化的经验自我，而这经验自我同样也会展现出在时间流逝中的同一性。

在此，由于涉及到的概念层次复杂、相互交错，为了避免误解，我们需要为以上的内容提前做一个简短的小结。从横向的自我看，它首先包含着诸多作为人格面具的经验自我，最终它们因为作为精神自我的纯粹自我的综合化职能而获得统一性。按照詹姆斯的论述，这一职能化的纯粹自我不是任何实体，但又确实能被意识体验到，从这个角度上来讲，我们可以将其看作自身意识意义上的人格。从纵向的角度来看，我们自然就能够把经由时间意识的回顾——当下——预期结构获得同一性的自身意识作为人格同一性的根源。

在本节结束前，我们将目光转向詹姆斯对自我与人格变化、消逝的讨论，以此来深化对自我统一性与人格同一性问题的理解。詹姆斯说道：“自

① ［美］威廉·詹姆斯：《心理学原理》（上），第 281 页。

② Richard Stevens, *James and Husserl: The Foundations of Meaning*, p.81.

我的变化主要包括两大类：① 记忆的改变；② 当前身体自我或精神自我的改变。”[①]詹姆斯的这个分类带有误导性，因为记忆的时间性本质会引导人们去认为①涉及到的是纵向人格的变化，而②中的身体自我和精神自我则表明了经验自我的内容。但实际上詹姆斯认为：“记忆的改变主要包括记忆力的丧失和错误的回忆。无论哪种情况都会使经验自我发生变化。”[②]也就是说，自我和人格的变化问题都是从经验自我的角度出发的。更进一步，詹姆斯认为以下三种类型的自我变化是最为常见的：“精神病的妄想、交替的自我、灵媒或灵魂附体。”[③]在分析这几种类型前，我们务必要记住的是，这些变化都是在经验自我中发生的。

在精神病的妄想中，詹姆斯着重强调了一种自我连续性断裂的情况，这种情况“……来自于当下感受性和冲动的反常，这种反常不会扰乱过去，但是会导致病人认为现在的我是一个崭新的人”[④]。按照詹姆斯所引用的案例，这种妄想表现为在一个连续的纵向人格中，会出现一些不能成为“我的”的体验；所以詹姆斯评价到在这些情形中：“……当客体我变化时，主体我肯定是没有改变的。那就是说，只要这个患者的记忆保持良好，那么患者的当事思想就会既认识以前的我，也认识新的我。”[⑤]这个案例中自我和人格的变化表现在主我与客我的不能统一。

第二种类型是交替的自我或交替型人格。这个意义上的交替人格或多重人格并不是面具意义上的人格，并不是指那些在相应的场合、面对不同的人群展示出不同面具的人。因为在多面具的人那里，这些作为人格面具统一在主我、自身意识上。而詹姆斯此处讲的交替型人格则缺乏这种自身意识，他举了一个癫痫男子的案例：“这个男子在 17 年内过着性格交替的生活，一会儿自由，一会儿在监狱里，一会儿又在疯人院里。他的性格在正常

① ［美］威廉·詹姆斯：《心理学原理》（上），第 281 页。
② ［美］威廉·詹姆斯：《心理学原理》（上），第 281 页。
③ ［美］威廉·詹姆斯：《心理学原理》（上），第 283 页。
④ ［美］威廉·詹姆斯：《心理学原理》（上），第 283 页。
⑤ ［美］威廉·詹姆斯：《心理学原理》（上），第 286 页。

状态下完全有条理，但是随着周期的交替，他会离家几个星期，过着小偷和流浪者的生活，被送进监狱，癫痫发作而且激动，被人家指控为装疯，诸如此类。并且他始终没有任何关于把自己弄得这么不幸的反常情况的记忆。”①除此之外，詹姆斯还引用了其他的类似案例，在这些案例中，出现的症状都是同一个身体之上出现了完全不同的主我，它们之间大多互相不能体验到彼此的存在。

第三种类型是灵媒或灵魂附体。在民间我们偶尔会听说到一些传说，比如某个人走夜路的时候中了邪，在一段时间内失去了自己的魂，除了这具相似的躯体，实际上变成了另外一个人。当然我们也会听说很多“怪谈”，一些专门从事“通灵术”的人可以在一段时间内让出“自我”，让另外的灵进入到自己的躯体，帮人占卜看病，等等。上述情况较为罕见，但如果贯彻彻底的经验主义，那么我们同样能搜集到相关的现象。詹姆斯说道：“所有程度的灵魂附体，看起来似乎是完全自然地构成交替型人格的一种特殊类型……”②“在附体状态下人的话语、写作或者行为就好像是被一个外人控制了一样，他们还经常能指出这个外人的名字或道出其生平历史。”③与第二种类型一样，这种类型的自我和人格消失同样是由于主我与客我的断裂。

综上，我们可以得到一个简短的结论，即无论自我和人格消失或变化的类型有多么复杂，它们最终都会落到一个关节点上，那就是主我、自身意识与客我、经验自我之间的断裂。这个理论可以用来分析很多实际的案例。一个人的身体会发生很多变化，比如变胖了40斤或因伤病造成了肢体的残缺，使得这个人的物质自我发生了很大的变化以至于其他人无法从外在的表象上将其与之前的表象联系起来；但是，只要这个人的主我即自身意识能够持续地将身体觉知为“我的”，那么我们就不会说这个人的自我和人格发生了根本性的变化。作为人格面具的经验自我也是这样，无论一个人的社会关系发生了怎样的变化、他/她的精神面具有了怎样的改

① ［美］威廉·詹姆斯：《心理学原理》（上），第287页。
② ［美］威廉·詹姆斯：《心理学原理》（上），第298页。
③ ［美］威廉·詹姆斯：《心理学原理》（上），第297页。

变——在日常语言中我们经常因为一个人经历了某些事后的性情大变（人格面具的变化），或是从万人瞩目的耀眼人物变得一贫如洗、默默无闻（社会关系的变化）就说一个人失去了原本的自我和人格——只要主我、自身意识能够持续地体验到这些变化，那么我们就不能说这个人真的发生了自我和人格上的根本变化。除此之外，我们还能考虑到一种自我和人格的永久消失，那就是主我、自身意识不可逆地消失了，比如死亡以及不可逆转的植物人状态。

最后，我们用詹姆斯自己的总结来结束本节的内容："自我意识实际上是一道意识流，这道意识流的每一部分以'主体我'的资格能够：① 记得它前面的部分，并知道它们所知道的事情；② 特别注重和关心其中作为'客体我'的部分，并将其余部分也归属于它们。"①"'客体我'的核心，始终是当时感受到的身体存在感。"②"主体我"不是一个集合，而是一种思想："它是一种思想，每一刻的思想都与前一刻不同，但它会占有前一刻的思想，以及前一刻思想自己所占有的一切。"③主体我是一种自身意识，从横向上来说保证了身体为核心的客体我的统一性，而从纵向来说，主体我根据意识流的时间结构构造起自身的同一性，而从此自我意识的自身意识角度出发，我们也称之为人格的同一性。

3. 人格类型与世界类型——关于詹姆斯类型学的一个引论

第一节中我们澄清了詹姆斯自我与人格概念的诸多涵义，第二节则讨论了自我的统一性和人格的同一性问题。通过上面两节的论述，我们基本上得到了詹姆斯自我与人格理论的基本框架和相应的内容。不过，仍有一些关键的问题尚未得到展开，当我们把自我的横截面看作是纵向的纯粹自

① ［美］威廉·詹姆斯：《心理学原理》（上），第 303 页。
② ［美］威廉·詹姆斯：《心理学原理》（上），第 303 页。
③ ［美］威廉·詹姆斯：《心理学原理》（上），第 304 页。

我在时间流中的一个片段时，我们在很大程度上只能“看到”经验自我的内容。上文已经说到，横向自我中的、作为纯粹自我的精神自我只是执行一个综合活动的职能，从横向、共时性的角度看来，它只是一个若隐若现、若有若无的类自我或拟自我。但关键的问题在于，从纵向的角度来看，那些被暂时从横向来看的经验自我的内容实际上是建基于纯粹自我的纵向持续性之上的，一个个体的物质自我、人格面具和社会自我也是从时间流上连续且在变化之中的，或者借用倪梁康的说法，是“具有人格内容的自我”①。上面我们已经强调过，将自我分为横向、共时性和纵向、历时性两个层面进行分析是不得已而为之，是“方便说法”。而从自我和人格问题的本性出发，自我和人格的生成是一个在时间流中整体进行的过程。在此，我们仍然借用倪梁康的说法：从纵向上看的自我，“不再是作为类似‘零’的‘极点’的‘纯粹自我’，而是作为‘各种习性之基质’的‘人格自我’”②。在这里，我们可以做一个适当的转换，将其与詹姆斯的相关理论对接。也就是说，在整体性地理解一个作为个体和具有自身意识的人格统一体的时候，他/她的诸多经验自我便建立在“基质”之上，对这个基质的探究将把我们引向詹姆斯的另一重要理论。

詹姆斯有一个极为著名的论断：“哲学史在极大程度上是人类几种气质冲突的历史。”③这个论断来源于詹姆斯针对哲学史上各种流派间的针锋相对而做出的反思。哲学家们坚信自己所提出的理论乃是普全且公正的，但詹姆斯认为：“一个专门的哲学家不论他有哪种气质，他进行哲学思考时常要把他那气质的事实隐蔽起来。我们在习惯上不承认气质是理由，所以哲学家为自己的结论辩护时，只是极力提出一些与个人无关的理由。其实他的气质给他造成的偏见，比他那任何比较严格的客观前提所造成的要强烈得多。”④实际上，不仅仅是哲学家这样，詹姆斯将自己的这个理论扩展到更

① 倪梁康：《探寻自我：从自身意识到人格生成》，第129页。
② 倪梁康：《探寻自我：从自身意识到人格生成》，第128页。
③ ［美］威廉·詹姆士：《实用主义》，陈羽纶、孙瑞禾译，北京：商务印书馆，1979年，第7页。
④ ［美］威廉·詹姆士：《实用主义》，第7页。

广的领域:"我现在讲话时心里所想的气质上的特殊差异,是在文学、艺术、政治、礼仪和哲学上都有影响的。"①尽管詹姆斯认为:"……哲学上至今认为重要的一件事,就是一个人要看事物,用他自己特有的方式直接去看事物,并且对于任何相反的方式,都不满意。"②但实际上,从上面的引文来看,他是把人对世界的看法都看作是基于某种特殊的气质而做出的。卡尔森(P. Carlsson)认为詹姆斯实际上是把"世界—人生观"(world-and-life viewpoints)建基于个体人格上,这种看法与荣格的心理类型学说有异曲同工之妙。③ 当然,我们无法详细讨论詹姆斯理论与荣格理论的关系,而将目光先集中在詹姆斯的相关论述上。

詹姆斯从两个相对立的方面来处理哲学气质上的差异:④

柔软的心(THE TENDER-MINDED)	刚硬的心(THE TOUGH-MINDED)
理性主义的(依原则而行)	经验主义的(依事实而行)
理智主义的	感觉主义的
唯心主义的	唯物主义的
乐观主义的	悲观主义的
宗教的	非宗教的
意志自由论的	宿命论的
一元论的	多元论的
独断论的	怀疑论的

---

① ［美］威廉·詹姆士:《实用主义》,第 8 页。

② ［美］威廉·詹姆士:《实用主义》,第 8 页。引文参照原文略有改动,参见 William James, *Pragmatism*, in *Writings 1902–1910*, Bruce Kuklick(eds.), New York: Literary Classics of the United States, Inc., 1987, p.489。

③ P. Allan Carlsson, "Jung and James on the Typology of World Views", *The Journal of General Education*, Vol.25, No.2(July 1973), p.114.

④ 以下图表引自［美］威廉·詹姆士:《实用主义》,第 9—10 页。引文参照原文略有改动,参见 William James, *Pragmatism*, p.491。

卡尔森用人格的差异来说明上述列表中诸气质类型间的差异，①这当然是个不错的说法。卡尔森的这个说法来源于他将荣格与詹姆斯进行对比的研究，他指出荣格的心理类型思想与詹姆斯的哲学气质学说有一种平行的相关性，二人最终都同意："个体持有的独特观点是因为他的人格。"②荣格尽管不同意詹姆斯哲学气质学说的具体细节，但是从总体上来说他肯定詹姆斯的贡献："詹姆斯是第一个注意到在多样的哲学思维中气质的特别重要性的人，最大的荣誉应当归属于他。"③卡尔森将詹姆斯的相关思想称为"类型学（typology），"④但是，当他仅仅把詹姆斯的类型学思想限定在解决哲学史上针锋相对的理论间的冲突时，⑤詹姆斯类型学的可能突破便被遮蔽了。接下来，我们沿着类型学的道路，看看能从中获得些什么突破。

结合我们在上面对自我与人格的阐释，我们可以将两个论题合理地联系起来，深入推进詹姆斯的气质理论。套用詹姆斯的说法，我们完全可以认为主我的人格类型是客我中的诸内容（也包括气质）显现的逻辑条件。也就是说，一个个体具有什么样的客观显现，他/她在事件中展现出什么样的气质，也来源于主我—客我之间经由我思—思想的对象这一意向关联体的保证。我们当然可以质疑詹姆斯的这种划分人格类型的方法是否是合理，不过，我们此处看重的倒不是这个已经十分经验化的问题。我们关注的是从彻底经验主义的角度出发，人格类型—世界观之间的这种显现关系。

假设现在有一个"刚硬的心"的人，这个说法表明了这个人——作为世间的个体——对世界持有一种独特的看法，比如他/她会是极具宿命感的人，当这个个体面对着世界之中的偶然性时——比如一个走在路上的人

① P. Allan Carlsson, "Jung and James on the Typology of World Views", pp.114 - 115.

② P. Allan Carlsson, "Jung and James on the Typology of World Views", p.119.

③ ［瑞士］荣格：《心理类型》，吴康译，上海：上海三联书店，2009年，第273页。

④ P. Allan Carlsson, "Jung and James on the Typology of World Views", p.114。实际上，从文章的题目就能看出这一点。

⑤ P. Allan Carlsson, "Jung and James on the Typology of World Views", p.118.

被陨石砸中——他/她倾向于会认为这个人的“命数到了”，或者类似的话语。进而感到人生在世的悲剧性，并不相信宗教承诺的永福。而另外一个“柔软的心”的人面对上述事件时，恐怕多半会认为这是那个人运气不好，是单纯的概率性事件。按照上面的说法，这是由于两个人的人格类型的不同所导致的对世界中发生的事情的看法的不同。这种意义上的类型学只是某种态度的表达，也就是卡尔森所说的那种关于世界观—人生观的类型学。既然是“观”，那么它只表达了一种看法、视角。这种说法预设了存在一个实体世界，可被人们从多个视角观看并按照自身的人格类型对其产生评价和态度。一个宿命论者将自己的人生看作是天注定，而一个相信自由意志的人相信自己的人生乃是自我选择、自我创造的，从根本上来说都只是表达一种看法和态度。尽管这种看法和态度会影响到他们/她们的实践行为，但从根本上来说，这种观点只是“公说公有理婆说婆有理”这样的日常生活信念的翻版。这样一来，人格类型理论便只是个十分平庸的理论。

我们当然不能停留在这个层面，在彻底经验主义的态度之下，自我、世界都是纯粹经验构造的生成物，从这个态度出发，我们需要关注的不是具体的自我如何看待“在那儿”的世界、“在那儿”的人生，换言之，不是一个世界观和人生观的问题；而要把问题转变为，在纯粹经验的构造活动中，根据显现—被显现的关联原则，人格自我与世界的生成与关联问题。接下来，我们尝试着根据彻底经验主义的原则，将詹姆斯的几个理论融为一体。

当詹姆斯在意识流的阐明中将意识流总是限制在“个体”之上时，他已经为“哲学气质论”留下了口子。也就是说，当每个意识流的主体——或用威尔德的话来说具身化的人格①——都实际上带有自身选择的能力时，一种关于人格类型的学说便被视为可理解的。每个个体都带有自身的倾向，理性主义者和经验主义者之间的区分在于其人格类型的差别，一个人成为唯

① John Wild, *The Radical Empiricism of William James*, p.74.

心论者还是成为唯物论者也源自其这种先天的倾向。这样一来,具身化的人格是在意识流中被构成的,而“自我”就是在意识流中根据亲密的原则沉淀下来的意识中心,或用胡塞尔的话来说:自我极。这样一来,詹姆斯揭示了一切人格自我的被构成本性。

因此,当人们困惑于《心理学原理》中意识的选择和兴趣能力何来时,“哲学气质论”——也就是人格类型——会是一个很好的答案。意识流完成个体化后,每一个单独的封闭意识流内含其独特的气质类型,这种类型决定了个体化的意识流为何有不同的选择和兴趣倾向。因此,具身化的人格在世界之中会因其内含于自身之中的先天类型与世界之中“温暖”和“亲密”的部分自发地呼应。我们可以这么说,意识的选择尽管是主动的,但这种主动不意味着任意,意识自身包含着选择的倾向性,而这种倾向性的根据在于具身化的人格中包含着的先天心理法则。因此,当意识在进行选择和注意时,意识的这种指向性早已经奠基在气质类型这个先天原则之上了;当我们说意识“构成”其对象时,这种构成或指向的关系并不是意识单方面的“越出”,而是与被选择的对象构成一种相互性的关联。当然,此处的“意识流”并不是詹姆斯意识哲学时期的、带有实体化倾向的意识流,而是在彻底经验主义的态度下,作为对主体生活进行刻画的标识。用彻底经验主义的术语来说,它执行着显现活动的职能,在本节的论域中,这一职能是以人格自我得到理解的。

我们已经反复提及,显现—被显现是一个必然的联结结构,作为显现活动一侧的人格自我必然有一个平行的被显现者一同出现。不过,对被显现者这一侧的述说并非容易,需要曲折地通达。这种通达经由詹姆斯对世界——这一标识着被显现者的标记出发,最后通向与人格自我的对照之中。

詹姆斯关于世界有很多论述,在《心理学原理》中,他叙述了一个多元世界的理论,他首先说道:“从习惯上和实际上来说,我们都认为被忽视的东西是根本不存在之物。现今最流行的哲学法则甚至不把它们当作‘显现’,而是当作废物,相当于什么都不是。然而对于真正的哲学思想来说,尽管它们无法像真实的事物一样实存(existence),但它们仍然是实存的。作为想象的对象,作为谬误,作为梦里的事物,它们用自己的方式成为生命中不可或缺的部分,成为世界当中不可否认的特征,按着它们自己的方式成为实在。因此,哲学家们必须考虑到,整个世界都是由实在、想象和错觉共同构成的。"①这种说法当然超出了那种将世界仅仅看成是物理实在的观点,而扩大了世界的说法。詹姆斯进一步说道:"事实上,我们需要思考的亚世界不止两个,我们中的一些人属于这一个世界,而另外一些人属于另一个世界……人们通常认为,所有这些亚世界或多或少都是不连续的;应对其中一个时,会暂时忽略它与其他世界的关系。而彻头彻尾的哲学家不仅试着给每一个思维对象都在这些亚世界里找到一个正确位置,而且试着在整个世界中找出各个亚世界之间的关系。"②詹姆斯在此处关于多重世界或者亚世界的理论与卡尔森所说的世界观类型学既有相通处,又有不同的地方。相通的地方在于它们都蕴含着"世界"朝向主体生活的显现这一基本结构;而差异的点则在于世界观类型学更多侧重在对世界的观点、视角的角度,而在多元世界的论述中,则肯定了种种世界的实存性,接下来我们还会展开论述。

詹姆斯随即列出了几种常见的亚世界:③

亚世界的类型	亚世界的内容
"感觉世界(物质世界)"	对热度、颜色、声音及生命力、电力等的感觉
"科学世界(物质世界)"	自然规律

① [美]威廉·詹姆斯:《心理学原理》(下),方双虎等译,北京:北京师范大学出版社,2017年,第765页。引文参照原文略有改动,参见William James, *Principles of Psychology*, p.920。

② [美]威廉·詹姆斯:《心理学原理》(下),第765页。事实上,詹姆斯此处用sub-universes和world两个词交替指称亚世界,也暴露了他概念使用不严谨的毛病,为了不造成更大的混淆,笔者遵从译文把universe和world都译作世界的处理方法。参见William James, *Principles of Psychology*, pp.920-921。

③ 以下的表格整理并引申自[美]威廉·詹姆斯:《心理学原理》(下),第766页。

续 表

亚世界的类型	亚世界的内容
“理想关系的世界”	抽象真理，逻辑学、数学、形而上学以及伦理和美学命题
“‘种族假象’的世界”	错觉和偏见的世界
“超自然的世界”	各种宗教和神话构建的、关于世界的连续性体系
“充斥着个人见解的世界”	个人所持有的关于某事物实存的信念
“充斥着各种各样疯狂的和怪异的世界”	上节中提到的非常态人格中出现的多重人格、附体等现象所构造的世界

在《多元的宇宙》中，詹姆斯按照新的分类模式，列举了四种所谓“合理的世界”：“人类天生宁愿有一个合理的世界来信仰和生活于其中。但是合理性至少有四个方面：理智的，美感的，道德的和实用的，而要找到一个世界在这四个方面同时都达到最高程度的合理性是很难的事。在理智上，机械唯物论的世界是最合理的，因为我们把这个世界里的事件都加以数学的计算。但是，因为算术是丑陋的，所以机械的世界也是丑陋的，而且是非道德的。在道德上，有神论的世界是够合理的了，却充满了理智上的挫折。注重实际事务的世界，对于政客，军人，或者具有经商才能而最后获利的人却是十分合理的，他们绝不致于想要改变这种世界的类型，然而这种世界对于偏向道德的和艺术的气质的人是不合理的；因此，我们发觉根据一种哲学假设对于合理性的不管什么需求感到满足，我们就容易发觉根据同一种哲学假设对于合理性的某一其他需求感到不满。”①在这里，詹姆斯的论述仍然是以类型学的思想开展的，我们甚至可以发现，对四种合理的世界的说法是对各种亚世界的进一步细化。

现在我们需要关注这些论述的内在关联。无论是哲学气质论、亚世界理论还是合理的世界理论，它们具有表面的差异，即它们通过不同的分类方

① ［美］威廉·詹姆斯：《多元的宇宙》，第62—63页。

法被划分到不同的类型之中，因此表现出相互交织的特性。例如，超自然的世界可能同时会与道德与艺术的世界、理想关系的世界部分重叠，也有可能相互排斥，因之，批评者完全可以从分类的谬误方面攻击詹姆斯的多元世界理论。但本书的目标不在于此，从更高的层面来看，无论人们关于类型的划分有着怎样不同的意见，但有一条原则是共通的，那就是这些亚世界作为类型显现的世界，它标识着朝向主体显现时的、自成一类的组织模式。因此，我们也可以将这些亚世界、多元世界称之为世界类型。

结合上文中对人格类型的相关论述，我们自然会得到这个推论：人格类型与世界类型有着平行的对应性。这种对应来源于在彻底经验主义的态度下，显现活动与显现者之间的必然关联。上文中已经说到，当在经验流中的一个带有各种类型的人格自我获得一个人格化的“点”以后，一个带有我思性质的人格自我便形成了。从纵向上看，这个人格自我具有同一性，而从横向上看，人格自我中的诸多类型根据显现—被显现的联结结构将经验流中具有相同类型的部分构造为诸多世界类型。这个说法看上去相当怪异和晦涩，我们下面可以举一个典型的例子来说明这种人格类型和世界类型的共现模式。

让我们把目光投向身体。在经受过现代思想教化的人们看来，身体是处于心灵—世界这一现代性基础认知范式中世界一端的某物。说它是世界中的某物的意味是，身体被理解为一个纯粹属于自然界的物体，它可被诸自然规律加以解释。① 身体被设想为一种缺乏意义的单纯自然物，它可通过自然科学的相关说明来解释其运作的机制。但在彻底经验主义的态度下，身体不单单是自然界中的某物，而是一种心理物理的统一体。② 詹姆斯一段略为简略含糊的论述说明了这一点：“自然的组成是非常特别的。在我们每一

① 这里可参考麦克道威尔的相关说法：“对康德来说，自然的观念就是规律的领域的观念——那个伴随着近代科学的兴起而变得清晰起来的观念。”（［美］约翰·麦克道威尔：《心灵与世界》（新译本），韩林合译，北京：中国人民大学出版社，2014 年，第 131 页）“近现代性（modernity）的良好的教导之一便是规律的领域就其本身来看是缺乏意义的……”（同上书，第 132 页）

② 详见第五章第 2 节。

个人的世界中，有某种客体被称为人体，会四处移动且对其他所有客体有所行动，他们行动的原因大致上是我们行动的原因，他们的身体跟我们的身体一样。他们使用语言与姿态，如果那是我们使用的，在这些语言与姿态的背后是有思想的——根本（überhaupt）不只是一般的思想，而是确实具体的思想。"[①]转换到本节的思路上来，身体是一个通达人格类型—世界类型经由显现—被显现结构达成共现的绝佳案例。

我们说到，人格类型与身体也严格按照纯粹经验构造活动的显现—被显现的模式关联在一起，这意味着不是我通过塑造我的身体改变了我的自我与人格类型的样态，也不是人格类型决定了身体样态。而是说它们展现为一种必然连接的平行结构。[②] 我们可以考察一些日常语言中的说法来通达对这个问题的理解。我们通常会说一个人有"忧郁的眼睛"，长着"正直的面庞"，我们也经常说一个人长得"獐目鼠脑"、"贼眉鼠眼"，也说一个人的步伐非常猥琐，等等。这些说法非常有趣，按照上文中所引的麦克道威尔的说法，像眼睛、面庞以及脑袋、身体的形状是单纯自然世界中的事物，是缺乏意义的。然而我们怎么能够通过这些自然物领会出"忧郁"、"正直"、"猥琐"来呢？当然，有人会认为这是心灵对自然物的投射或赋予意义的结果。然而，为什么我们能够大致不差地将某些具有共同的特征的自然性质归类到同一类型中去呢？如果说这是人们的约定，那么这种约定的根据是什么呢？按照本节的观点，恰恰是这些所谓的自然物自身是作为某种与人格类型的显现活动而成对出现的。[③] 我们在第三章中已经说到，在彻底经验主义的态度下，心灵—世界、精神—物质的区分并非源于本体论作出的，它们只是纯粹经验构造活动中的职能。因而它们从本性上

① ［美］威廉·詹姆斯：《真理的意义》，刘宏信译，桂林：广西师范大学出版社，2007 年，第 13 页。

② 威尔德指出如果没有自我性（selfhood），对象（object）就会失去其意义。参见 John Wild, *The Radical Empiricism of William James*, p.87。威尔德指出的这种成对的关系也暗含了上面的意思。一种以人格类型为基质的人格自我与作为对象的世界类型具有成对联结的关系。

③ 这个想法得益于与岳富林的多次讨论。

来说是同一的，心灵和世界是两类职能的区分，它们是显现活动与被显现的关系。

在这种人格类型与世界类型的共现关系中，世间中的一切都显现为某种相对稳定的样态。例如，只要人格类型中的相应类型与物理世界类型还在进行着显现活动与被显现的活动，那么物质世界就会极为稳固。而当这种人格类型停止与物质世界类型的共现活动，作为物质世界在世间显现的一部分的身体也就消失了，对于世间的人来说，这就是死亡。同理，我们也可以理解其他类型的发生或消失。

4. 本章小结

正如开篇时说到的，本章的内容以自我与人格问题为探讨的核心，展现詹姆斯从意识哲学向彻底经验主义的连贯性。并且，我们可以以自我与人格的生成——这一詹姆斯哲学中的重要主题——为具体的例子，展现出詹姆斯哲学分析的特点。

本章的第一节立足于詹姆斯《心理学原理》中的相关论述，借用学界已有的资源，澄清了自我与人格在詹姆斯那里的涵义。我们看到，詹姆斯将自我问题按照主我—客我的方式划分为两类相互联系却又各有其内容的模式。在主我的一侧，作为精神自我的纯粹自我执行着综合和统一的职能，而在客我一侧，则是诸多人格面具向他人公开展示。这是一个处于意识哲学视域中的分析，也就是说主我和客我仍旧被隐隐地设想成某两种自成一类的实体间的关系。

而在第二节中，我们引入的横向自我和纵向自我的区分，有助于更立体地理解自我问题。横向自我是意识流的横截面，此处涉及的是主我与客我的统一问题。而从纵向的角度看，则涉及到人格自我在时间流中的同一性问题。

第三节接着第二节的内容，说明了人格自我经由显现活动与被显现者之间的共现关系所构成。这里则是出于彻底经验主义态度之下的研究。在这一节中，我们援引了卡尔森利用荣格对詹姆斯的诠释，说明了带有人格自我的生成和结构问题。需要说明的是，这一节内容乃是尝试性的推论，试图说明从彻底经验主义的态度出发，人格类型与世界类型之间的构造和共现问题。

为了避免本章内容给读者造成困扰，我们必须再多加说明，以表明本章内容在全文中的重要位置。

在意识哲学阶段，我与其他自我在世间中生活，这是一个基本的设定，实际上这就是我们日常的生活。在日常的生活中，我是一个身心交融的个体，我处于一定的关系中，我面对他人、面对世界，在世界中，我爱、我恨、我决断、我行动等，一言以蔽之，我过有意识的生活，当然这部分可通过意识分析达成理解。但是问题在于——仅从意识哲学的角度看——这个在世间生活中的我是"莫名其妙"而来的，我一出生便属于特定的民族、社群、文化传统，这让我按特定的类型去看待世界、看待他人，过一种特定类型的伦理生活。在本章前两节的分析中，詹姆斯致力于去分析这种世间中的自我的一般结构。这个阶段的特点我们已经说了很多，这里再多说一点。世间的生活和世间的我，与世界似乎是分离的，我"被抛"到一个陌生的世界上，出生、生活、死亡。这个世界在我出生之前很久就已经如此这般，我死后还会如此这般地继续下去。世间的我或许会抱怨、会庆幸为什么我会被造就成如此这般的个体，生活于这般的世界之中。我和世界构成了一个隔离的对子。

然而，这种设定、这种不彻底的预设需要被彻底经验主义排除掉，这样一来我们就进入到了一个与世间生活有距离的境地，在此境地中，我们一方面不脱离世间生活，但另一方面我们开始将世间的生活看成某种我被抛的场所、看作一种既定的现实，我们在此时也要对全部的生活进行反思。① 这样一来，那些既定的、现成的现实就丧失了它的现实性，同样要被纳入到彻

① 此处受启发于游淙祺：《胡塞尔与世间意识》，特别是本书的前五章。同时也得益于与岳富林、刘逸峰的多次交谈。

底经验主义的考察,亦即本章最后一部分的内容,自我与世界、自我与世间生活的共同显现是从何而来的。在这部分,本书用詹姆斯关于类型的初步思考进行了初步的阐发,它可被视为一种最为彻底的自我学,它不再依赖于我—在世的预设,而变成了我和世界的共同显现的、更为原初的探究模式。

第五章

彻底经验主义的理论效应

上文大体上以彻底经验主义为核心线索，梳理了詹姆斯哲学的发展及其核心内容。在开篇时我们就说过，詹姆斯是个极为复杂、多面的人物，他的思想也跨越了诸多领域。但本书认为无论詹姆斯的思想如何变化多端，他仍然不会越出彻底经验主义的基本方法和原则。本章的工作将是检视彻底经验主义在某些具体领域的“施行”，看看彻底经验主义哲学在具体的议题上会产生出何种不同的效应。

1.作为一种特殊经验的宗教经验

现在我们将目光转向詹姆斯的宗教理论，他只关心“宗教的感情和宗教冲动”而非宗教的具体制度与历史，于是他将自己的研究称作“心理学的”。① 实际上他的这种“心理学”和早期的心理学研究一脉相承，也是研究在意识中被纯粹给予的经验现象。詹姆斯强调，对于某些宗教经验现象，我们“必须描写它们、称呼它们”②。同时，他认为：“‘宗教’一词不可能代表单一的原则或单一的本质，它毋宁是个集合的名称。人心从事理论思维，总企图将丰富的材料过度简单化。”③詹姆斯不追问什么是宗教的根源和基础，他只把自己的论题限定在“个人宗教”的领域，关心人的内心倾向和情感。④ 詹姆斯反复强调他的任务不在于研究宗教的历史和制度，而在于研究宗教的

---

① ［美］威廉·詹姆斯：《宗教经验种种》，第 9 页.
② ［美］威廉·詹姆斯：《宗教经验种种》，第 7 页。
③ ［美］威廉·詹姆斯：《宗教经验种种》，第 20 页。
④ ［美］威廉·詹姆斯：《宗教经验种种》，第 22 页。

感情和冲动。而感情和冲动又包含两层意思，一是如他说的，这种感情和冲动的实存判断如何，第二是这些感情和冲动的价值和意义。① 詹姆斯"悬搁"了第二类研究，不从人的目的、独特的视角等带有强烈前见的态度出发来研究宗教，只关心从"纯粹实存的观点考察宗教经验的现象"②。詹姆斯认为对哲学真正有裨益的是原创的宗教经验，而不是依照生活习俗、文化传统保存下来的"二手的宗教生活"③。被自然地接受下来的宗教生活只是被构造之物，并非直接的宗教经验。这里显然可以将其看作现象学还原，将设定的解释框架悬搁起来，只面对原始的宗教经验。除此之外，詹姆斯还悬搁了自然科学的有效性，在詹姆斯时代，通过自然科学的方法来解释"精神"生活已成为潮流，詹姆斯称呼这种方法论为"医学唯物主义"，例如："把圣保罗去大马士革(Damascus)路上所见的幻象，说成大脑头后皮层病灶放射的结果，断定他是癫痫患者……"④詹姆斯当然不同意这种说法，他质疑道："除非有人预先创立某种心身理论，将一般的精神价值与确定的生理变化联系起来，否则，用机体的原因说明宗教心态，否认宗教心态具有高等的精神价值，将是完全不合逻辑的、武断的。"⑤正如他在《心理学原理》中所强调的一样，自然科学的方法和关于生理变化与意识状态之间有联系的学说都是设定的产物，都应该被加入括号之中排除其有效性。

于是，到这里我们就可以看到詹姆斯还原到最后所得到的纯粹的宗教经验了，用他自己的话来说，即原创的宗教经验，实际上就是指那些在意识中被原初地直接给予的宗教经验，这是一门严格的宗教哲学最为关键的研究对象。通过詹姆斯的层层"还原"，真实地描述纯粹的宗教经验就成了他的宗教"心理学"的核心工作。他的这种方法让美国的现象学学者感到非常兴奋，艾迪曾简短地回顾过聚集在"宗教现象学"名下的诸种研究：胡塞尔

---

① ［美］威廉·詹姆斯：《宗教经验种种》，第 4 页。
② ［美］威廉·詹姆斯：《宗教经验种种》，第 5 页。
③ ［美］威廉·詹姆斯：《宗教经验种种》，第 5 页。
④ ［美］威廉·詹姆斯：《宗教经验种种》，第 8 页。引文按通行译法将 Damascus 改为大马士革。
⑤ ［美］威廉·詹姆斯：《宗教经验种种》，第 9 页。

本人并没有系统的、关于宗教经验的现象学研究，而胡塞尔同时代的“宗教现象学家”顶多也只能算作解释学家，因为他们对宗教经验的研究尚未达到面向原初的直接给予这一水平。① 而当艾迪发现詹姆斯的宗教研究时，他不由赞叹詹姆斯的《宗教经验种种》虽没有在任何一处提到或者引用胡塞尔，然而其方法和理论气质却比号称是胡塞尔学派的现象学家们更加属于“现象学的”②。因为，宗教现象学的理论品质应该是直面在意识中被原初给予的宗教经验本身，正如艾迪指出的：“它不应研究宗教意义及宗教符号的历史和语文学的起源，而是应该研究这些意义在意识自身中的基础。这些意义的本源(Ursprung)无法通过历史学的、社会学的和人类学的方法找到，而只能在实际性的、被呈现出来的宗教经验中找到。简短说来，这项研究不是对宗教文本和宗教体制的解释学研究，而是要转向原始的、前反思的经验，而此时我们不能预设任何理论和教条。”③詹姆斯对既有的宗教理论、自然科学、宗教历史和制度的悬搁，对宗教经验的独立地位的肯定与忠实，与胡塞尔的现象学精神相通。在史蒂文斯看来，詹姆斯对原初经验的“忠诚”与胡塞尔悬置种种自然主义态度之后达到的“实事本身”本就是一回事。④ 显然，詹姆斯对自己的宗教“心理学”的设想同样也达到了这样一个理论要求。因此，从这个意思上来说，我们可以说詹姆斯实际上在从事的就是宗教现象学的研究。

在排除诸多与宗教经验无关的事项以后，詹姆斯试图在被呈现于意识⑤中的宗教经验那里发现其基本的结构。如果不继续这项工作，那些被呈现

① James Edie, *William James and Phenomenology*, p.50.

② James Edie, *William James and Phenomenology*, p.52.

③ James Edie, *William James and Phenomenology*, p.51.

④ Richard Stevens, *James and Husserl*, pp.42 - 43.

⑤ 由于詹姆斯对宗教经验的分析引入了潜意识/阈下意识的概念，因此我们之前所讲的意识概念就有所扩大了，为了避免概念的误用，我在此必须做出一些说明。当我们从整体上说詹姆斯的宗教意识分析的时候，这个意识概念包含着通常意义上的意识，即清醒状态下能够自我觉知的那种意识，也包含着潜意识和阈下意识，这个语境中的意识可以说是一种“意识一般”；而当我们指称使用与潜意识和阈下意识相对的那种意识状态时，我使用詹姆斯所说的首显(primary)意识这一概念，詹姆斯用它来强调那种区别于潜意识、首先显现并被直接觉知到的清醒意识。

在意识中的原初宗教经验就不过是博物馆里的陈列物,除了被观看与评论,它们无法让我们通达对宗教经验内在结构的理解。这一点显然也与胡塞尔的现象学态度相通,胡塞尔指出通过现象学的还原,对意识体验中的本质关联的探究便成为工作的中心。① 对宗教研究而言,这样一个被呈现出来的普遍结构是通往理解宗教情感、宗教意识和宗教感本质的必然道路,也就是说没有这个先天结构,宗教经验不会发生。虽然詹姆斯对种种不同的宗教经验做了不同的分析,但是我们纵观《宗教经验种种》全书,对宗教意识结构的分析是宗教经验中最为贯穿和一致的部分。

詹姆斯指出他的时代已有心理学流派反对那种认为意识状态是由单个、完整的"观念"连接而成的思想,他指出"意识场"(field of consciousness)似乎更符合意识状态的实际情况。② "意识场"和"意识流"理论是等同的,它反对传统哲学设定某些基本心理元素来解释意识状态,只要去除掉这种设定,绝对被给予的意识便不是一个个独立的意识单子或意识元素组建起来的,而是一条奔涌不息的大河,其内部相互联系、各种结构相互贯通而又构成一个整体。③ 鉴于意识不是片段、链或者原子似的基本单元,那么意识流动的时候,除了能被清醒觉知到的意识,它的周围还围绕着一个光环、晕圈,投射着刚过去的思想预示着将要到来的思想。④ 这种对意识的理解在当时极具颠覆性,它打破了那种意识状态是由更为微小的基本意识元素所构成的观念。在意识流或意识场中,被觉知到的意识周围还围绕着一圈边缘,它包围着意识,与意识相互渗透,在流动的时间中,既包含着已逐渐暗淡的意识内容,又指向着即将被意识把握到的、正在到来中的意识内容。这个思想詹姆斯将其直接挪用到了宗教理论当中,虽然改变了表述的方式,但是其实质是完全一样的。他认为,"意识场"是"整个意识波或者任一时刻展现给思想的对象场,"⑤"我们的心理场前后相继,每个都有自己的兴趣中心,周围

① [德]胡塞尔:《纯粹现象学通论》,第102页。
② [美]威廉·詹姆斯:《宗教经验种种》,第172页。
③ William James, *Principles of Psychology*, p.233.
④ William James, *Principles of Psychology*, p.249.
⑤ [美]威廉·詹姆斯:《宗教经验种种》,第172页。

的对象越来越不为我们的意识所注意，渐渐淡去，越接近边缘，越模糊不清，以至于根本无法指明界限。"[①]然而边缘尽管是模糊不清的，但"边缘所包含的事物尽管是不经意被领悟，但它确实在那儿，帮助指导我们的行为，决定我们下一次的注意活动"[②]。

不过，相比于在《心理学原理》时期，詹姆斯在宗教理论中的意识结构更为复杂了。因为，当詹姆斯将目光投向宗教意识时，他发现："宗教意味着个人独自产生的某些感情、行为和经验，使他自己觉得自己与他所认为的神圣对象发生关系。"[③]这里的分析包含着一个宗教意识的意向结构，即宗教意识总是关于神圣对象的意识。宗教意识所指向的那个神圣对象是超越于首显意识的，指向一个"看不见的秩序"[④]。但是，对这个神圣存在的领会完全不同于对日常意识内容的把握，因为晕圈、光环中的内容终究可以被意识把握到、可被对象化。然而神圣对象来临的时候人们产生的那种领会完全不同于日常经验，因为它完全超出意识所能把捉的范围，所以它是一种神秘体验。[⑤]

这种体验的发生完全超出了《心理学原理》中的意识结构理论，因为那样一种状态表明："还有另外一套记忆、思想和感受，它们溢出了边缘，完全在首显意识(the primary consciousness)的范围外，但又必须划归某种意识事实，能够凭借不容置疑的符号展示它们的存在。"[⑥]詹姆斯指出这是一个完全属于潜意识的领域，而潜意识领域是宗教意识最为核心的部分。[⑦] 于是，他将宗教意识的分析推进到了潜意识的领域。

---

① [美] 威廉 · 詹姆斯：《宗教经验种种》，第 172 页。

② [美] 威廉 · 詹姆斯：《宗教经验种种》，第 172 页。

③ [美] 威廉 · 詹姆斯：《宗教经验种种》，第 23 页。

④ [美] 威廉 · 詹姆斯：《宗教经验种种》，第 40 页。

⑤ 周普元、姚学丽：《宗教心理学视阈下的詹姆斯"中介项"评述》，《世界宗教研究》，2011 年第 2 期，第 4 页。

⑥ [美] 威廉 · 詹姆斯：《宗教经验种种》，第 173 页。译文按照英文原版略有改动，参见 William James, *The Varieties of Religious Experience*, New York: Literary Classics of the United States, 1987, p.215。

⑦ [美] 威廉 · 詹姆斯：《宗教经验种种》，第 54 页。艾迪也意识到潜意识这条线索是深化对詹姆斯宗教经验现象学研究的可能路径，但遗憾的是他没有从意向体验的角度来看待潜意识。参见 James Edie, *William James and Phenomenology*, p.63。

实际上,早在《心理学原理》时期,詹姆斯就接受了潜意识、无意识或阈下意识这种说法。他曾引用一例"自动书写"的案例来说明存在一种不被我们清醒状态下的意识觉知到的潜意识会支配人类的行为。① 在那个案例中,"患者"在没有首显意识的情况下仍然能够按照语法结构写出有意义的内容,詹姆斯由此推测到,在人的首显意识阈下,有一套类似首显意识的机制仍能够主宰着人的行动,而这就是潜意识或阈下意识。詹姆斯推测那个不属于首显意识的潜意识是一个"意识事实",这看上去似乎是矛盾的,因为一种首显意识无法把握到的意识怎么能被视为"意识事实"呢?也就是说,不能被清醒状态下的意识意识到的"那个"必然是和清醒意识异质的存在。我认为,这一点恰恰是詹姆斯意识流理论的突破和创新之处。如果我们认为首显意识是由一系列更基本的首显意识原子构成的话,那么从逻辑上来说,首显意识的基本原子确实无法组建出一种不是首显意识的意识事实。但是一旦我们突破对意识的原子化理解,将其视为整体性的河流,那么各种意识状态之间的相互联系、互相渗透便是能够得到理解和说明的了。

为了更清楚地说明詹姆斯的理论,我们可以看右面的意识结构图。

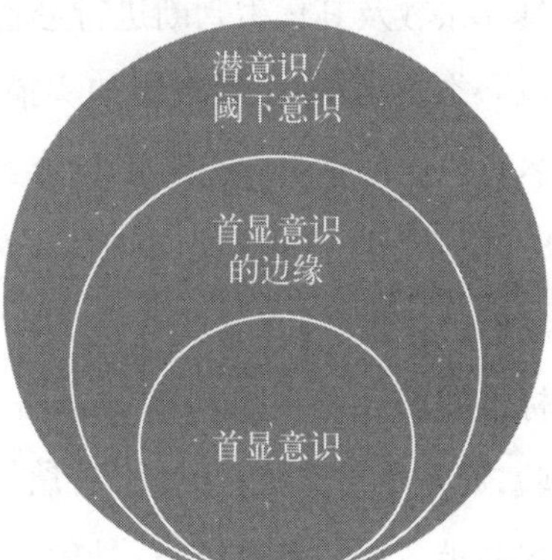

首先,詹姆斯讲的"心理场"包括清醒意识和清醒意识的边缘两个部分,再加上潜意识就构成了宗教经验结构的三个环节;三者并非各自独立的领域,而是相互连接且是流动的。其次,这种流动并非随意的,而遵循着严格的层级结构:潜意识不会直接进入到首显意识,首显意识与潜意识之间永远有边缘为阻隔和屏障,潜意识只能偶尔进入到边缘中;然而潜意识一旦进入到边缘后,尽管它仍不能被首显意识把握,但它会引起首显意识的注意力,牵引首显意识产生神秘体验,而神秘体验是理解宗教意识结构

① William James, *Principles of Psychology*, p.202.

的核心。①

按照詹姆斯的想法，神圣对象就是潜意识/阈下意识偶尔刺破边缘意识的边界对清醒意识注意力的触发，然而清醒意识却无论如何也不可能将其对象化、概念化。因此它只能是私人的、被动的、转瞬即逝的、不可言说的、却又能被清醒意识洞明（illuminations）并直接把握为真理的"意识事实"，也就成了我们通常所说的神秘体验。② 神圣对象只能是牵引着清醒意识、永远在来临中却绝不会到来的"看不见的秩序"。这样一来，詹姆斯发现了意识—神圣对象这一意向关联结构，如果没有这个结构，宗教经验就不可能发生。

到此，我们从一个角度来说明了詹姆斯宗教理论中所展现出来的现象学方法，并从这种方法中刻画了宗教经验所具有的本质性结构。与其说这是在考察詹姆斯的宗教理论，不如说是用他的方法和他一同思考宗教经验的本质结构。无独有偶的是，陈立胜先生撰文讨论过宗教现象学的基本旨趣和方法论要求：1. 反对化约主义，即那些试图把宗教化约到社会学、自然主义、历史主义等理论上的尝试是现象学所反对的；2. 宗教现象学家必须对具体宗教及其优劣判断进行悬置，而只直接面对宗教现象；3. 宗教现象是自成一类的；4. 对宗教现象如实描述；5. 宗教现象学家要尊重每一个信仰者，悬置自己的信仰；6. 比较与分类的方法；7. 寻求宗教现象的本质与结构；8. 重视理解宗教意向；其中最为核心的原则是："反对化约主义、捍卫宗教现象的自主性、尊重宗教现象。"③尽管陈文并没有提到詹姆斯，但是按照这个标准我们会发现詹姆斯的思路与其如出一辙。詹姆斯也反对化约宗教经验，而是尊重其独立的地位；詹姆斯也不预设哪个宗教更好，而是如实地描述各种各样的宗教经验；最后，詹姆斯同样在寻求宗教经验的本质结构，并

---

① ［美］威廉·詹姆斯：《宗教经验种种》，第274页。我们可以看到，已有学者注意到詹姆斯对潜意识在理解宗教经验中的重要地位，（如周普元、姚学丽：《宗教心理学视阈下的詹姆斯"中介项"评述》，第2—5页；John Wild, *The Radical Empiricism of William James*, p.325）但需要指出的是，潜意识只是宗教经验的一环，首显意识与潜意识是一个完整的意向关联体，而不能只强调潜意识的这一端。

② ［美］威廉·詹姆斯：《宗教经验种种》，第274页。

③ 陈立胜：《宗教现象学正名》，《中山大学学报》（社会科学版），2012年第1期，第141页。

刻画了宗教意识—神圣对象的意向关联。从这一点看,我们可以毫无疑问地宣称詹姆斯是一位宗教现象学家。

当然,詹姆斯的这套理论也受到了批评,艾迪责难到,詹姆斯研究宗教经验的现象学方法无法得到一个神学上的结论,对于信徒来说,他无法回答关于神圣对象是"什么"这样的问题。① 不过在我看来这样的诘难并不能击倒詹姆斯,因为就其理论旨趣而言,詹姆斯并不首要关注"什么"的问题。在《心理学原理》中,詹姆斯就已经指出,追问"什么"的哲学实际上预设了太多前提,它过多地接受了历史与文化赋予我们的观念系统来理解世界;然而,意识流本身是川流不息、无阻断、无间隔的,观念系统就像一个桶或勺子,当我们用它从意识流中捞取上固定之物时,那前反思的原初经验已然被污染。② 因此,詹姆斯的方法不是用观念之网去捕获某个固定的"什么",而是试图通过描述直接呈现在意识流中的经验的方式,来刻画宗教经验"如何"发生。显然,这种方法为我们理解宗教这一人类独有的精神和社会现象提供了不一样的视角。

2. 情绪、身体与具身化的伦理

伦理问题在詹姆斯乃至整个古典实用主义哲学中都占有重要的位置,毕竟,实用主义十分关注人的生活意义、关注价值的构成等广义的伦理学问题。不过,在詹姆斯这里,并没有系统的、独立的伦理学著作,他对伦理问题的思考散见于各个时期的诸多著作、教材和演讲稿中,这给我们的理解带来了困难与挑战。按照本书的主题,我们将以彻底的经验主义为方法和线索,重构詹姆斯哲学中的伦理思考,并力图指明其与传统西方伦理学不同的运思特点。

詹姆斯曾提出过一种独特的情绪理论,我们不妨设想一个日常生活中

① James Edie, *William James and Phenomenology*, pp.63 – 64.
② William James, *Principles of Psychology*, p.246.

的场景来刻画詹姆斯理论的特点：一个小孩在花园里尽情嬉戏，心情惬意，突然一条大蛇从她面前窜出，小孩受到惊吓，心跳加速、脸色发白、身体发汗，然后拔腿就跑。在这种情形中，我们一般会认为小孩先受到对象——蛇——的刺激，进而产生了恐惧的情绪，恐惧的情绪继而让她产生上述种种身体上的表现。而詹姆斯的观点恰恰相反，在他看来，小孩面对蛇的刺激时先是产生了身体上的种种反应，继而才产生了恐惧感。他说道："我的理论是，由事实产生刺激时，身体方面先直接发生变化，变化发生时，我们感觉到有这样的变化，就谓之情绪。"①身体变化导致情绪变化的观点挑战了当时流行的看法，詹姆斯对身体反应的强调也遭到许多诟病，有人攻击他是极端的还原主义。② 但是，随着对詹姆斯哲学的深入研究，学者们发现对其情绪理论的解读可以建构出一套身体哲学，这一解读不仅避免了对詹姆斯的还原论指控，还能从中发掘詹姆斯哲学的新面相。我们将会发现，除非将詹姆斯的情绪理论和身体理论放置到其彻底经验主义的方法和脉络中去，否则我们很难跳脱传统的理解方式，从而无法理解詹姆斯哲学的新颖之处及其可能的理论效应。

如上文中的引文所说的，詹姆斯认为身体变化引起了情绪变化，他采取了下面的论证策略："如果我们设想某种强烈的情绪，然后再试着把对它的身体症状的所有感觉从我们对这一情绪的知觉中抽离出来，我们就会发现没有什么遗留下来，没有组成情绪的'心理要素'。没有身体上的变化，情绪所剩下的只是一种冷静的、中性的、理智上的感知状态罢了……恐惧这种情绪，如果没有急促的心跳，粗短的呼吸，颤抖的嘴唇，发抖的四肢，也没有起鸡皮疙瘩，没有内脏机能的紊乱，那还剩下些什么呢，我完全想象不出来。"③按照这个策略，如果减去情绪经验中沾染着的身体反应，就只剩下一些没有实质内容的空洞名词，仅通过这些名词我们无法理解何为情绪。詹姆斯把

① ［美］威廉·詹姆斯：《心理学原理》（下），第 881 页。

② See Howard M. Feinstein, "William James on the Emotions", *Journal of the History of Ideas*, Vol.31, No.1(Jan.- Mar., 1970), pp.137 - 142.

③ ［美］威廉·詹姆斯：《心理学原理》（下），第 883 页。

身体的生理反应看作是情绪的根源,他的这种想法常常被误解将一切情绪还原到生理过程的极端还原主义,并被认为这是根本无法得到实验结果支持的臆想。① 确实,詹姆斯将情绪完全看作生理机制的反应,看上去的确像是一位极端的还原主义者,然而,他却明确地拒绝了这种质疑,他认为自己的理论不同于那些将情绪等同于神经过程的理论。但是在面临批评时,他又始终坚持情绪必须经由身体而被引起。②

这种明显的冲突表现出了詹姆斯理论的内在张力,实际上,在詹姆斯的著作中,类似的冲突并不少见,其根源在于詹姆斯研究意识总会时不时地在两套概念系统中来回跳跃,如费恩斯坦(Howard Feinstein)指出的那样,詹姆斯的理论中存在着唯物论方法与其本人的形而上学和宗教倾向间的内在张力。③ 林斯霍滕也持同样的看法,④于是詹姆斯的研究方法是双重的:一方面是从第一人称出发,通过对内意识领域的现象学考察获得心理状态的内经验;另一方面是第三人称的,以生理学为标杆研究行为、心理状态的物理条件。⑤ 可见,那些批判詹姆斯是极端还原主义的人是有依据的,詹姆斯确实在说明情绪的过程中使用了大量第三人称的视角,将对情绪的生理机制的描述作为对情绪的说明。但是,我们也不能忽视詹姆斯哲学中与还原论分离的另外一方面,即他也强调情绪经验只有通过内省的方式才能被呈现,"詹姆斯坚持情绪是不可还原为其物理基础的内在经验,因此对其研究也应该是通过内省的方式才能够精准。"⑥这样一来,他通过对心理状态的肯定来保证了内经验领域的合法性,也就是说,情绪是完全在内经验领域被体验到

---

① See Howard M. Feinstein, "William James on the Emotions", pp.137 - 142.

② William James, "The Physical Basis of Emotion", *Psychological Review*, 1994[1894](2), p.205.

③ Howard M. Feinstein, "William James on the Emotions", p.134.

④ Hans Linschoten, *On the Way Toward a Phenomenological Psychology: The Psychology of William James*, pp.22 - 25.

⑤ Hans Linschoten, *On the Way Toward a Phenomenological Psychology: The Psychology of William James*, p.37

⑥ Richard Shusterman, *Body Consciousness: A Philosophy of Mindfulness and Somaesthetics*, New York: Cambridge University Press, 2008, p.148.

的，这就能避免认为詹姆斯忽略了情绪作为一种独立的经验的地位。①

按照上文中的论述，如果从第三人称的视角出发，身体引起情绪的过程完全可以用生理学语言刻画，这就会导向还原论，而如果承认情绪作为一种非身体性的实体来引起身体反应，又会导致笛卡尔式的心身二元论难题。而詹姆斯试图拒绝使用笛卡尔的框架来解决由此导致的心身问题，②为了避免两难的困境，我们必须发掘詹姆斯身体概念的多重涵义，并在此基础上重构他对情绪—身体关系的说明。首先，詹姆斯早期仍使用了笛卡尔式的框架，按照心理—物理两种实体的划分，身体可以被理解为一个纯物理的对象，身体诸要素的组合和运作可由生理学语言进行刻画和定义，这样一来，詹姆斯的情绪理论是还原论的。然而我们可以在其后期著作中发现，詹姆斯将身体看作超出单纯物理对象的、克服了心物二元论的原初意义发生场，他说道："我们的身体本身是模棱两可性的最出色例子。有时我把我的身体视为纯粹是外部自然界的一部分。有时我又认为它是'我的'，我把它归到'我'一类里，于是在它里边一些局部变化和规定性就当作精神性的事件了。它的呼吸就是我的'思想'，它的感觉的调整就是我的'注意'，它的肌肉感觉的变更就是我的'努力'，它的内脏的慌乱就是我的'情绪'。"③在"模棱两可"的意义上，詹姆斯认为情绪与身体无法按照主体—客体、内在—外在的框架割裂开来，情绪和自我不是两种不同性质实体交互或一个主宰另一个的关系，二者之间的关系应该是身体变化时，情绪作为变化的显现同时生起。

正是在这一点上，有学者发现了从詹姆斯情绪理论建构其身体哲学的

① Howard M. Feinstein, "William James on the Emotions", p.137.

② Hans Linschoten, *On the Way Toward a Phenomenological Psychology: The Psychology of William James*, p.50.

③ ［美］威廉·詹姆士：《彻底的经验主义》，第 82 页。正如一些学者指出的那样，这种对身体的理解并不是詹姆斯后期哲学中提出的全新观点，他《心理学原理》一书中的相关的论述已经为这种身体观的出现做好了准备。参见 Richard Shusterman, *Body Consciousness: A Philosophy of Mindfulness and Somaesthetics*, p.139. And Hans Linschoten, *On the Way Toward a Phenomenological Psychology: The Psychology of William James*, 1968, pp.50,53,301。

可能性:“詹姆斯在情绪理论中所表达的身体观是一种整体性的观点……身体不是肌肉、血液、腺体、神经等组织的集合,身体在这一大堆组织的共同协作下涌现出一个超越物质层面的现象层面。身体就是自身携带着意义和价值的,表达了一种姿态和意愿,是活的身体,不是一副复杂精细但仍然只是机械地对环境进行反应的装置。”[①]肉身本就是意义化的,因此它才超出了单纯的物理对象的范畴,而成为了活的、有机的身体。[②] 舒斯特曼(Shusterman)评论詹姆斯的“身体”时所举的例子也较好地诠释了这一点:“身体作为一座桥梁,连接了内在自我和外在自然这两个空间,同时也连接了物理事件和心理事件。身体把我们经验中的这些领域之间的界限消除了。我可以把我正在流血的手指看作一个等待被包扎的外在物体,我也能体验到它是我绞痛着的一部分。”[③]身体本身是意义化的身体,身体的动作并非是单纯的物理位移,同时也是意义的表达。

詹姆斯更进一步,把自我与身体紧密联系了起来:“我认为只有个体化了的自我才是真正被叫作自我的东西,这种自我是所经验的世界的一部分内容。所经验的世界(另外也叫作‘意识场’)永远是同我们的身体一起出现,把我们的身体作为它的中心——观察中心,行为中心,兴趣中心……身体是集中点,是坐标的原点,是整个经验系列中的常住的重点位置。一切事物都环绕在它周围,并且从它的观点而被感觉。”[④]这样一来,情绪与“内脏的慌乱”是我的情绪,是身体对周遭的情境做出应答的方式,用流行的概念来说,情绪是具身的(embodied)情绪,是一种独特的身体状态。[⑤] 如林斯霍滕所言:“让身体产生变化的那些刺激作为情绪被经验到了,这不是简单的触发事件;而是一种情境的作用。情绪是对事物意义之共鸣的观察;意义则取

---

① 董雪:《詹姆斯情绪理论新释》,《学术探索》,2015 年第 1 期,第 33 页。

② Hans Linschoten, *On the Way Toward a Phenomenological Psychology: The Psychology of William James*, p.123。对活的身体的论述亦可见 John Wild, *The Radical Empiricism of William James*, pp.3 - 7, pp.375 - 378.

③ Richard Shusterman, *Body Consciousness: A Philosophy of Mindfulness and Somaesthetics*, p.145.

④ [美] 威廉 · 詹姆士:《彻底的经验主义》,第 92 页脚注。

⑤ 董晶晶、姚本先:《威廉 · 詹姆斯与具身认知心理学》,《心理学探新》,2017 年第 3 期,第 200—203 页。

决于它们显现的情境。”[①]这样一来，具身化的情绪与其周遭世界的打交道便是一个意义构成的过程。当情绪出场的时候，并非是一个脱离了身体的自我操纵着物理意义上的身体进入那个情境，进而所谓的自我按照一系列刺激—反应的清单来对种种外部刺激做出反应；更不是那个事物先刺激到一个叫“情绪”的机制或官能，进而“情绪”再发出指令让身体产生相应的反应。这个过程可按如下的形式来刻画：自我进入到一个具体的情境之中，这个情境是整体化的，所谓的整体化就是那个人将其周遭的情境整个地经验到了，在这个整体化的情境之中，身体同样是作为一个整体与其纠缠在一起，并产生各式各样对情境的意义关联。在身体经验中，精神性的“自我”和物理性的“身体”都是反思后经由理性概念构造的产物，在这二者生成之前的身体经验场更为本源。

当然，仅仅把情绪看作是构建詹姆斯身体哲学的起点是不够的，我们还需要进一步追问：一种身体化了的情绪——具身情绪——具有怎样的内在结构？它又如何与周遭的情境打交道？接下来，我们就要处理这样的问题。

为了说明具身情绪的内在结构，我们有必要先回顾詹姆斯的意识流学说，因为在詹姆斯那里，经验、思想、意识三个概念可以互换使用。[②] 经验也好，思想也罢，都是具身的经验和思想，如同詹姆斯反复强调的那样，身体状态所生成的经验就是“我”的思想、“我”的意识，“情绪是对我们身体中被唤起的事件的共鸣的经验”。[③] 传统哲学，特别是英国经验主义认为意识状态是由基本的意识元素或意识单子组合、加总而成的；詹姆斯对这种思路很不

① Hans Linschoten, *On the Way Toward a Phenomenological Psychology: The Psychology of William James*, p.283.

② 尚新建：《经验概念是威廉·詹姆斯哲学的基石》，第 119 页。这里的经验却早已超出了近代哲学对经验的理解；经验不再只是提供给心灵的认知材料或单纯的感觉表象，而是一种与世界打交道的方式，是一种亲身投入。（见尚文第 108 页）。林斯霍滕在谈到詹姆斯的意识流理论时，也直接将其理解为经验流。参见 Hans Linschoten, *On the Way Toward a Phenomenological Psychology: The Psychology of William James*, p.62。

③ Hans Linschoten, *On the Way Toward a Phenomenological Psychology: The Psychology of William James*, p.279.

满:“没有人经历过一个自身就很简单的感觉。从我们出生的那一天起,意识就是关于各种对象和关系的复合体,而我们称之为简单感觉的东西,只是我们的注意力常常厚此薄彼而产生的结果。”①从詹姆斯的视角来看,所谓组成意识状态的基本元素本就是理性反思的结果,由于反思者设定的概念框架不同,产生了各式各样的、所谓的构成意识状态总体的基本元素,彼此间争论不休且无定论。但是,如果将这些概念框架悬置起来,不要预先设定它们的有效性,在前反思的状态中直接面对意识体验,就会发现它是河流状的。② 用詹姆斯自己的话来说:“意识不是衔接起来的,而是流动的。形容意识最贴切的描述就是将其比喻为‘河’或‘流’。”③意识是一条河流蕴含这样一个观点:我们所能知道的“某物”并非是孤立的,而是与河流中的其他“某物”处于一种相互纠缠的关系之中;詹姆斯说道:“我们简单地根据思想产生的对象来为我们的思想命名,就好像每一个思想都只知道它自己所指的事物,对其他事物一无所知。实际上,每一个思想除了知道被命名的那个事物以外还模模糊糊地知道许多其他的事物。”④意识或思想中总有一个核心的部分,这个部分是被意识抓住并“点亮”的部分;然而这个“点亮”的部分周围环绕着一个“晕轮”、“地平线”⑤或使用得更多的“边缘”⑥。这些比喻非常贴切,晕轮或边缘指那些我们意识中围绕着显要意识的部分。当我们在夜晚仰望星空赞叹漫天繁星时,恰恰是在黑暗的宇宙、身边之静谧这样的晕轮、边缘背景的环绕烘托之中,繁星成为了我们意识中最为显要和集中了所有关注的部分。

---

① [美] 威廉·詹姆斯:《心理学原理》(上),第 174 页。

② 陈亚军:《哲学的改造》,北京:中国社会科学出版社,1998 年,第 106—107 页。

③ [美] 威廉·詹姆斯:《心理学原理》(上),第 185 页。在有些地方,詹姆斯也把意识流称作意识场,这个说法强调“整个意识波或者任一时刻展现给思想的对象场”([美] 威廉·詹姆斯,《宗教经验种种》,第 172 页)。林斯霍滕不刻意区分意识流与经验流的做法也让他直接把意识场称作经验场。(Hans Linschoten, *On the Way Toward a Phenomenological Psychology: The Psychology of William James*, p.251)下文中将身体的意识流和经验流称作身体的经验场也出于这个缘由。

④ [美] 威廉·詹姆斯:《心理学原理》(上),第 186 页。

⑤ [美] 威廉·詹姆斯:《心理学原理》(上),第 207 页

⑥ [美] 威廉·詹姆斯:《心理学原理》(上),第 195 页。

边缘构成了不同意识状态之间隐秘的连接部分，两个看似无关的意识内容通过它联系在一起。从另一个视角看，这个边缘“模模糊糊”却渗透着已然逝去的意识和将要到来的意识，它不仅为当下的意识保留着部分逝去意识的残留，同时也为意识即将到来的经验指明趋势并做好了准备，这就是意识流内在包含着的时间结构，用詹姆斯的话来说：“旧事物缓慢消失，新事物接踵而至，这便是记忆和期望的胚芽，是时间知觉的回顾（retrospective）和预期（prospective）。新旧事物使我们的意识川流不息，具有连续性。如果没有这个连续性，意识就不能称作意识流了。”①意识流的连续性必然意味着它是在一个回顾—当下—预期的时间结构中进行的。

身体意识或身体经验也具有这样一个结构。② 身体经验同样是一条河流，而不是由基本元素组合加总而来，而情绪作为身体经验的一种样态，也包含着上述结构。当身体变化作为情绪经验出现时，这一具身情绪周围也有这样一个晕轮或边缘，与周遭情境中的事件相互牵连着，与此同时它也具有一个内在的时间结构。作为经验场的身体在情境中的经验活动不但自然保留着之前的经验，还将自身的意识投射到将要发生的事物中去，使得我们具有一个做出反应的预期。

我们不妨设想这样一个场景：在漆黑的夜晚，我不得不穿过一片坟地回家，周围刮着冷风，我不禁打了个冷颤，但我不得不硬着头皮向前走，在经过一座坟的时候，只见一个东西从坟头上窜出，这时我双腿一软，呼吸急促、心跳加快并大叫了出来。这是一个真实的恐惧场景，在这个场景中，有意识的身体被其周遭情境整体笼罩了，身体迅速生起恐惧情绪；我们不能说到底是坟、风、还是窜出的东西中单独的哪一个构成了使我恐惧的决定性要素，是

---

① ［美］威廉·詹姆斯：《心理学原理》（上），第 478 页。

② 林斯霍滕在论述詹姆斯的身体意识（经验）时，认为身体意识（经验）是自发性的，是身体本身所具有的，其自身也可以按经验流的方式得到理解。不过他直接用胡塞尔的术语来解释詹姆斯的理论。尽管胡塞尔的理论和詹姆斯的理论有相似性，但为了将二者区分开，保持詹姆斯思想的独立性，本书不认同这种做法，而是用詹姆斯自己的概念来解释他的想法。参见 Hans Linschoten, *On the Way Toward a Phenomenological Psychology: The Psychology of William James*, pp296 - 297。

这个情境整体地进入到了我的经验场中来了，我的身体在这个环绕着我的情境中现身，身体的诸通道都向其敞开了；在此以整体性的与情境打交道的过程中，冷风、坟地、漆黑的夜等要素并不单纯只是一些物理事件，而是在独特的文化背景中构成了一种包含着“恐惧”意义的关联体；而进入此一情境的人，他的身体本身承载着其生活历史和习性，一旦二者之间构成了意义共鸣的构造关系，情境中所渗透的“恐惧”的意义便和身体中的“恐惧”情绪形成了相互引发与相互构成的经验。这一引发和构成的发生同样是在具身情绪的时间结构中发生的，因为当恐惧的情绪被经验到时，“前恐惧”的经验已然为此经验做好了准备，将会作出怎样的反应我的身体也已经隐隐地指出了其趋势。按照詹姆斯对时间意识的分析，我恐惧的那一瞬间已然包含着“回顾”和“预期”在里面了。在与情境打交道的过程中，情境与“我”的情绪之间构成一种情绪—被情绪的意向结构，它不同于刺激—反应的模式，只能认为是整个周遭情境、有意识的身体与周遭情境打交道的历史一同构成了一个能使身体生起恐惧的场景。

通过这样的解释，我们努力克服了詹姆斯情绪理论中还原论的一面，并通过情绪建构出了詹姆斯身体哲学的基本方面。如上文所言，在他的思考中，身体被看作是一个超越了主—客、内—外分裂了的场所，心—身、内—外是身体经验生成的不同形式和不同功能；由于身体经验周围所围绕着的“边缘”的缘故，这一“模模糊糊”的“边缘”早已为身体经验与周遭情境的相互引发做好了准备，正如林斯霍滕所言：“身体在我能想象所有可能出现的事情之前就已经准备好了。在‘我’将世界向自身表象之前，身体就已经知道世界了。”①这样一来，对“我”在世界之中与被给予的情境打交道的理解，便不能再诉诸有机体如何适应环境、如何对刺激做出反应这样的简单模式。下文我们将看到，伦理作为一种与世界打交道的方式，同样也需要具身化的情绪运作于其中，从而构成一种具身化的伦理想象。

---

① Hans Linschoten, *On the Way Toward a Phenomenological Psychology: The Psychology of William James*, p.299.

上面的论述让我们看到了身体在詹姆斯哲学体系中的重要作用，它可以满足詹姆斯的某些哲学愿望，比如捍卫人的经验的多样性、避免还原主义等。除此之外，如上文结尾中所提到的，它对于刻画人在世界中行动的模式亦有裨益。将詹姆斯这套具身化情绪的理论推进到伦理领域，可让我们迈向一种具身的伦理学，可以为理解人类伦理实践提供独特的视角与方法。

当然，这种"推进"并不是毫无根据的。在詹姆斯论述情绪的时候，他就考虑到了一些"精细情绪"的构成，它们包括道德感、理智感和美感。[①] 詹姆斯仍旧把这几种"高级"情绪的产生"归功"于身体："在理智的激动或道德的感化的一切情况中，我们不难发现……如果没有因正义的事件而激动，没有因慷慨激昂的行为而兴奋；那么我们的心理状态根本就不能被称为情绪的状态。事实上，它仅仅是一种对于事物应该怎样称呼的，一种对于事物的精妙、公正、慷慨等性质的理性知觉。这种评判性的心理状态应该纳入真理认识中去；它完全是一种认知行为。然而，道德和理性的认知几乎是不可能如此单独存在的。细致的内省表明，我们身体的'共鸣器'一直在运转，它的作用程度超乎我们的想象。"[②]在这里，我们需要特别强调的是，詹姆斯在这里所谈论的道德感特指一种能激发道德行动的情绪，从这个角度来看，他关心的是如何刻画情绪在道德行动中的触发性以及与独特情境的关联性作用，而非要从具身情绪出发去建构一套规范伦理学。

从上述的引文可以发现，詹姆斯区分出了两种与世界打交道的方式，一种是知识，另一种是体验。在另外的地方，詹姆斯将其区分为相识的知识（knowledge of acquaintance）和相知的知识（knowledge-about），与前者关联的是感受与情绪等；与后者关联的是判断和概念等。[③] 实际上区分为体验和认知更为清晰。对世界的认知设定了一个外在于认知者的对象，认知被认为是一种超越了个体的普遍官能，通过知识的方式对对象进行精确的把握；而另一种方式则是切身的体验。詹姆斯举过这样的例子："当我看见蓝颜色

① ［美］威廉·詹姆斯：《心理学原理》（下），第 894 页。
② ［美］威廉·詹姆斯：《心理学原理》（下），第 895 页。
③ ［美］威廉·詹姆斯：《心理学原理》（上），第 170—172 页。

时,我知道这是蓝色;当我吃梨时,我知道这就是梨的味道……但是我却说不出任何关于这些事实的内在特性以及是什么使这些事实形成现在的性质。我不能将这些事情的知识告知给任何不曾熟悉这些事情的人。我不能描述它们,不能让一个盲人猜测蓝色是什么样子的……"①

二者之间的差别一目了然,基于此,詹姆斯区分开了两类对道德的理解:第一种是知识型的,我们通过反思从经验中抓取一些内容,经过概念系统的分拣之后将其归到了"道德"或"伦理"及其更精细的范畴名下。例如,老师向学生教授如下内容:"8 月 8 日晚 8 点,张三在玄武湖畔勇斗歹徒。这就是一个勇敢和正义的行为。"按上述詹姆斯的观点看来,这仅仅是为一种外在于个人经验的行为命名,它构成一种关于"正义"和"勇敢"行为的知识。第二种则可被称之为实际的道德经验,即如他所描述的,当面对着道德的场景(如"正义的事件")时,身体上生起情绪变化,这就进入了一个与道德相关联的情绪状态。根据上面的引文,詹姆斯认为后者,即有关道德的切身经验更能够揭示出道德行为的深层根源。② 也就是说,在真实的道德行动中,具备关于道德原则的知识并不一定意味着具备道德行动的能力。道德行动的触发并不是依赖于对道德知识的掌握,而是依赖于我们上文中反复提到的,它是从具身情绪与独特的道德情境的相互引发和构成中出现的。

因此,我们可以说詹姆斯提倡一种具身的伦理学,③从身体的维度出发来刻画我们的伦理行为的动机关联结构。从西方哲学的传统上来看,身体

---

① ［美］威廉·詹姆斯:《心理学原理》(上),第 170—171 页。

② 针对这一点,舒斯特曼就曾指出詹姆斯所患有的种种疾病对其身体的摧残,直接影响到了他的心理状态和道德状态,正是这种切身的人生经验让詹姆斯对具身的情绪与道德间的关联有着深刻的洞察。参见 Richard Shusterman, *Body Consciousness: A Philosophy of Mindfulness and Somaesthetics*, pp.136 - 137。

③ 具身伦理(embodied ethics)这一概念并不主流,但也有学者零星地做出过阐发,比如麦克拉伦(Kym Maclaren)曾借用梅洛-庞蒂的身体哲学构建一种具身伦理学,用来解决美德伦理学与义务论伦理学间的冲突。参见 Kym Maclaren, "Merleau-Ponty's Embodied Ethics: Rethinking Traditional Ethics", in *Existentialist Thinkers and Ethics*, Christine Daigle (eds.), Montreal & Kingston: McGill-Queen's University Press, 2006, pp.142 - 165。

在道德理解中是被驱逐、被鄙夷的对象。① 近代以来，尤其是在康德这样的哲学家看来，身体是服从自然因果律的一个领域，在这个领域只有自然的必然性，而无法体现作为理性的人的自由，特别是情绪这种自病理学刺激而来的要素并不能成为触发道德行为的动机。正因如此，道德被设想处于某种脱离了身体的领域。这构成了一种对伦理的独特想象，伦理活动必须超越由于具有身体而带来的特殊性和任意性，或可借用查尔斯·泰勒(Charles Taylor)评论现代伦理学的说法："我们必须克服并超越自身的狭隘和偏见，获得一种所有地点、所有人的信念，类似于自然科学努力占领的'不取立场的视点'。"②于是，许多伦理理论依赖于发现或发明抽象的道德原则，由于这一组抽象的道德原则来源于"不取立场的视点"，因此它们被设想为公正且普遍适用的。

当然，以原则为核心的伦理学极为重要，它构成了人类实践所需遵循的公共规则。但在詹姆斯这里，问题从什么是一个可被辩护的伦理原则转变为了伦理要被实现需要哪些条件。在他看来，只寻找抽象原则是不够的，它们只是有关道德的知识，仍旧缺乏将其现实化的条件，用布雷克(Blake)的话来说，它尚不是人类对活的经验的知觉(perception of lived experience)。③ 从詹姆斯的视角出发，光有道德原则是不够的，掌握很多关于道德原则的"死"知识不意味着能够成为一个有道德的人，道德原则必须要进一步成为具身的情绪经验，它才能"活"起来。只关注抽象的道德原则和道德知识容易流于伪善，詹姆斯举过一个著名的例子：一位贵妇人为剧中人的遭遇落泪，却对她的马车夫在门外受冻毫无感觉；詹姆斯认为这些人"只能以单纯和抽象的方法去识别善性，这是多么悲哀啊！"④在上述例子中，贵妇人只知从某些符号或意象

① Thomas Blake, "Affective Aversion, Ethics, and Fiction", in *The Palgrave Handbook of Affect Studies and Textual Criticism*, edited by Donald R. Wehrs and Thomas Blake, London: Palgrave Macmillan, 2017, p.208.

② [加] 查尔斯·泰勒：《世俗时代》，张容南等译，徐志跃、张容南审校，上海：上海三联书店，2017 年，第 415 页。

③ Thomas Blake, "Affective Aversion, Ethics, and Fiction", p.207.

④ [美] 威廉·詹姆斯：《心理学原理》(上)，第 94 页。

中“识别善性”,也就是把善或道德当作某种外在于自身的知识和抽象原则,而当自己进入到真实的场景中,她却缺乏体验到善性并行动的能力。

这种情形在我们的日常生活中并不少见,我们经常看到一些人在口头上宣扬各种道德观念,而当需要他们亲身实践那些道德观念时,就显得很无力了。其中的一个重要原因在于他们无法在自己实际的切身经验中为这些抽象的道德观念找到一个位置。当他宣扬这些观念的时候,不自觉地把自己放置到了一个脱离了自己身体的、“不取立场的视点”之上了;而当自己需要实践这些观念时,才发现当他作为一个有身体的行动者进入到具体的情境时,那些道德观念难以激起他身体的情绪经验,他根本不知道在一个真实的伦理场景中该如何行动,进而也就无法对那个具体的情境做出恰当的回应。

按照我们上文中对具身情绪的结构的分析,单个被抽象出来的事件与从经验中被判断和概念捡取出来的道德知识之间无法形成真正的意义关联体。情境中的事件与具身的情绪需要在一个相互引发的经验场中才能发生关联,因为没有了经验场的边缘、晕圈,事件和情绪便失去了过渡与相互间的构成,只剩下抽象的原则与个别事件间刺激—反应式的单薄关联。正因如此,詹姆斯向来反对把伦理行为建基于抽象的原则和知识之上,①而强调亲身地介入到具体的情境中去,他认为即便是同亲人聊天或在马车上给人让座这样的小事都很重要。② 这些看似微不足道的事件恰恰是因为它们要求有身体的行动者亲身地介入,而使得行动者可以培养出在道德场景中恰当行事所依赖的情绪,随着情绪与情境形成意义的关联体,人们就会逐渐获得在具体的道德场景中恰当行事的能力。正如布雷克所言,我们对自身经验的具身情绪化应对是道德发展的动力。③ 缺乏这种通过具身化情绪对特

① ［美］威廉·詹姆斯:《詹姆斯文选》,万俊人、陈亚军等编译,北京:社会科学文献出版社,2007 年,第 349 页。

② ［美］威廉·詹姆斯:《心理学原理》(上),第 95 页。

③ Thomas Blake, “Affective Aversion, Ethics, and Fiction”, p218。布雷克坚持了休谟式的宣称:道德判断与行为被情绪和激情所引导。这里需要指出的是詹姆斯比休谟式的观点多出的一个维度在身体,因为情绪是具身化的,因此情绪推动道德判断时意味着身体与周遭情境已相互纠缠构成了一个伦理维度。从詹姆斯的理论中合理地可推出伦理行为是在场的、直接的和情境化的。这也是不能将詹姆斯与形形色色的情感主义者混淆起来的缘由。

定情境进行回应的能力，那些抽象的道德观念就没有得到展开的机会。

综上，身体在伦理行为中的作用意味着在场性的出现，也就是说伦理意味着某种在我周遭与我直接遭遇的场景。与抽象的玄思不同，这种具身伦理要求将道德原则放到具体场景中具体地行动的维度上，相比为某一道德原则做精妙的辩护，詹姆斯更关心如何在一个具体的伦理情境中做出恰当的应对。如马切蒂（Marchetti）所言，詹姆斯关心的伦理问题是抽象的道德原则与实际的个人生活之间如何连接的问题。① 其中的一种方式就在于反思并不断拓展自己的道德感受性。② 用我们这篇文章的主题来说，那便是将有身体的自我置入到一个又一个具体的情境中去，直面纷繁复杂的生活之流领受其意义，恰当而又体面地回应被给予我们的情境。

行文至此，关于詹姆斯的情绪、身体和伦理理论的探讨暂可告一段落。我们一开始从詹姆斯对情绪的论述入手，顺着这条线索发掘出了其中的身体维度。在这里，情绪不再是脱离身体的情绪，而身体亦不再是物理意义上的身体。身体被视为一个本源的经验场、一个具有意识的有机组织，身体自身包含着经验的结构。这样一来，具身情绪也同样要按照身体意识或身体经验的内在结构展开，正是在这种结构中，具身情绪与周遭情境有了相互引发和相互构成的关联形式。在此基础上，詹姆斯又将道德感视为情绪的一种，这一条线索将身体与伦理行为联系在了一起，在具身情绪与道德情境的相互引发中，我们看到伦理行为对情境、对面对面的相遇等维度的依赖。詹姆斯的伦理思考与流行的伦理学展现出了两条路线的对立：前者是强调情绪与体验、身体化的情境伦理学；而后者是强调抽象规则与原理、无身体的普遍伦理学。从这里出发有助于我们继续探索人类伦理行为及其结构的本性。关于具身伦理的部分，我们有必要再做出一点简短的评论。上文中我们通过詹姆斯的理论展现了伦理道德原则得以现实化所要求的、来源于具身情绪的条件，我们可以将这个领域归属给道德动机的研究，而非关于规

① Sarin Marchetti, *Ethics and Philosophical Critique in William James*, New York: Palgrave Macmillan, 2015, p.70.

② Sarin Marchetti, *Ethics and Philosophical Critique in William James*, p.58.

范伦理学的研究；除此之外，另外一个问题仍是悬而未决：从詹姆斯的视角出发，能够从身体哲学构建一套规范伦理学吗？这个问题留待进一步的研究。

3. 彻底经验主义与跨文化对话

在第三章讨论詹姆斯的纯粹经验概念时，我们已经提到了冯友兰对其“化用”，在那个部分，我们指出詹姆斯直接否定了对纯粹经验中立一元式的解释。被经验到的事物只能依其已显现出的性质来确定做成它的材料，而这已是纯粹经验的成就而非纯粹经验本身了。因此，詹姆斯只能使用“这”(this)这样的描述来指示纯粹经验。[①]“……在我们确定它是什么之前，它必须只能是这……”[②]正因为“这”不可能被命名活动限定，只能强行将其命名为纯粹经验，或者更简单一些：用“这”这一勉强的命名来指示那种原初的状态。如黄启祥所评论的那样：“……它是一个最初的经验，又是一个确定的经验，我们无法为其命名……但是无名(namelessness)并不是不存在……”[③]有意思的是，冯友兰就从这一点来解释庄子的哲学，而正是从这一点我们可以看到詹姆斯的哲学具有某种非独断论、非西方中心论的特点，因而我们特意讨论冯友兰对他的引用和理解，是想为当下的跨文化对话寻求一种可以上手的思想资源。

冯先生对詹姆斯的提及与引用主要出于今人所编辑之《三松堂全集》第二卷中，此卷书收录三部著作：《一种人生观》、《人生哲学》和《中国哲学史》(上)。[④] 在《人生哲学》中，冯友兰认为要谈论人生哲学，便不可忽视宇宙论，“一哲学之人生论，皆根据与其宇宙论。”[⑤]所以，尽管我们下文中首先关注的是冯友兰从人生哲学的角度来比较庄子和詹姆斯，但按冯先生的观

① William James, *Essays in Radical Empiricism*, p.27。有的地方也用 that 一词。
② 威廉·詹姆士，《彻底的经验主义》，第 7 页。
③ 黄启祥：《思想流学说与詹姆士哲学》，第 205—206 页。
④ 冯友兰：《三松堂全集》(第二卷)，2001 年。
⑤ 冯友兰：《三松堂全集》(第二卷)，第 47 页。

点，人生哲学建基于宇宙论之上，因而对人生哲学的比较可自然延伸到关于宇宙论的比较之上，自然也是没有问题的了。

在《人生哲学》关于道家的部分与《中国哲学史》（上）涉及庄子的内容中，冯友兰使用了几乎相同的表述，他认为道家的核心思想为贵自然、轻人为，理想的人生乃是破除人为的束缚，返回老子式"婴儿"般的状态[①]或是庄子之心斋、坐忘的境界。[②] 为了说明何为婴儿或心斋、坐忘的状态，冯友兰直接引入詹姆斯的纯粹经验学说："婴儿虽有活动而无知识；此种无知识之经验，即所谓纯粹经验（pure experience）也。在有纯粹经验之际，经验者，对于所经验，只觉其是'如此'（詹姆士所谓"that"），而不知其是'什么'（詹姆士所谓"what"）。詹姆士所谓纯粹经验，即是纯粹所觉，不杂以名言分别……佛家所谓现量，似即是此。庄子所谓真人所有之经验，即是此种，其所处之世界，亦即此种经验之世界也。"[③]冯友兰在此处将纯粹经验理解为佛家的现量，佛家之现量指那种直接的知觉，这种知觉还没有被"名言"分别为不同的种属关系，亦即某种前概念化的纯粹知觉，扩展一点来讲，它是某种尚未被概念活动、对象化活动打破的原初状态，与之对勘的即真人之经验。在这段话中，与其说冯友兰是在做比较研究，毋宁说他在进行东西文化之间的互释。冯友兰的工作乃是用纯粹经验来解释真人所达至的状态或是境界。或可这样宣称：真人所经验到的便是纯粹经验。

冯友兰随即引用庄子来佐证自己的解释："古之人其知有所至矣。恶乎至？有以为未始有物者，至矣尽矣，不可以加矣。其次以为有物矣，而未始有封也。其次以为有封焉，而未始有是非也。是非之彰也，道之所以亏也。道之所以亏，爱之所以成。果且有成与亏乎哉？果且无成与亏乎哉？有成与亏，故昭氏之鼓琴也。无成与亏，故昭氏之不鼓琴也。（《齐物论》）"[④]冯

① 冯友兰：《三松堂全集》（第二卷），第 62 页。

② 冯友兰：《三松堂全集》（第二卷），第 467—468 页。

③ 冯友兰：《三松堂全集》（第二卷），第 62 页。此段内容亦被收入《中国哲学史》（上）庄子一章中，差别在于后书中，冯友兰将"婴儿"的状态改为"个体与宇宙合一"的状态。见第 466 页。

④ 该段引自冯友兰：《三松堂全集》（第二卷），第 62—63 页，亦可见第 466 页。

友兰对此段内容的解释是:“有经验而不知有是非,不知有封(即分别),不知有物,愈不知则其经验愈纯粹……有名言区别即有成,有成即有毁。若纯粹经验,即无成与毁也。”①达此境界者即为“至人”,②纯粹经验之状况即为“玄德”,亦即“真人”所达至的境界,③“人至此境界,始可绝对的逍遥矣。”④虽然冯友兰并没有引用詹姆斯的彻底经验主义方法,但他代之以庄子的“心斋”与“坐忘”,同样通达了詹姆斯所谓纯粹经验的状态。

冯友兰直接避开了对纯粹经验的中立一元论式解读,在他看来,纯粹经验是状态而非实体,他遵从詹姆斯的说法,认为纯粹经验并非能透过概念得到界定,而只能勉强地用“这”来标识它,不过纯粹经验并非与世间生活脱离的某种神秘状态。更进一步,冯友兰看到了纯粹经验的前概念性、前对象化的特征,认定纯粹经验“即是纯粹所觉,不杂以名言分别”——所谓名言分别即通过概念将尚未分别的原初经验分门别类——而这与他所理解的心斋与坐忘的状态一致:“在此情形中所有之经验,即纯粹经验也。”⑤这与詹姆斯用“这”来勉强描述纯粹经验之状态相契合。

从冯友兰对庄子的诠释来看,真人、至人是能够体道的“人”,这样一来,他已经隐隐地将詹姆斯的在“这”、纯粹经验和庄子之“道”联系在了一起。不过冯友兰停下了自己的脚步,并没有继续用纯粹经验诠释庄子之“道”。他过于简短的对话给我们遗留了很多关键的问题,一方面是理论上的:纯粹经验和道有接近之处吗?另一方面则是方法论上的:上述的东西互释是有根据的吗?庄子和詹姆斯之间对话在何种意义上是可能的?这些他未能说明的问题为我们继续开展詹姆斯与庄子之间的跨文化对话敞开了可能性。

本书在第三章讨论何为纯粹经验的部分已经表明,罗素和艾耶尔(Alfred Ayer)等人对纯粹经验的中立一元论式理解是不合适的,纯粹经验

---

① 冯友兰:《三松堂全集》(第二卷),第63—64页,亦可见第466—467页。
② 冯友兰:《三松堂全集》(第二卷),第65、470页。
③ 冯友兰:《三松堂全集》(第二卷),第469页。
④ 冯友兰:《三松堂全集》(第二卷),第469页。
⑤ 冯友兰:《三松堂全集》(第二卷),第468页。

显然不可再被理解为某种非心非物的超级容器，根据詹姆斯的相关文本和部分研究者的诠释，本书认为纯粹经验本身是一种不可被概念化的、无规定的原始活动。而正是从这里出发，我们发现纯粹经验可与东方之道构建起一个对话的通道。

让我们从这个日常的追问出发：为何现实的经验之物可通过一种无规定的 X 获得其规定性？我们已在上文指明这恰恰是我们的日常理解已经被规定性所规定后的结果，或者借用海德格尔的存在论差异可看出，我们习惯于用关于存在者的讨论切入关于存在的讨论，因而混淆了问题。在詹姆斯这里也有类似的困难，对纯粹经验的刻画总是被习惯于用某种经验去描述纯粹经验，问题在于纯粹经验本就不是我们日常概念中的那些已经得到规定性的经验。所以我们一再指出詹姆斯使用概念的不严谨造成了读者的大量误解，或许不使用“经验”一词效果会好些。我们已经指出，纯粹经验不是某一类现成的经验，而是使得那些现成的经验得以现成化的原初发生活动，这为纯粹经验与庄子之道的对话敞开了可能性。

接下来，本书转入对庄子之道的简要讨论，这方面的讨论我们将依据学界已有的成果。众所周知，尽管关于《庄子》各部分的真实作者究竟为何人有较多争论，但内七篇普遍被认为为庄子本人所作，代表了庄子本人的核心观点。而据王博的提示，内七篇中主要体现庄子之道的文字集中于《大宗师》，①而《大宗师》一文中关于道的集中讨论在这一段：“夫道，有情有信，无为无形；可传而不可受，可得而不可见；自本自根，未有天地，自古以固存；神鬼神帝，生天生地；在太极之上而不为高，在六极之下而不为深，先天地生而不为久，长于上古而不为老……”②这一段内容较完整地传达了庄子关于道的体悟。一、道确实是、有、存在，故庄子说它“有情有信”；二、然而道的是、有、存在又不同于世间万物之是、有、存在，因为它“无为无形、可传而不可

① 王博：《庄子哲学》，北京：北京大学出版社，2004 年，第 155 页。
② 王博：《庄子哲学》，第 155 页。同时可见陈鼓应：《庄子今注今译》，北京：商务印书馆，2007 年，第 213 页。

受、可得而不可见”,①与那些获得了名称、规定性的事物不同,道不能被种属关系、范畴所规定;三、道使得万物得以成为万物,固庄子言道“自本自根,未有天地,自古以固存;神鬼神帝,生天生地”;四、道不是某种始基或第一因,道并不分离于万物的实存,这便是“在太极之上而不为高,在六极之下而不为深,先天地生而不为久,长于上古而不为老”的含义。如彭富春所言:“道并不与万物相分离,不如说,它自身贯穿于万事万物之中。”②道不可能被把握为具体的事物,却成就了每一个具体的事物;它自身无规定性,却给予万物以规定。

通过对詹姆斯的“这”或纯粹经验与庄子之道进行诠释,我们很容易发现二者之间的相似性:

一、二者都逃离被命名、被规定、被概念活动把握。

二、二者都是现成的万物得以如此这般存在的原初“活动”。

三、二者并不脱离实际的事物,而是普遍“内在”于万事万物之中。当庄子指明“道在蝼蚁”、“道在屎溺”等的时候,正是说明一种原初的构造使得万物是其所是,而这就是詹姆斯所说的纯粹经验。日常理解的原初领域,通常会被认为是一种完全与日常生活分离的、纯净玄妙的东西;但原初的构造活动并非与日常万物分离,而弥漫在日常生活的方方面面,正是“这”持续不断地构造和生成活动,日常世界展现为如此这般的世界。斯普里格在评论詹姆斯时指出:詹姆斯同意一种超越论的观念论,而不同意绝对观念论——即设定一个最终的容器,把所有的经验都放到这个容器中去的观点。③ 从根本上来说,这也是道的基本性质,道不是某种奠基的实体或第一推动者,不是容器,而是使万物得以可能的那种“力量”。正是从这一点上来说,纯粹经

---

① 王博和彭富春都指出庄子说明了道与具体万物的不同,如果说万物为有,则道是一种虚无。(王博:《庄子哲学》,第155—156页;彭富春:《论庄子的道》,《湖北社会科学》,2009年第9期,第117页)尽管他们意在强调道与具体万物之间的区分,然而虚无一词颇有误导性,让人不自觉联想到虚无主义等概念。本书是想强调,万物之有表明了具体事物已获得的规定性;道之无则是强调了道先于被规定的本性,道是使万物获得规定性的原初“力量”,因而道不可能是具体万物获得规定此意义上的有,也不可能是与万物之有对立的虚无。

② 彭富春:《论庄子的道》,第118页。

③ Timothy L.S. Sprigge, “James, Empiricism, and Absolute Idealism”, p.167.

验和道其作为一切显现得以如此显现的先天条件，我们可以说这体现了它们的超越论本性。

四、虽说二者都逃离于被概念活动所框定、逃离于被对象化活动所固化，但二者并不神秘，都可以被体验到。对于纯粹经验，需施行彻底的经验主义，破除一切先行的设定，返回原初的经验/显现/现象；而对于道，则是需要心斋、坐忘破除个体的成见。

上文简要地讨论了詹姆斯的纯粹经验学说及冯友兰对它的诠释，藉着冯友兰开辟的道路，本书还扩展性地让詹姆斯的“这”/纯粹经验与庄子之道进行了对话。

本书非常小心地避开了“比较”一词，按通常观点看，比较是一种三角关系：A 和 B 针对性质 P 做一番高下之分；然而真实的情况或如张祥龙所言：“西方哲学以征服者的姿态，以它现成的方法和系统化门类来宰制和切割‘中学’这块‘蛮荒之地’……”①本应是做二者之间的比较，但实施后便成为了一方对另一方对倾轧和同化。这是因为作为比较标准的 P 并非如期许的那样客观、中立，它总免不了要从某一特殊的哲学/文化传统中脱胎而出，比较最终变成了二者中强势一方对弱势一方的宰制和同化。

本书更多使用对话一词，在上文中已经提到，冯友兰在用詹姆斯的理论诠释庄子时并未设定一外在 P 比较二者之高下，更未以一方去宰制、吞食另一方。他的方法是敞开一个对话的情境，让二者接触、寻找有共鸣的内容。东西方文化/哲学的遭遇已成为不可否认的事实，尽管这种遭遇带有某种强制的特点，也有强势方居高临下俯视弱势方的情形。然而，当下的时代已不是强势文化可以完全同化乃至清除弱势文化的时代，既然二者的遭遇已成定局，相互间的接触、对话与理解便是迫切的问题。

当冯友兰笔下的庄子与詹姆斯相遇时，恰恰映射着一个中国学者与西方世界的相遇、恰恰是携带着东方生活历史与经验的中国人栖居于作为他者的西方生活世界时，对话的情境、场域才被敞开。当然，这时人们会追问，

① 张祥龙：《从现象学到孔夫子》，北京：商务印书馆，2011 年，第 197 页。

即便上面的论述都成立，相遇和对话是不可避免的，但对话需要一定基础，对话不能是鸡同鸭讲。凭什么就认定冯友兰笔下詹姆斯与庄子的对话就不是鸡同鸭讲呢？二者对话的有效性何在？

对话鸡同鸭讲的一大成因是由于两种文化/哲学有不同的思维模式。在张祥龙看来，西方哲学之典型特点乃是“依据现成的概念模式”，①而中国哲学则更多强调构成性而非现成性，讲究“一种‘屈伸相感’的时机智慧或浸透于变化之中的境域知识”②。中国哲学敏感于“变化、持续、转换”③。按本书的理解，西方哲学的主流以概念推论为主，寻求对象化的知识，它的典型发问方式乃是：“X 是什么？”比如正义是什么？善是什么？而中国哲学并不执着于这种对象化、概念化的发问方式，而是“X 如何？”比如道如何展开？仁如何发生？从这个角度来看，中国哲学更倾向于如其所是地描述实事本身。这一点可见张祥龙的说明：孔子的“己所不欲，勿施于人”并不是一条戒律、定义，“而只是揭示出一个人与人相互对待、相互造就的构成原则，一种看待人生乃至世界的纯境域的(contextual, situational)方式。”④与定义“己所不欲，勿施于人”不同，孔子的方法是描述、揭示不同的境域和场景中，人们如何展现出“己所不欲，勿施于人”。在此过程中，并没有什么精确的标准，它“并不受制于任何现成的存在预设”，有的只是始终处于变动之中的“相互构成”。⑤ 概念思维依赖已现成化的“什么”，而构成性思维则倾心于还原“如何构成”。

詹姆斯的纯粹经验学说与传统概念化的、对象化的哲学不同，他始终在寻求那种使得现成概念得以如此的根源，这种哲学活动把他带到了一个前反思的、前对象化的纯构成性的纯粹经验领域。这样一来，他与同样是境域

---

① 张祥龙：《从现象学到孔夫子》，第 198 页。

② 张祥龙：《从现象学到孔夫子》，第 200 页。

③ 陈亚军：《实用主义硬核及其中国回应》，第 113 页。

④ 张祥龙：《从现象学到孔夫子》，第 201 页。

⑤ 张祥龙：《从现象学到孔夫子》，第 201 页。张祥龙从现象学的“构成性”角度来讨论中西哲学对话的可能(同上书第 189—197 页)。考虑到詹姆斯哲学与现象学的亲缘性，我们也可以说詹姆斯哲学也包含着“构成性”的特点。

化的、构成性的道有了对话、交流的“频道”。正是出于这一点，冯友兰可以直接用詹姆斯诠释庄子，因为二人都在努力摆脱现成之物对反思的规定，努力寻求着那开端与本源。

人一出生便被特定的文化传统所包围，人们与世界打交道总是以某些现成的方式展开，这些方式凝结了特定文化的特征。流俗的比较只着眼于某些琐碎的现成之物的比较，如比较筷子与刀叉孰优孰劣；比较现成之物往往又依赖于一个现成的标准，因而比较往往变成鸡同鸭讲。在冯友兰让庄子与詹姆斯对话的案例中，对话的双方都有自觉的意识，不先入为主地把现成之物当作理解世界的中介，而是努力去发现现成之物被构成的源泉和开端。在努力朝向开端的过程中，庄子与詹姆斯并肩而行。在当下的时代，在通过考察东西方文化各自被构成的过程中，东西方文化也开启了相互构成的境域。

结　语

读完本书正文部分，读者大概会心生疑问，这样一个威廉·詹姆斯形象似乎与通常所了解到的詹姆斯有所出入。不错，在通常的讨论中、在教科书中，詹姆斯常常以实用主义的真正创立人的面目出现，除此之外，对他有进一步了解的人还会知晓他的机能主义心理学和宗教心理学理论，对他的讨论多以实用主义、真理理论为切入点。然而，本书的论述却“避开”了这些问题。这么做的缘由已从正文的各个部分中得以呈现，在本书的结尾，不妨多说一些。

正如本书开头时所说的那样，对彻底经验主义在詹姆斯哲学中扮演的角色的解释，涉及到如何全面地理解詹姆斯。彻底经验主义是与他的宗教学说、心理学学说平行的一种理论吗？还是一种奠基性的、统摄他全部思想的理论？本书采取了后面一条解释道路，以彻底经验主义为线索，将詹姆斯的意识研究、宗教研究及后期的彻底经验主义贯穿起来。这样一来，我们发现，彻底经验主义具有双重含义，它不仅仅是一种哲学理论，还是一种哲学方法。本书试图论证的是通过彻底经验主义的方法，詹姆斯最终从早期的意识哲学通达了晚期的纯粹经验理论。

在对詹姆斯的彻底经验主义哲学进行诠释的过程中，本书援引诸多学界已有的成果，首先将胡塞尔的现象学还原思想与彻底经验主义做了一番比较，指出两者之间的共通性。并在此基础上使用了意向性、前摄、滞留等胡塞尔现象学的概念规定了詹姆斯的哲学。这种比较当然给了我们看待詹姆斯哲学的一些新角度，同样，作为一个隶属于与西方不同的文化共同体里的外部观察者，在西方哲学中被划为不同阵营的哲学家中寻找到共通性，这也为我们提供了整体理解西方哲学特征的契机。但是，我们不能忽略二者之间的差异，从学科背景看，胡塞尔是从数学进入哲学，而詹姆斯是从生理学、心理学进入哲学。胡塞尔自觉地将自己纳入近代哲学的谱系之中，将自己的工作看作对传统的推进和突破，而詹姆斯的哲学更多是从个体的本真生命体验出发。詹姆斯为何如此强调无偏私地通达被给予我们的现象？从本书的角度看，这恰恰是表达了詹姆斯对那些宰制性力量的警惕。宰制性的力量有很多种，从本书所涉及的方面来看，某些设定会宰制人的本真体验——将一些体验视为正常的、合法的，而将另外的一些设为不正常的。某些设定会宰制人们自我理解的尝试，将一些视为正确的而另外一些视为错误的。如果我们将詹姆斯的思想推广到伦理和宗教等领域，那么那些宰制性力量将会表现得更为常见。比如在伦理思考中，以伦理律令的“必然性”与“普全性”作为宰制工具，设定人的行为规范而不真正去通达本真的人性，将引人自我完善的伦理变成了吃人的工具。而在宗教中，各种各样被历史、文化、生活形式构造的神宰制了本真的神秘体验，制造着人类之间的相互倾轧。

这也正是本书将无意识现象、宗教经验纳入到彻底经验主义的考察之缘由。它们是彻底经验主义自然会通向的领域，无论是无意识现象以及与之相关的各种非常态的经验现象，抑或是神秘体验——这一在詹姆斯看来与宗教现象紧密相关的体验类型——都不应被排除在哲学研究的范围之外，一种彻底的经验主义如果不把一切被给予的经验都纳入自己的考察范围，那么这种“彻底”便是假的“彻底”。经由现代世界观教化而来的现代心智自然地会将上面的这些现象、体验归入到不重要乃至不正常的范畴中。实际上，这也是经由一种特定的解释框架对经验的宰制。任何宰制都有其限制：任何一个信念系统总是面临着自身的对立面。在纯粹的经验流中，信念系统要将其中的某个片段设定为基础信念，进而组织其他“亲密”、“温暖”的部分。这当然是人类与世界打交道的基本方式，但是既然是一种设定，这就意味着它们自身有运作的职能边界，越出边界就有失效的可能。彻底经验主义是一种“恢复”，它将这些信念在纯粹经验的构造活动中的位置揭示了出来，它有助于我们看清一切信念的起源和谱系，从而达成某种维特根斯坦式的“综观”(Übersicht)。

紧接着，我们进入到关于自我、人格与世界的探讨。当然，自我问题在詹姆斯哲学中的贯穿性我们已在正文中说明,这种贯穿性问题让我们在以彻底经验主义贯穿詹姆斯前后期哲学时,不能忽略掉它对理解詹姆斯哲学的重要意义。除去上面的理由,这部分内容也是对詹姆斯彻底经验主义在具体问题上的“操演”。它指明了一种从无规定性的纯粹经验——这一绝对领域——的构造活动出发,自我、人格与世界之间经由显现—被显现的结构一同生成的运作模式。这部分从詹姆斯的哲学气质论入手,表明了詹姆斯一个深刻的原则,即世界是为(for)主体的生活显现的。在此基础上,本部分引用了一些学者的观点,将詹姆斯的思考称为一种类型学。在纯粹经验的构造活动中,人格类型作为自我的基质,经由自我与世界之间的显现—被显现结构,展现为人格类型与世界类型间的显现模式。

最后,我们以彻底经验主义为方法和线索重构了詹姆斯哲学中的某些有趣话题:宗教、伦理和跨文化对话。本书力图展现出彻底经验主义在理解人类基本问题时所能提供的启发和思想资源。本部分试图表明,詹姆斯的宗教学说是其彻底经验主义方法在宗教领域的施行,这让詹姆斯成为了“宗教心理学”和“宗教现象学”的先驱,推行了一种与通常宗教研究不同的宗教学理论。从伦理学上来看,詹姆斯的伦理学说可建基于一种经由彻底经验主义而来的身体哲学之上,而这种学说包含着值得期待的理论前景,它可以补充那种主流的、“不偏不倚”的伦理学范式的缺失之处。最后,詹姆斯的彻底经验主义可构建一种文化间平等对话交流的思想通道,这种思想在面对各种文化沙文主义时,无疑有建设性的力量。

这样一来,我们以彻底经验主义为基本的原则和方法完成了詹姆斯从意识流通达纯粹经验的旅程。当然,在通常理解中詹姆斯受到关注的那些理论——真理学说、实用主义等——并没有出现在这一研究计划中。我们已逐渐地看到了这样做的理由:彻底经验主义是詹姆斯哲学的奠基性理论,本书专注于对这一基础性的、理论的考察和理解,在完成了这一清理地基的工作之后,詹姆斯的其他理论会获得一个稳固的起点。

附录

詹姆斯其人[1]

爱尔兰裔美国哲学家、心理学家威廉·詹姆斯于1842年1月11日出生于美国纽约。詹姆斯的爷爷是这个家族移民美国的第一代,有意思的是,他也叫威廉·詹姆斯。老威廉是一位"模范"的欧洲移民,他在美国白手起家,从普通的店员干起,逐渐成为了富甲一方的社会名流,他的奋斗为家族后辈们的生活与发展奠定了良好的基础。

威廉·詹姆斯的父亲和他那著名的作家弟弟同名,都叫亨利·詹姆斯,我们姑且也叫他老亨利好了。老亨利一出生就享受着詹姆斯家族的财富、名望和社会资源,然而命运并不是总眷顾着年幼的老亨利,在13岁的一场火灾后,老亨利被迫截去了下肢,这一悲剧塑造了老亨利对世界和人生的看法,这也让他终身保持着一种宗教上的倾向,并深刻地影响到了威廉·詹姆斯。不过,身体的残疾并没有完全击垮老亨利,凭借着老威廉留下的财富,老亨利可以保持着良好的生活水准和人生态度:他仍有机会交友出游,在美洲大陆上也持续受到欧洲文化的熏陶;而威廉·詹姆斯也受到家族此种福荫之滋养,从小在父亲身边就处于一种"谈笑有鸿儒,往来无白丁"的良好氛围之中。

老亨利的人生体验让他对宗教神学的议题充满了兴趣。当然,老亨利不是那种非常正统古板的基督教徒,他曾短暂地进入普林斯顿神学院研习神学,然而神学院的氛围与老亨利的自由本性似乎并不兼容,而对自然科学之效力的清醒认识也促使老亨利离弃了传统的宗教生活。离开了传统信仰

---

① 关于詹姆斯的生平事件总结自陈亚军:《实用主义:从皮尔士到普特南》,长沙:湖南教育出版社,1999年,第54—66页;黄启祥:《思想流学说与詹姆士哲学》,桂林:广西师范大学出版社,2017年,第13—27页。

以后,老亨利在瑞典神学家斯威登堡(E. Swedenborg)那里找到了精神的彼岸。斯威登堡主义的神学完全不同于正统的基督教神学,它首先拒绝将上帝视为位格化的存在,进而不承认上帝的超越性,而是认为上帝就在人的实际的生活体验之中。老亨利对宗教生活的特殊理解深刻地塑造了詹姆斯对宗教议题的看法,而这方面的影响已在本书中得以展现。

前文说到,威廉·詹姆斯 1842 年 1 月出生于纽约,老亨利为詹姆斯提供了良好的成长的环境,其年少时享受到了极为优渥的教育。詹姆斯先是随着父亲游历欧洲,得以开阔眼界,深入体验了欧洲大陆各国不同的教育方式,这一经历丰富了小詹姆斯的生命体验。值得一提的是,年轻时的詹姆斯曾沉浸在绘画艺术的世界中数载;从他后来的思想历程来看,这段受艺术滋养的时光并不是生命历程中的一段小插曲,而是打开了詹姆斯的想象力、提高了他的生命感受力,可以说这段人生经验为他后来的思想提供了最初的经验储备和思考方式。

19 世纪是现代自然科学狂飙突进的年代,而当时的哈佛则是北美的科学研究中心。正是在这样的氛围中,詹姆斯于 1861 年进入哈佛大学劳伦斯学院修习化学和生理学,受到了正统的自然科学训练。当然他也没有放弃对哲学和文学艺术的热爱。在游历、体验了各个学科的思想方式和研究方法后,詹姆斯于 1869 年在哈佛大学获得医学方面的学位。詹姆斯后来以哲学家和心理学家的身份闻名于世,如果说学习生理学、解剖学和医学多少和心理学有关系,那他在哲学方面可以完全说是自学成才了。有意思的是,和詹姆斯差不多同时代的其他大思想家们或多或少也有类似的经历,比如精神分析的代表性人物弗洛伊德和荣格也是医学出身,鲜有哲学方面的专业教育和训练背景;现象学之父胡塞尔也是数学背景出身。但这没有影响到他们对后来人类哲学的发展产生了巨大的影响。

詹姆斯获得的第一份教职是在哈佛大学讲授生理学,而在这个阶段,詹姆斯陷入了疾病的折磨之中,不过,疾病没有太多影响到詹姆斯这个时期的工作,他不仅坚持教授生理学方面的课程,还开始尝试发表原创性的学术论文,这些论文开始转向哲学和心理学的主题,并让他获得了哈佛哲学系的教职。

詹姆斯于1882年再度访问欧洲，这次访问中他拜访了两位十分重要的人物。一是哲学家、物理学家恩斯特·马赫（Ernst Mach），二是心理学家卡尔·施通普夫（Carl Stumpf）。后来，马赫的感觉要素论与詹姆斯的纯粹经验理论总是被放在一起比较；而施通普夫又是现象学的先驱，一些学者据此认为詹姆斯与施通普夫的交往也间接地影响到了胡塞尔的现象学。

詹姆斯从欧洲返回美国后，继续于心理学和哲学的研究，并发表了诸多论文。最重要的事件是在1890年，詹姆斯在历经12年的写作之后，终于发表了奠定自己学术地位的巨著《心理学原理》。这部著作包罗万象，并将生理学方法引入了心理学研究之中，使詹姆斯成为了现代心理学、意识研究的先驱。有证据表明，詹姆斯与弗洛伊德和荣格亦有交往历史，这体现出了詹姆斯对其时代心理学的发展有着前沿性的了解。美国意识研究的最高奖项用詹姆斯命名，足以从侧面证明詹姆斯在此领域的重要地位。

尽管《心理学原理》的出版给詹姆斯带来了巨大的名声，但他显然不满足于“心理学家”这一名头。相比于成为一个学术体制中的佼佼者，詹姆斯更多地是一个心性自由的探索者；相比于在某一个学科内工作，他更关注人类生活中的基础性问题。于是在19世纪的90年代后，詹姆斯全心投入到更为宽广的思想场域中，关注那些人类实际生活中的“大问题”。其结果是于1897年出版了《信仰的意志》一书，讨论更多超出心理学范围的理论问题。

尤其值得注意的是，詹姆斯于1901—1902年间受邀至英国爱丁堡大学吉福德讲座（Gifford Lecturer）讲授“自然宗教”。在当时，美国学者的影响力远不如当下，欧洲还是世界的思想和文化中心，因此一个美国人被邀约到欧洲（姑且把英国也看作欧洲国家）是学术界的一个大新闻。其成果是詹姆斯于1902年出版了另一部传世的经典——《宗教经验种种》。这一定程度上可被视为美国文化向外输出的一个标志，它在何种程度上塑造了美国的原创性思想、增强了美国人的文化自信，则是值得以后深入研究的问题。

在《宗教经验种种》获得巨大成功以后，詹姆斯并未将自己停留在舒适的地带,以便积累自己的名望,并获得某种学术界的泰斗地位。詹姆斯随后转向更为广义的哲学领域,1907 年,詹姆斯从哈佛退休了,这时离他人生的终点已无多少时日,但他仍旧坚持着运思。退休当年,他出版了著名的《实用主义》一书,这本书给他打上了难以磨灭的标签,后世对他的赞扬、误解与不屑大抵来源于此书。

去世前一年,詹姆斯在出版了生前最后两本著作——《多元的宇宙》和《真理的意义》后,于 1910 年 8 月 26 日走完了自己丰富且多产的一生。死后,《若干哲学问题》和《彻底的经验主义》两本遗著于 1911 年和 1912 年出版,尤其是《彻底的经验主义》一书,是本书关切的核心对象,也是其思想集大成之作。

综观詹姆斯的一生,他不是那种典型的哲学家形象,他没有将自己困在学院之中,也没有按部就班地去成为某个领域和某种“主义”的权威,而是去努力切入一个又一个困扰着人类的大问题。从某种意义上来说,他的思想历程和他的人生经历是高度同一的:哲学就是某种人格特质和类型的显现。

参考文献

詹姆斯的论著:

1. [美] 威廉·詹姆士:《实用主义》,陈羽纶、孙瑞禾译,北京:商务印书馆,1979 年。
2. [美] 威廉·詹姆士:《彻底的经验主义》,庞景仁译,上海:上海人民出版社,1986 年。
3. [美] 威廉·詹姆士:《多元的宇宙》,吴棠译,北京:商务印书馆,1999 年。
4. [美] 威廉·詹姆斯:《真理的意义》,刘宏信译,桂林:广西师范大学出版社,2007 年。
5. [美] 威廉·詹姆斯:《詹姆斯文选》,万俊人、陈亚军编译,北京:社会科学文献出版社,2007 年。
6. [美] 威廉·詹姆斯:《宗教经验种种》,尚新建译,北京:华夏出版社,2013 年。
7. [美] 威廉·詹姆斯:《心理学原理》,方双虎等译,北京:北京师范大学出版社,2017 年。
8. William James, "The Hidden Self", *Scribner's Magazine*, 7(1890).
9. William James, *Essays in Radical Empiricism*, New York: Longmans, Green, and Co, 1912.
10. William James, *Principles of Psychology*, Cambridge: Harvard University Press, 1983.
11. William James, *Writings 1878 – 1899*, Gerald E. Myers (eds.), New York: Literary Classics of the United States, Inc., 1992.
12. William James, in *Writings 1902 – 1910*, Bruce Kuklick (eds.), New York: Literary Classics of the United States, Inc., 1987.
13. William James, "The Physical Basis of Emotion", *Psychological Review*, Vol. 101, No.2 (1990).
14. William James, *A Pluralistic Universe*, Rockville: Arc Manor, 2008.

中文论文及析出文献:

1. [奥] 阿尔弗雷德·许茨:《从现象学的角度来解释的威廉·詹姆斯的思想流概念》,载《现象学哲学研究》,霍桂桓译,杭州:浙江大学出版社,2012 年。
2. 陈亚军:《活得丰富比活得正确更重要》,《南京社会科学》,2011 年第 10 期。
3. 陈亚军:《关于现象学的实用主义断想》,载《实用主义研究自选集》,南京:江苏人民出版社,2015 年。
4. 陈亚军:《真诚比真理更重要》,《甘肃社会科学》,2018 年第 2 期。

5. 陈群志:《詹姆士的时间哲学及其现象学效应》,《学术月刊》,2016 年第 4 期。
6. 董山民:《论威廉·詹姆斯对宗教经验的现象学诠释》,《扬州大学学报》(社会科学版),2018 年第 3 期。
7. 董雪:《詹姆斯情绪理论新释》,《学术探索》,2015 年第 1 期。
8.方双虎:《威廉·詹姆斯与实验心理学》,《南京师大学报》(社会科学版),2010 年第 5 期。
9. 方双虎:《威廉·詹姆斯与存在—现象学心理学》,《哲学动态》,2010 年第 8 期。
10. 郭秀艳、李林:《意识和无意识的关系:实证的视角》,《心理学探新》,2006 年第 1 期。
11. 高申春:《詹姆斯心理学的现象学阐释》,《心理学探新》,2007 年第 4 期。
12. 汉斯·莱纳·塞普:《人格——戴着面具的自我》,江璐译,载《广西大学学报》(哲学社会科学版),2019 年第 1 期。
13. 李恒威、徐怡:《论威廉·詹姆斯的意识研究》,《浙江大学学报》(人文社会科学版),2014 年第 44 卷第 4 期。
14. 倪梁康:《胡塞尔时间意识分析中的"滞留"概念——兼论心智与语言的关系》,《现代哲学》,2007 年第 6 期。
15. 倪梁康:《胡塞尔早期内时间意识分析的基本进路》,《中山大学学报》(社会科学版),2008 年第 1 期。
16. 倪梁康:《探寻自我:从自身意识到人格生成》,《中国社会科学》,2019 年第 4 期。
17. 彭富春:《论庄子的道》,《湖北社会科学》,2009 年第 9 期。
18. 孙冠臣:《论威廉·詹姆斯对胡塞尔现象学的影响》,《现代哲学》,2002 年第 2 期。
19. 孙宁:《视角主义:从詹姆士到米德》,《现代哲学》,2013 年第 3 期。
20. 尚新建:《经验概念是威廉·詹姆斯哲学的基石》,载赵敦华主编:《外国哲学》(第 28 辑),北京:商务印书馆,2014 年。
21. 王恒:《论海德格尔的"无"》,《浙江学刊》,1999 年第 2 期。
22. 王益明、金瑜:《两种自我(ego 和 self)的概念关系探析》,《心理科学》,2001 年第 3 期。
23. 岳富林:《胡塞尔对主体性悖谬的提出与解决》,未刊稿。
24. 周普元、姚学丽:《宗教心理学视阈下的詹姆斯"中介项"评述》,《世界宗教研究》,2011 年第 2 期。
25. 张祥龙:《意识流和自然主义》,《西南大学学报》(社会科学版),2017 年第 2 期。

中文著作:

1. 陈亚军:《哲学的改造》,北京:中国社会科学出版社,1998 年。
2. 陈亚军:《实用主义:从皮尔士到普特南》,长沙:湖南教育出版社,1999 年。
3. 陈亚军:《超越经验主义与理性主义》,南京:江苏人民出版社,2014 年。
4. 陈鼓应:《庄子今注今译》,北京:商务印书馆,2007 年。

5. 陈嘉映：《哲学·科学·常识》,北京：中信出版社,2018 年。
6. 黄启祥：《思想流学说与詹姆士哲学》,桂林：广西师范大学出版社,2017 年。
7. 冯友兰：《三松堂全集》(第二卷),郑州：河南人民出版社,2001 年。
8. 方向红：《时间与存在》,北京：商务印书馆,2014 年。
9. 马迎辉：《时间性与思的哲学》,南京：江苏人民出版社,2020 年。
10. 王博：《庄子哲学》,北京：北京大学出版社,2004 年。
11. 游淙祺：《胡塞尔与世间意识》,上海：上海人民出版社,2018 年。
12. 张祥龙：《从现象学到孔夫子》,北京：商务印书馆,2011 年。

中文译著：

1. [古罗马] 奥古斯丁：《忏悔录》,周士良译,北京：商务印书馆,2015 年。
2. [澳] 贝内特、[英] 哈克：《神经科学的哲学基础》,张立等译,杭州：浙江大学出版社,2008 年。
3. [德] 布伦塔诺：《从经验立场出发的心理学》,郝亿春译,北京：商务印书馆,2017 年。
4. [奥] 弗洛伊德：《自我与本我》,杨韶刚译,高申春校；载车文博主编：《弗洛伊德文集》(第六卷),长春：长春出版社,1994 年。
5. [奥] 弗洛伊德：《精神分析引论》,高觉敷译,北京：商务印书馆,1984 年。
6. [奥] 弗洛伊德：《性学三论与爱情心理学》,李伟霞译,武汉：武汉出版社,2013 年。
7. [美] 吉莱斯皮：《现代性的神学起源》,张卜天译,长沙：湖南科学技术出版社,2011 年。
8. [瑞士] 耿宁：《心的现象》,倪梁康等译,北京：商务印书馆,2012 年。
9. [美] 格里格、津巴多：《心理学与生活》,王垒等译,北京：人民邮电出版社,2003 年。
10. [德] 海德格尔：《存在与时间》,陈嘉映、王庆节译,北京：生活·读书·新知三联书店,2006 年。
11. [德] 海德格尔：《时间概念史导论》,欧东明译,北京：商务印书馆,2009 年。
12. [德] 海德格尔：《存在论：实际性的解释学》,何卫平译,北京：商务印书馆,2016 年。
13. [德] 胡塞尔：《纯粹现象学通论》,李幼蒸译,北京：商务印书馆,1992 年。
14. [德] 胡塞尔：《欧洲科学的危机与超越论的现象学》,王炳文译,北京：商务印书馆,2001 年。
15. [德] 胡塞尔：《内时间意识现象学》,倪梁康译,北京：商务印书馆,2010 年。
16. [德] 胡塞尔：《哲学作为严格的科学》,倪梁康译,北京：商务印书馆,2010 年。
17. [德] 胡塞尔：《现象学的观念》,倪梁康译,北京：商务印书馆,2016 年。
18. [德] 胡塞尔：《现象学的心理学》,游淙祺译,北京：商务印书馆,2017 年。
19. [美] 科赫：《意识探秘：意识的神经生物学研究》,顾凡及、侯晓迪译,上海：上海科学技术出版社,2012 年。
20. [美] 罗蒂：《偶然、反讽与团结》,徐文瑞译,北京：商务印书馆,2003 年。

21.［美］洛夫乔伊:《存在巨链》,张传有、高秉江译,北京:商务印书馆,2015 年。
22.［英］罗素:《西方哲学史》(下卷),马元德译,北京:商务印书馆,1976 年。
23.［美］罗森塔尔:《从现代背景看美国古典实用主义》,陈维纲译,北京:开明出版社,1992 年。
24.［奥］维特根斯坦:《逻辑哲学论》,韩林合译,北京:商务印书馆,2013 年。
25.［英］维特根斯坦:《哲学研究》,陈嘉映译,上海:上海人民出版社,2005 年。
26.［奥］维特根斯坦:《哲学语法》,韩林合编译,北京:商务印书馆,2019 年。
27.［英］维特根斯坦:《文化和价值》,黄正东、唐少杰译,南京:译林出版社,2011 年。
28.［美］麦克道威尔:《心灵与世界》(新译本),韩林合译,北京:中国人民大学出版社,2014 年。
29.［美］马拉法等编:《心灵制图学——哲学与心理学的交集》,樊岳红译,北京:科学出版社,2014 年。
30.［瑞士］荣格:《心理类型》,吴康译,上海:上海三联书店,2009 年。
31.［瑞士］荣格:《分析心理学的理论与实践》,成穷、王作虹译,南京:译林出版社,2011 年。
32.［美］施皮尔伯格:《现象学运动》,王炳文、张金言译,北京:商务印书馆,2011 年。
33.［加］泰勒:《世俗时代》,张容南等译,上海:上海三联书店,2017 年。
34.［英］威廉斯:《道德运气》,徐向东译,上海:上海译文出版社,2007 年。
35.［英］威廉斯:《伦理学与哲学的限度》,陈嘉映译,北京:商务印书馆,2017 年。

英文论文及析出文献:

1. Andrew Bailey, "The Strange Attraction of Sciouness: William James on Consciousness", *Transactions of the Charles S. Peirce Society*, Vol.34, No.2(1998).
2. Aron Gurwitsch, "William James' Theory of the Transitive Parts of the Stream of Consciousness", *Philosophy and Phenomenological Research*, vol.3, no.4(1943).
3. Ash Gobar, "The Phenomenology of William James", *Proceedings of the American Philosophical Society*, No.4(1970).
4. Bruce Wilshire, "The Breathtaking Intimacy of the Material World: William James's Last Thoughts", in *The Cambridge Companion to William James*, Ruth Anna Putnam(ed.), New York: Cambridge University Press, 1997, pp.103 - 124.
5. David E. Leary, "William James on the Self and Personality: Clearing the Ground for Subsequent Theorists, Researchers, and Practitioners." *Reflections on The Principles of Psychology: William James after a Century*. Ed. William James, Michael G. Johnson, and Tracy B. Henley, Hillsdale, NJ: L. Erlbaum Associates, 1990.
6. Ellen Kappy Suckiel, "William James", *in A Companion to Pragmatism*, John R. Shook and Joseph Margolis(eds.), Oxford: Blackwell Publishing Ltd, 2006.

7. Eric Thomas Weber, "James's Critiques of the Freudian Unconscious-25 Years Earlier", *William James Studies*, Vol.9(2012).
8. Gerald E. Myers, "William James on Time Perception", *Philosophy of Science*, Vol.38, No.3(1971).
9. Gerald E. Myers, "James and Freud", *The Journal of Philosophy*, Vol. 87, No.11(1990).
10. Holly Anderson, "The Development of the 'Specious Present' and James's Views on Temporal Experience", in *Subjective Time*, Valtteri Arstila and Dan Lloyd (eds.), Cambridge: The MIT Press, 2014.
11. Howard M. Feinstein, "William James on the Emotions", *Journal of the History of Ideas*, Vol.31, No.1(1970).
12. Joel Weinberger, "William James and the Unconscious: Redressing a Century-Old Misunderstanding", *Psychological Science*, Vol.11 No.6(2000).
13. Kym Maclaren, "Merleau-Ponty's Embodied Ethics: Rethinking Traditional Ethics", in Existentialist Thinkers and Ethics, Christine Daigle(eds.), Montreal & Kingston: McGill-Queen's University Press, 2006, pp.142 – 165.
14. Miranda Shaw, "William James and Yogācāra Philosophy: A Comparative Inquiry", *Philosophy East and West*, Vol.37, No.3(1987).
15. Owen Flanagan, "Consciousness as a Pragmatist Views It", in *The Cambridge Companion to William James*, Ruth Anna Putnam(ed.), New York: Cambridge University Press, 1997.
16. P. Allan Carlsson, "Jung and James on the Typology of World Views", *The Journal of General Education*, Vol.25, No.2(July 1973).
17. Robert I. Simon, "Great Paths Cross: Freud and James at Clark University, 1909", *American Journal of Psychiatry*, Vol.124, No.6(1967).
18. R. Lawrie, "Personality", *Philosophy and Phenomenological Research*, Vol. 34, No. 3 (1974), pp.307 – 330.
19. Thomas Blake, "Affective Aversion, Ethics, and Fiction", in *The Palgrave Handbook of Affect Studies and Textual Criticism*, edited by Donald R. Wehrs and Thomas Blake, London: Palgrave Macmillan, 2017.
20. Timothy L.S. Sprigge, "James, Empiricism, and Absolute Idealism", in *A Companion to Pragmatism*, John R. Shook and Joseph Margolis(eds.), Oxford: Blackwell Publishing Ltd, 2006.
21. W. E. Cooper, "William James's Theory of the Self", *The Monist*, Vol. 75, No.4(1992).

英文著作：

1. Bruce Wilshire, *James and Phenomenology*, Bloomington: Indiana University Press, 1968.

2. C. G. Jung, *The Archetype and the Collective Unconscious*, Trans. by R. F. C. Hull, Princeton: Princeton University Press, 1969.
3. Diana B. Henry, *Toward a Pragmatist Metaethics*, New York: Routledge, 2016.
4. David C. Lamberth, *William James and the Metaphysics of Experience*, New York: Cambridge University Press, 2009.
5. Erin McCarthy, *Ethics Embodied*, Lanham: Lexington Books, 2010.
6. Eugene Taylor, *William James on Consciousness beyond the Margin*, Princeton: Princeton University Press, 1996.
7. F.J. Varela, E. Thompson, E. Rosch, Embodied Mind, Cambridge: MIT Press, 1991.
8. Hans Linschoten, *On the Way Toward a Phenomenological Psychology: The Psychology of William James*, Pittsburgh: Duquesne University Press, 1968.
9. Hilary Putnam, *Realism with a Human Face*, James Conant(ed.), Massachusetts: Harvard University Press,1990.
10. Hilary Putnam, *Pragmatism: An Open Question*, Cambridge: Blackwell, 1995.
11. Jonathan Bricklin, *The Illusion of Will, Self, and Time: William James's Reluctant Guide to Enlightenment*, Albany: State University of New York Press, 2015.
12. James Edie, *William James and Phenomenology*, Indianapolis: Indiana University Press, 1987.
13. Jessica Lindblom, *Embodied Social Cognition*, Cham: Springer, 2015.
14. John Wild, *The Radical Empiricism of William James*, Westport: Greenwood Press, 1969.
15. Lawrence Shapiro, *Embodied Cognition*, London and New York: Routledge, 2011.
16. Maurice Merleau-Ponty, *Phenomenology of Perception*, Donald A. Landes (Trans.), Abingdon: Routledge, 2012.
17. Russell B. Goodman, *William James and Wittgenstein*, Cambridge: Cambridge University Press, 2004.
18. Richard Stevens, *James and Husserl: the Foundations of Meaning*, The Hague: Martinus Nijhoff,1972.
19. Richard Shusterman, *Body Consciousness: A Philosophy of Mindfulness and Somaesthetics*, New York: Cambridge University Press, 2008.
20. Sandra B. Rosenthal, Patrick L. Bourgeois, *Pragmatism and Phenomenology: A Philosophic Encounter*, Amsterdam: B. R. Grüner Publishing Co. 1980.
21. Shuan Gallagher, Dan Zahavi, *The Phenomenological Mind*, London and New York: Routledge, 2008.
22. Sarin Marchetti, *Ethics and Philosophical Critique in William James*, New York: Palgrave Macmillan, 2015.
23. Thomas Nagel, *Mortal Questions*, New York: Cambridge University Press, 1979.
24. Valtteri Arstila and Dan Lloyd(eds.), *Subjective Time*, Cambridge: The MIT Press, 2014.

后　记

本书源于作者在南京大学哲学系求学期间的诸项工作，它以作者的博士论文为基础，经增删改写后整理为一本“专著”。作为人生的第一本书，我内心中总是期望它能以一种更完善的形式呈现于世，然而，在面临着现代学术生产体系的 KPI 压力时，它只能以目前的样子出版。不管本书如何粗陋，它毕竟是一个能思的个体所走过的精神旅程，我仍要为它的诞生写下一些感谢的词句。

这本书的完成首先要感谢我的博士生导师陈亚军教授。2014 年秋天，面临硕士毕业的我苦恼于“失学”的可能性中。依着重重因缘，我参加了陈亚军老师关于维特根斯坦《哲学研究》的研讨课，课上气氛活跃、各种思想热烈地交锋，而陈老师并不自立为权威，只是引导着哲思的道路。受到这门课程的启发和鼓励后，我大胆报考了陈老师的博士，并有幸进入陈老师门下继续从事哲学研学。在跟随陈老师学习的过程中，我逐渐意识到，哲学的首要目标不是利用华丽的修辞、复杂的论证技巧将某些独断、无根据的信念包装成诱人的商品，并推销给大众——就像广告商们擅长做的那样；而是要尝试着去理解一切事情得以变得如此这般的起源和过程，并尽可能以清晰和严格的方式将其揭示出来。本书的主题也是直接受启发于陈老师的相关文章和著作，写作期间，陈老师对论文的进展与细节也十分关心，并详细阅读了初稿，给出了有益的建议。在答辩通过后，又积极为我联系出版事宜，令学生感动。

同时我要感谢王恒教授。在陈老师调离南京大学以后，王老师对我多有关照。王老师有思想者的气质和心性，总是能从独到的视角直接扎入问题的深处。在王老师课上学到了许多曾经不熟悉的哲学流派，以及做哲学的方式，促使我去关注更宽广的思想世界，而避免将自己陷于种种狭隘的视域之中。读博期间，有赖于王老师的推荐，我得以前往加拿大英属哥伦比亚大学维真学院访问学习，因着这难得的机缘，我交友结游，增广见闻。在加期间，生活和学习上受到了许志伟（1946—2020）教授的悉心照顾，同时 Craig Gay 教授对我的学业也有提点，在此一并致谢。

我还要感谢外国哲学教研室的诸位老师。我多次参与顾肃教授的政治哲学课程，顾肃老师对公共事务的关注提醒我哲学的现实性面相，哲学必须要关注到世间实际的人的尊严。张荣教授本真纯粹，关爱学生，他常常提醒的“战战兢兢、如履薄冰”是未来学习、研究道路上重要的原则。与马迎辉教授则亦师亦友，生活中多有交流，从他的课程上感受了到胡塞尔现象学的严格和深邃，扩宽了我的视野和兴趣，他对哲学的热情和投入亦是我学习的榜样。同时我要感谢硕士期间张晓东教授和赵华老师对我的指导和关心。

感谢在南京大学哲学系求学期间诸多同窗的帮助和支持，在此要特别提及刘逸峰、岳富林、王东华、徐峰、李成龙、温权、孔智键、乔佳等好友，与诸君的交往为半梦半醒的青春留下了暖色调，期望大家的哲学道路都坚定、光明。

西南大学国家治理学院哲学系为我提供了良好的工作条件，特别是我的博士后合作导师任丑教授、系主任陶林教授、系副主任邱德胜教授、毛兴贵教授、张爱林老师、王俊杰老师、李凯老师、吴祖刚老师、林华敏老师、杨子路老师、黎松老师等前辈对我多有照顾，在此一并致谢。

本书的部分内容曾在《世界宗教文化》、《福建论坛》（人文社会科学版）、《安徽大学学报》（哲学社会科学版）等期刊发表，感谢这些学术期刊愿意发表博士生的文章，为我以后的学术道路打下了基础。

同时我要感谢华东师范大学出版社朱华华、吕振宇两位老师的辛勤劳动和耐心帮助。也感谢西南大学哲学系骆宇、徐少鹏同学为本书校对了文字表达与技术性错误。

多年前，刚成年的我离开金沙江畔的山间小城，沿着长江一路求学，如今已过而立，如果没有家人的爱与理解，我不可能顺利读完博士，并仍有机会行走于哲学之路上。我的父亲姚吉华和母亲温林给了我一贯的理解和全方位的支持,他们虽不能理解我写了什么东西,但总是坚持阅读我的文章。我的叔叔姚斌和婶婶梁慧、姐姐姚伦燕也在精神和经济上给了我很大的帮助。我的弟弟妹妹们——姚天、姚伦璇、陈崇恺、陈骏飞、温珺雅——给予了我足够的陪伴和鼓励。也感谢贺江、阮波、徐锐章、马丁玲、高榆松多年来的友谊。还有那些无法一一提及名字的亲友,我将这本书献给你们。

我先于巴山蜀水间入哲学门,而后又沐金陵文风七载余,然平日不思修身,好逞口舌之快,又贪杯嗜饮、行为放逸,幸赖周遭世界给予我足够的包容。而我用一本小书回报这些爱与温情,却也是敷衍得很了。

2021 年 11 月于川东渝水之畔